中国隧道及地下工程修建关键技术及先进装备研发丛书

盾构机液压技术及故障诊断

HYDRAULIC TECHNOLOGY AND
FAULT DIAGNOSIS OF SHIELD MACHINE

蒙先君　刘瑞庆　吴朝来　等 主编

人民交通出版社

北京

内 容 提 要

本书基于液压传动工作原理，结合作者团队多年来盾构机液压故障诊断及处治实践经验，系统介绍了盾构机液压系统组成及功能特点、常见液压系统故障诊断的技术手段及流程、液压系统维修与保养，分享了典型液压系统故障诊断案例。为便于读者理解，书后附有液压元件图形符号、液压系统中常见故障现象及消除方法。

本书可供施工单位从事机械设备维修和管理的技术或科研人员使用，也可供相关高校师生参考学习。

图书在版编目(CIP)数据

盾构机液压技术及故障诊断 / 蒙先君，刘瑞庆，吴朝来等主编. — 北京：人民交通出版社股份有限公司，2024.2

ISBN 978-7-114-19393-4

Ⅰ.①盾… Ⅱ.①蒙… ②刘… ③吴… Ⅲ.①盾构—液压技术—故障诊断 Ⅳ.①U455.43

中国国家版本馆 CIP 数据核字(2023)第 257449 号

Dungouji Yeya Jishu ji Guzhang Zhenduan

书　　名：	**盾构机液压技术及故障诊断**
著 作 者：	**蒙先君　刘瑞庆　吴朝来　等**
责任编辑：	谢海龙　刘国坤
责任校对：	孙国靖　龙　雪
责任印制：	刘高彤
出版发行：	人民交通出版社
地　　址：	(100011)北京市朝阳区安定门外外馆斜街 3 号
网　　址：	http://www.ccpcl.com.cn
销售电话：	(010)59757973
总 经 销：	人民交通出版社发行部
经　　销：	各地新华书店
印　　刷：	北京印匠彩色印刷有限公司
开　　本：	720×960　1/16
印　　张：	16
字　　数：	296 千
版　　次：	2024 年 2 月　第 1 版
印　　次：	2024 年 2 月　第 1 次印刷
书　　号：	ISBN 978-7-114-19393-4
定　　价：	88.00 元

(有印刷、装订质量问题的图书，由本社负责调换)

编审委员会

主　　编：	蒙先君	刘瑞庆	吴朝来		
副 主 编：	辛书杰	刘焱焱	赵　建	代传奇	杨　彬
	刘雪源	寇晓林	李大伟	张　萌	缪　楠
	沈桂丽	王　岩			
审稿专家：	洪开荣	易新乾	康宝生	吕建乐	郭卫社
	陈义得				
编　　委：	孙方平	段冰冰	刘　帆	孙海波	张阐娟
	周远航	李广旭	张志浩	杨铁领	王奇超
	李陶朦	贺　宽	王祺龙	冯泽坤	王锦秀
	张　磊	王春晓	刘伟涛	张佳兴	袁朋飞
	刘作威	张宏达	王丙超	马龙飞	李顺旭
	杨　涛	谢振国	张　恒	樊建生	何建平

序

Preface

"十四五"以来,我国基础设施建设高速发展,新技术、新装备不断涌现,在隧道及地下工程领域,盾构法因其具有掘进快速、施工安全以及对环境影响小等特点得到广泛应用。作为隧道工程机械化施工的重要"利器",盾构机集光、电、机、液、传感技术于一体,其性能的稳定性至关重要。

在分析诸多盾构机故障诊断案例中,液压系统故障较为突出。液压系统控制着盾构机施工作业过程中的开挖、掘进、出渣、拼装、注浆等关键动作,系统构成复杂,动作较多,液压系统维修保养及故障处治贯穿整个施工过程。随着盾构机制造技术的发展和变化,液压技术的应用也不断革新,所产生的故障类型也越来越多,因此如何快速有效地进行故障诊断及排除尤为重要。

中铁隧道局集团有限公司作为专注于隧道和地下工程施工的"国家队",深耕盾构法施工领域多年,为更好服务全断面隧道掘进机的管理及使用,于2014年成立了设备检测中心,构建了专业技术团队,在盾构机液压技术应用、故障诊断、故障排除方面有着扎实的理论基础和实践经验。本书即是上述经验的总结与凝练,在编写过程中,编写团队参考了国内大量隧道工程建设及现场盾构机液压系统故障排查与处治案例,在对盾构机液压系统设计理论及技术方法系统阐述的基础上,分门别类对盾构机不同液压系统实际故障诊断的原则、流程、处治手段等进行介绍,同时结合诸多典型案例给出了具体的实操方法,具有较强的实用性。

"隧贯山河，道通天下"是隧道人的追求与梦想，更是我们的情怀，也是我们对美好生活向往的真实写照！相信本书的出版能够为隧道领域建设者提供参考借鉴，尤其为一线技术人员进行盾构机液压系统故障诊断提供新的方法和思路。

2023 年 12 月

前 言
Preface

盾构机，全名叫盾构隧道掘进机，集光、机、电、液、传感、信息技术于一体，具有开挖切削土体、输送土渣、拼装隧道衬砌、测量导向纠偏等功能，涉及地质、土木、机械、力学、液压、电气、控制、测量等多门学科技术，已广泛用于地铁、铁路、公路、市政、水电等隧道工程。液压系统作为盾构机不可或缺的一部分，其稳定性直接影响盾构施工的安全、质量、成本及进度，因此确保盾构机液压系统的稳定性、提高液压故障诊断效率显得尤为重要。

保证盾构机液压系统的稳定性主要从人员和设备管理两方面着手，盾构机的维保人员要掌握液压传动的基础知识，了解盾构机液压系统设计的原理，熟悉盾构机液压系统的维修与保养工作，同时辅以盾构智能在线监测系统及全工况模拟测试液压综合试验台，确保液压系统的稳定性，提高故障诊断的效率，保障盾构施工的安全、质量和效率。由于盾构机液压系统的复杂性和多变性，液压系统的故障诊断与排除往往是一项极具挑战性的任务。本书旨在为盾构机液压系统故障诊断提供全面、实用的解决方案，帮助读者准确找出发生故障的部位和原因，并加以排除。为了帮助读者更好地理解和掌握液压技术和故障诊断的相关知识，本书在编写过程中注重理论与实践相结合。建议读者在阅读本书的同时，积极关注液压技术在工业领域中的应用和发展动态，结合实际案例深入思考并探讨液压系统的故障特点和解决方法。

本书共 7 章，第 1、2 章主要介绍了盾构机及液压传动的基础知识；第 3 章以液驱盾构机为例,主要介绍盾构机液压系统设计的理论与计算方法;第 4 章主要从盾构机液压系统维修、安装、调试、保养方面为切入点,介绍需要注意的要点和细节;第 5 章主要介绍盾构机液压系统故障诊断的技术手段及应用情况;第 6 章主要介绍盾构机不同液压系统实际故障案例的诊断及排除,广泛搜集了近几年不同施工项目上盾构机运转过程中出现的液压系统故障,对故障原因进行深入分析,汇总解决步骤及方法;第 7 章主要介绍盾构机液压技术的发展趋势与展望。在本书的编写过程中,我们参考并搜集了大量的文献资料和实际案例,力求将理论与实践相结合,使读者能够更好地理解和掌握液压故障诊断技术。

由于编者水平有限,对资料的搜集和发掘不深,加之时间仓促,不足和疏漏在所难免,敬请各位读者斧正。

中铁隧道局集团有限公司设备分公司总经理　蒙先君
2023 年 12 月

目 录
Contents

第 1 章 绪论 ·· 001
  1.1 液压技术的发展历程及现状 ······················ 001
  1.2 液压技术在盾构机上的应用 ······················ 003
  1.3 液压故障对盾构施工的影响 ······················ 007

第 2 章 液压传动基础知识 ······························· 010
  2.1 液压传动工作原理 ·································· 010
  2.2 液压传动系统的组成及特点 ······················ 011
  2.3 液压泵及马达的基本参数及计算 ················ 013
  2.4 液压元件类型与工作原理 ························· 016

第 3 章 盾构机液压系统设计 ···························· 025
  3.1 推进系统 ··· 025
  3.2 主驱动系统 ·· 030
  3.3 管片拼装机系统 ···································· 040
  3.4 螺旋输送机系统 ···································· 049
  3.5 辅助液压系统 ······································· 057
  3.6 超挖刀系统 ·· 062
  3.7 注浆系统 ··· 065

第 4 章 盾构机液压系统维修与保养 ··················· 068
  4.1 液压部件装机前维修 ······························ 068

4.2　液压部件装机 ⋯⋯⋯⋯⋯⋯⋯⋯⋯⋯⋯⋯⋯⋯⋯⋯⋯⋯⋯⋯⋯⋯⋯ 074

　　4.3　液压系统调试 ⋯⋯⋯⋯⋯⋯⋯⋯⋯⋯⋯⋯⋯⋯⋯⋯⋯⋯⋯⋯⋯⋯⋯ 082

　　4.4　液压系统保养 ⋯⋯⋯⋯⋯⋯⋯⋯⋯⋯⋯⋯⋯⋯⋯⋯⋯⋯⋯⋯⋯⋯⋯ 086

第 5 章　液压系统故障诊断技术 ⋯⋯⋯⋯⋯⋯⋯⋯⋯⋯⋯⋯⋯⋯⋯⋯⋯⋯ 097

　　5.1　实施故障诊断的意义 ⋯⋯⋯⋯⋯⋯⋯⋯⋯⋯⋯⋯⋯⋯⋯⋯⋯⋯⋯ 097

　　5.2　盾构机液压系统故障诊断主要手段 ⋯⋯⋯⋯⋯⋯⋯⋯⋯⋯⋯⋯⋯ 098

　　5.3　智能在线监测系统 ⋯⋯⋯⋯⋯⋯⋯⋯⋯⋯⋯⋯⋯⋯⋯⋯⋯⋯⋯⋯ 113

　　5.4　基于液压万用表的测试系统 ⋯⋯⋯⋯⋯⋯⋯⋯⋯⋯⋯⋯⋯⋯⋯⋯ 120

　　5.5　全工况模拟测试 ⋯⋯⋯⋯⋯⋯⋯⋯⋯⋯⋯⋯⋯⋯⋯⋯⋯⋯⋯⋯⋯ 122

第 6 章　盾构机液压系统故障诊断案例 ⋯⋯⋯⋯⋯⋯⋯⋯⋯⋯⋯⋯⋯⋯ 129

　　6.1　液压系统故障诊断思路及流程 ⋯⋯⋯⋯⋯⋯⋯⋯⋯⋯⋯⋯⋯⋯⋯ 129

　　6.2　推进液压系统故障诊断案例分析 ⋯⋯⋯⋯⋯⋯⋯⋯⋯⋯⋯⋯⋯⋯ 136

　　6.3　主驱动液压系统故障诊断案例分析 ⋯⋯⋯⋯⋯⋯⋯⋯⋯⋯⋯⋯⋯ 145

　　6.4　螺旋输送机液压系统故障诊断案例 ⋯⋯⋯⋯⋯⋯⋯⋯⋯⋯⋯⋯⋯ 154

　　6.5　管片拼装机液压系统故障案例 ⋯⋯⋯⋯⋯⋯⋯⋯⋯⋯⋯⋯⋯⋯⋯ 160

　　6.6　铰接液压系统故障案例 ⋯⋯⋯⋯⋯⋯⋯⋯⋯⋯⋯⋯⋯⋯⋯⋯⋯⋯ 171

　　6.7　注浆液压系统故障案例 ⋯⋯⋯⋯⋯⋯⋯⋯⋯⋯⋯⋯⋯⋯⋯⋯⋯⋯ 176

　　6.8　辅助液压系统故障案例 ⋯⋯⋯⋯⋯⋯⋯⋯⋯⋯⋯⋯⋯⋯⋯⋯⋯⋯ 181

　　6.9　液压系统污染案例 ⋯⋯⋯⋯⋯⋯⋯⋯⋯⋯⋯⋯⋯⋯⋯⋯⋯⋯⋯⋯ 189

第 7 章　盾构机液压技术发展趋势及展望 ⋯⋯⋯⋯⋯⋯⋯⋯⋯⋯⋯⋯⋯ 195

附录 A　液压元件图形符号 ⋯⋯⋯⋯⋯⋯⋯⋯⋯⋯⋯⋯⋯⋯⋯⋯⋯⋯⋯ 208

附录 B　液压系统中常见故障现象及消除方法 ⋯⋯⋯⋯⋯⋯⋯⋯⋯⋯⋯ 218

参考文献 ⋯⋯⋯⋯⋯⋯⋯⋯⋯⋯⋯⋯⋯⋯⋯⋯⋯⋯⋯⋯⋯⋯⋯⋯⋯⋯⋯ 242

第1章 绪论

盾构机是隧道掘进的专用工程机械设备,具有开挖切削土体、输送土渣、拼装隧道衬砌、测量导向纠偏等功能。该设备集光、机、电、液、传感、信息技术于一体,涉及地质、土木、机械、力学、液压、电气、控制、测量等多门学科。盾构机属于专用设备,要按照不同的地质条件及成洞要求进行"量体裁衣"式的设计制造,可靠性要求极高。液压技术作为一种成熟、稳定的科学技术,在日常生活及工程领域应用比较广泛,而为了实现盾构机各种复杂功能及精细动作,液压系统及液压技术也成为盾构系统中不可或缺的一部分,能够实现各种传动功能和动作控制功能,液压系统是否能够稳定健康地运行,直接决定着盾构机状态的好坏,一旦液压系统发生较大故障,可能会导致设备停止运行甚至造成整个工程停滞。本书从液压技术及盾构机施工入手,结合盾构机液压故障诊断及大量现场故障案例,来阐述盾构机液压系统的应用及如何有效地进行液压故障排除。

1.1 液压技术的发展历程及现状

1.1.1 液压技术的发展历程

近代液压技术是由19世纪崛起并蓬勃发展的石油工业推动起来的,最早成功应用的液压传动装置是舰船上的炮塔转位器,其后出现了液压传动六角车床和磨床,到20世纪30年代末部分通用车床才用上了液压传动装置。第二次世界大战期间,由于军事上的需要,出现了以电液伺服系统为代表的响应快、精度高的液压元件和液压控制系统,从而使液压技术得到了迅猛发展。20世纪50年代,随着世界各国经济的恢复和发展、生产过程自动化水平的不断提高,使液压技术进入民用工业领域。近年来，流体动力传动由于应用了电子技术、计算机技术、信息技术、自动控制技术后取得了新的发展，使液压系统和元件在技术水平上得到很大提升，液压技术已成为工业机械、工程建筑机械及国防尖端产品不可缺少的重要技术。液压技术向自动化、高精度、高效率、高速化、大功率、小型化、轻量化方向发展，是不断提高其与电传动、机械传动竞争能力的关键。

近年来，我国高度重视液压行业的发展，不断出台多项鼓励政策，大力扶持液压行业。随着国内液压元件厂商逐步参与国际市场的供应体系，以及国内液压元件龙头企业近年来不断通过自主技术研发以及引进、消化国外先进液压设计与制造工艺，我国液压行业已取得长足发展，并逐步形成对国外进口产品的替代。目前全球液压行业主要被日本、美国和德国等发达国家占据主要份额，博世力士乐（Rexroth）、派克汉尼汾（Parker Hannifin）、伊顿（Eaton）和川崎重工等4家国外液压龙头企业占据了全球40.00%以上的市场份额。

1.1.2 液压技术的发展现状

目前，液压技术在各个领域应用越来越广泛，如液压技术与高新技术成果结合液压技术具有功率重量比大、频响高、压力、流量可控性好，易实现直线运动等优点，在工程机械、冶金机械、汽车、船舶、新能源等行业得到广泛应用。目前液压技术发展趋势主要呈现以下特点：

（1）元件的小型化、模块化

元件的小型化，如电磁阀的驱动功率逐渐减小，从而适应电子器件的直接控制，同时也节省了能耗。元件的功能日益复合，如螺纹插装阀的大量运用，使系统的功能拓展更灵活。

（2）节能化

变量泵在国外的研发已日趋成熟。目前，恒压变量、流量压力复合控制，恒功率、比例伺服控制等技术已被广泛地集成到柱塞泵上。节能、减少系统发热已成为系统设计时必须考虑的问题之一。值得一提的是变频调速技术得到了足够的重视。采用定量泵变转速的方案是与恒转速变量泵相异的一种思路，目前的研究尚处于初步阶段。

（3）新材料的应用

新材料如陶瓷技术的使用是与非矿物油介质元件的要求及提高摩擦副的寿命联系在一起的。目前，德国、英国、芬兰等国家的一些厂商已在纯水液压件上使用了该项技术。新型磁性材料的运用是与电磁阀、比例阀的性能提高结合在一起的。由于磁通密度的提高，使阀的推力更大，其直接产生的作用便是阀的控制流量更大、响应更快、工作更可靠。

(4) 环保

环保的要求体现了现代工业的人文关怀。环保的液压元件应当无泄漏及低噪声，这也是液压元件发展的一个永恒的主题。

(5) 非矿物油介质元件

非矿物油介质元件是应用于特殊场合的元件，如要求耐燃、安全、卫生，此时就需要考虑采用高水基或纯水元件。能源危机催生了该类元件的诞生，但目前的发展动力可能更大程度上与环保、工作介质的廉价及其安全性相关。

1.2 液压技术在盾构机上的应用

随着液压技术的不断发展，其应用领域越来越广泛，在交通土建领域，盾构机作为典型应用的代表，液压技术发挥着重要作用。

1.2.1 盾构机分类

盾构机主要分为敞开式盾构机、土压平衡盾构机、泥水平衡盾构机以及多模式盾构机，盾构机的主要功能包括掘进、出渣、管片拼装等。

1) 敞开式盾构机

敞开式盾构机是指开挖面与内仓之间无封闭隔板，能够直接看到全部开挖面状况的盾构机。主要适用于地质条件较好且无地下水的地层开挖。其特点是开挖面在切口及前檐挡板的保护下能够维持稳定的自立状态，或开挖面在采取辅助措施后也能稳定自立的地层，优点是敞开掘进时方便对正面障碍物及小型塌方进行处理。敞开式盾构机主机组成如图1-1所示。

2) 土压平衡盾构机

土压平衡盾构机是指刀盘旋转切削开挖面，以破碎的泥土通过刀盘开口进入土仓，渣土作为主要介质来平衡隧道开挖面的地层压力，通过螺旋输送机出渣的盾构机。在开挖过程中土仓内具有适当压力与开挖面水土压力平衡，可减少盾构推进对地层土体的扰动，从而控制地表沉降。落到土仓内的渣土由安装在土仓底部的螺旋输送机传输至带式输送机上，通过带式输送机将渣土传输至渣土车运输至隧道外部。土压平衡盾构机主机结构组成如图1-2所示。

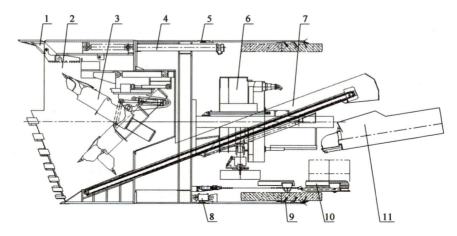

图 1-1 敞开式盾构机主机结构组成示意图

1-帽檐;2-盾体;3-挖掘装置;4-推进液压缸;5-铰接密封;6-管片拼装机;7-刮板输送机;8-铰接液压缸;9-盾尾密封;10-管片输送装置;11-带式输送机

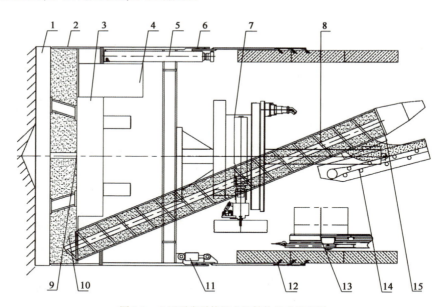

图 1-2 土压平衡盾构机主机结构组成示意图

1-刀盘;2-盾体;3-主驱动单元;4-人舱;5-推进液压缸;6-铰接密封;7-管片拼装机;8-螺旋输送机;9-中心回转接头;10-土仓;11-铰接液压缸;12-盾尾密封;13-管片输送装置;14-带式输送机;15-螺旋输送机出渣闸门

3）泥水平衡盾构机

泥水平衡盾构机是以泥浆为主要介质平衡隧道开挖面地层压力、通过泥浆输送系统出渣的盾构机。位于地面的送泥泵将浆液送入开挖仓,排泥泵将刀盘切削下来并经搅拌的泥浆泵送至地面的泥水处理系统进行分离,以泥浆为主要介质平衡隧道开挖面地层压力、通过泥浆输送系统出渣的压力平衡式盾构。通过进泥管将泥浆送入泥水仓,在开挖面上形成不透水的泥膜,通过该泥膜的作用来平衡开挖面的水土压力;开挖的渣土在泥水仓内与膨润土混合后被排泥泵以泥浆形式从泥浆管排除并输送至地面,然后通过泥浆处理设备进行分离;分离后的泥水进行重新调浆,再通过泥浆泵输送至开挖面。泥水平衡盾构机主机结构组成如图1-3所示。

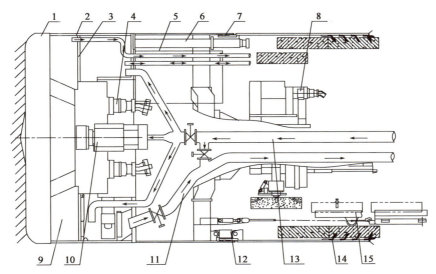

图1-3 泥水平衡盾构机主机结构组成示意图

1-刀盘;2-盾体;3-隔板;4-主驱动单元;5-人舱;6-推进液压缸;7-铰接密封;8-管片拼装机;9-泥水仓;10-中心回转接头;11-排浆管;12-铰接液压缸;13-进浆管;14-盾尾密封;15-管片输送装置

4)多模式盾构机

当隧道穿越复杂多变的地层时,盾构机采用一种工作模式无法满足施工需求,需要在某段地层掘进时采用土压平衡模式,但其他地段掘进时可能需要泥水平衡模式或采用岩石隧道掘进机(TBM),这时所需要的设备要求同时具备土压平衡模式、泥水平衡模式和TBM功能,根据不同地层需求进行模式切换。多模式盾构机主机结构组成如图1-4所示。

多模式盾构机一般分为双模式盾构机和三模式盾构机两大类,其中双模式盾构机又可分为土压泥水式、土压TBM式和泥水TBM式;三模式盾构机同时具备土压、泥水和TBM三种掘进模式,并根据需要进行模式切换。

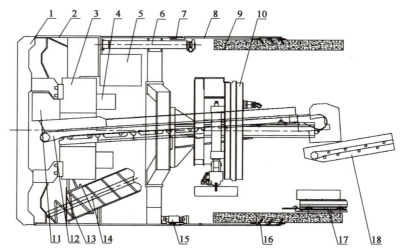

图1-4 多模式盾构机主机示意图

1-刀盘；2-盾体；3-主轴承；4-主驱动单元；5-人舱；6-推进液压缸；7-铰接密封；8-尾盾；9-管片；10-管片拼装机；11-溜渣槽；12-主机带式输送机；13-螺旋输送机前闸门；14-螺旋输送机；15-铰接液压缸；16-盾尾密封；17-管片输送装置；18-带式输送机

1.2.2 盾构机液压系统的组成

以常规液压驱动盾构机为例,其刀盘驱动系统、推进系统、铰接系统、管片拼装机系统、螺旋输送机系统、注浆系统、辅助系统和超挖刀系统等均依托液压系统作为动力源实现各项功能。盾构机液压系统是由动力元件(液压油泵)、执行元件(液压缸和液压马达)、控制元件(压力、流量、方向控制阀)、辅助元件(油箱、滤油器等)组成。

盾构机液压系统根据回路特点可以分为开式回路系统和闭式回路系统。

1)盾构机的开式液压回路系统

盾构机液压系统中属于开式液压回路的系统有主推进液压系统、铰接液压系统、管片拼装液压系统。

主推进液压系统是通过55kW的电动机作为动力源来传递能量给液压泵,将液压油传送至主推进液压缸中;铰接液压系统是通过37kW的电动机作为动力源来传递能量给液压泵,将液压油传送至铰接液压缸中;管片拼装液压系统是通过45kW的电动机作为动力源,将能量传递给液压泵。

2)盾构机的闭式液压回路系统

盾构机液压系统中属于闭式液压回路系统的是刀盘驱动液压系统和螺旋输

送机液压系统,该系统由工作泵和补油泵两种作为动力元件,其电动机的规格一般为315kW。

1.2.3 液压驱动盾构机适用场景

液压系统作为盾构机的动力源,其驱动内部结构较为简洁,可实现恒定压力输出,具有良好的抗冲击能力和过载保护性能。目前盾构机常用的刀盘驱动机构主要有变频电机、一般电机和液压驱动三种,其工作性能对比见表1-1。

盾构机常见主驱动方式性能对比表　　　　　表1-1

驱动形式	变频电机驱动	一般电机驱动	液压驱动
驱动部分外形尺寸	中	大	小
后续设备	少	少	较多
效率	0.95	0.9	0.65
启动力矩	大	较小	较大
启动冲击	小	大	较小
转速微调控制	好	不能无级调速	好
噪声	小	小	大
盾构温度	低	较低	较高
维护保养	易	易	较复杂

盾构机的工作环境基本都是较为严峻,所以液压系统要能更好地适用于常规盾构机和对设备的抗冲击性要求较高的工程。电力驱动响应速度快、控制精度高,有较低的能源消耗,并可较好地控制风险,因此目前大型及超大型盾构机一般采用电力驱动作为动力源。

1.3 液压故障对盾构施工的影响

盾构机的可靠性和安全性直接影响着隧道施工的质量,液压系统作为盾构机的主要系统之一,一旦出现故障将会对盾构施工造成不同程度的影响,甚至会引发安全事故。

1.3.1 对掘进的影响

根据液压故障发生的严重程度和发生部位的不同,对施工掘进的影响程度也不同。

（1）影响盾构施工的控制精度

盾构机在施工过程中需要液压控制系统对各项掘进参数的设置和调节进行精准控制，比如刀盘转速、推进速度、推进压力、推进方向、超挖行程等，这些参数的控制精度直接影响着施工作业的精度，而液压系统发生故障可能会导致盾构机掘进参数调节困难或者失准，造成施工的控制精度下降，甚至出现无法操控的情况。

（2）影响盾构施工的进度效率

盾构机的主要液压系统，如主驱动液压系统、推进液压系统、螺旋输送机液压系统、辅助液压系统等都全面参与了盾构施工的各主要环节，其运转的效率和可靠性直接影响施工的效率。比如：主驱动液压系统作为液驱盾构机的刀盘转动的主要动力来源，出现故障后将导致刀盘转速异常或无法转动，影响掌子面的开挖；推进液压系统是控制盾构机推进液压缸伸出和收回的重要部分，出现故障往往会造成设备推进速度降低，甚至停止，影响设备施工掘进推进速度；螺旋输送机液压系统一般是土压平衡盾构机出渣的动力来源，液压故障会引起出渣不畅或无法出渣，导致盾构机无法正常施工。

（3）影响盾构施工的经济成本

如前所述，液压系统在盾构机上应用较为广泛，但同时由于其制造精度要求高，部件价格昂贵，出现故障后不易排查，对使用和维保有较高的技术要求。因此液压系统出现故障后，往往需要较长的停机时间进行处理，而且更换液压配件成本较高，对盾构施工的成本影响较大。

1.3.2　对安全的影响

根据海因里希安全法则，设备故障的发生往往伴随着安全隐患和事故的出现。液压系统因其工作压力高，输出力（扭矩）大，出现故障后如果处理不当，除了对施工掘进造成影响外，对盾构机其他设备、施工作业人员，甚至整个工程的安全都会产生隐患。

（1）对施工设备安全的影响

液压系统出现故障除了对自身液压部件如液压泵、阀组或者液压缸等设备造成损坏外，由于输出力（扭矩）大等特点，同时容易造成盾构机其他设备损坏。如作为动力来源的主驱动液压系统故障后容易引起主驱动减速机的连锁损坏，如果处理不及时或不恰当，甚至会影响主轴承的安全运转；而作为控制系统的制动液压系统、泥浆球阀液压系统等故障后引起制动无法松开，损坏设备部件或泥浆球阀开启关闭不到位导致球阀快速磨损。

(2) 对施工人员安全的影响

盾构机液压系统工作压力高,管路和部件繁多,工作状态下由于管路破损或系统异常导致高压油液喷射,极易对施工作业或维保人员造成伤害。而由液压系统作为提升动力的管片拼装系统,在安装和运输作业期间的故障则可能会引起管片异常掉落等情况,给施工作业人员带来很大的安全隐患。

(3) 对施工工程安全的影响

由于盾构机的多个关键功能系统(如注浆和推进系统等)和关键控制部件(如螺旋输送机闸门、泥水舱闸门等)均依托液压系统组成,如果由于液压系统故障导致上述系统异常,造成无法及时注浆、管片推力提供不足、闸门无法正常关闭等问题,将会直接影响整个施工工程的安全。

1.3.3 对环境的影响

由于液压系统介质的特殊性,出现故障后无论是故障本身或是对故障的排查和处理都容易造成大量液压油的泄漏,造成施工环境污染。而且由于液压油具有流动、黏稠、易滑等特性,清洁处理困难较大,而处理不干净、不及时又会给施工人员带来一定的安全隐患。

第2章　液压传动基础知识

液压传动是指以液体压力能来产生、控制和传递动力，本章主要从其工作原理、系统组成等方面进行介绍，同时通过液压元件的类型与工作原理介绍、流量与压力的计算，使相关技术人员能够更好地掌握液压传动基础知识。

2.1　液压传动工作原理

2.1.1　液压传动基本概念

液压传动是指以液体为工作介质进行能量传递和控制的一种传动方式。在液体传动中，根据其能量传递形式不同，又分为液力传动和液压传动。液力传动主要是利用液体动能进行能量转换的传动方式，如液力耦合器和液力变矩器；液压传动是利用液体压力能进行能量转换的传动方式。在机械上采用液压传动技术，可以简化机器结构、减轻机器重量、减少材料消耗、降低制造成本、减轻劳动强度，并能提高工作效率和工作的可靠性。

2.1.2　液压传动基本原理

液压传动的基本原理是依据帕斯卡原理。

(1) 液压的形成：液体由于受到压力作用而发生流动，流动的液体会产生压力，而压力会在液体中传递。

(2) 传动原理：液压传动系统的原理是以液体为工作介质，通过驱动装置将原动机的机械能(W)转换为液压的压力能(F)，然后通过管道、液压控制及调节装置等,借助执行装置,将液体的压力能转换为机械能,驱动负载实现直线或回转运动。泵—液压缸工作示意如图 2-1 所示。

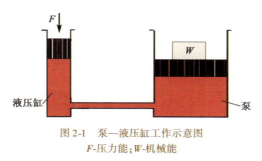

图 2-1　泵—液压缸工作示意图
F-压力能;W-机械能

2.2　液压传动系统的组成及特点

2.2.1　液压传动系统的组成

液压传动系统主要由动力元件、执行元件、控制元件、辅助元件和工作介质组成,各部分组成一个有机联系的整体,各部分性能都直接影响系统工作特性。

(1)动力元件(或能源装置)——液压泵。其作用是将原动机输出的机械能转换成压力能,给系统提供压力油。

(2)执行元件——液压缸或液压马达。其作用是将压力能转换为机械能,驱动负载运动。其中液压缸驱动负载实现直线往复运动;液压马达驱动负载实现旋转运动。

(3)控制、调节元件——各类液压阀(流量控制阀、压力控制阀和方向控制阀)。通过改变液体的压力、流量和方向来控制执行元件输出的力、速度和方向。

(4)辅助元件——油箱、油管和管件、滤油器、蓄能器、压力表等。负责油液的储存、净化、输送、散热和密封等辅助性工作。

(5)工作介质——液压油。用于传递能量或信息,同时还起散热和润滑作用。

液压传动系统能量转换关系如图 2-2a)所示,工作台液压系统图形符号如图 2-2b)所示,工作台液压系统原理如图 2-2c)所示。

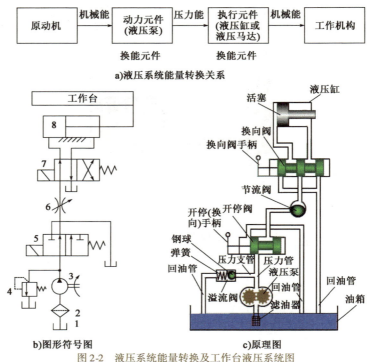

图 2-2　液压系统能量转换及工作台液压系统图

1-油箱；2-滤油器；3-液压泵；4-溢流阀；5-开停阀；6-节流阀；7-换向阀；8-液压缸

2.2.2　液压传动的特点

液压系统回路的根本机能在于以液体压力能的形式进行简单操控的能量传递。从能量传递方面看：液压机能大致处于机械式能量传递和电气式能量传递之间；从传动特性方面看：机械传动和液压传动有固定的特性，此相反，液压传动设备和电气传动设备相同，具有无级变速设备的特性，除了恒功率外，还简单完成恒速和恒转矩等特性。与机械传动、电气传动等其他传动方式相比，液压传动具有以下特点。

1）液压传动的优点

（1）液压传动可以输出大的推力或大转矩，可实现低速大吨位运动，这是其突出的优点。

（2）液压传动能方便地实现无级调速，调速范围大，且可在系统运行过程中调速。

（3）在相同功率条件下，液压传动装置体积小、重量轻、结构紧凑。液压元件之间可采用管道连接或采用集成式连接,其布局、安装有很大的灵活性,可以构成用其他传动方式难以实现的复杂系统。

(4)液压传动能使执行元件的运动均匀、稳定,无换向冲击,且其反应速度快,可实现频繁换向。

(5)操作简单,调整控制方便,易于实现自动化。特别是和机、电联合使用时,能方便地实现复杂的自动工作循环。

(6)液压系统便于实现过载保护,使用安全、可靠。由于各液压元件中的运动件均在油液中工作,能自行润滑,故元件的使用寿命长。

(7)液压元件易于实现系列化、标准化和通用化,便于设计、制造、维修和推广使用。

2)液压传动的缺点

(1)油的泄漏和液体的可压缩性会影响执行元件运动的准确性,故无法保证严格的传动比。

(2)对油温的变化比较敏感,不宜在很高或很低的温度条件下工作。

(3)能量损失(泄漏损失、溢流损失、节流损失、摩擦损失等)较大,传动效率较低,也不适宜进行远距离传动。

(4)系统出现故障时,不易查找原因。

2.3 液压泵及马达的基本参数及计算

2.3.1 液压泵的基本参数及计算

1)压力

液压泵的压力包括工作压力、额定压力和最大压力。

(1)工作压力

工作压力指液压泵出口处的实际压力。液压泵的工作压力主要由执行机构所驱动的负载所决定;负载增大时,工作压力升高;负载减小时,工作压力降低。

(2)额定压力

额定压力指液压泵在正常工作条件下可连续运转的最高压力。额定压力的大小由液压泵零部件的结构强度和密封性来决定。超过额定压力值,液压泵有可能发生机械或密封方面的损坏。

(3)最大压力

最大压力指短期运行所允许的最高压力,一般为额定压力值的1.1倍。

2）排量和流量

（1）排量 V

排量指在无泄漏情况下，液压泵转一转所能排出的油液体积。排量的大小只与液压泵中密封工作容腔的几何尺寸和个数有关。

（2）理论流量 q_{vt}

理论流量指在无泄漏情况下，液压泵单位时间内输出油液的体积，即：

$$q_{vt} = Vn \tag{2-1}$$

式中：V——泵的排量（mL/r）；

n——泵轴转数（r）。

（3）实际流量 q_v

实际流量指单位时间内液压泵实际输出油液的体积。由于泵工作过程中存在内部泄漏量 Δq_v（泵的工作压力越高，泄漏量越大），使得泵的实际流量小于泵的理论流量，即：

$$q_v = q_{vt} - \Delta q_v \tag{2-2}$$

显然，当液压泵处于卸荷（压力卸荷）状态时，这时输出的实际流量近似为理论流量。

（4）额定流量

额定流量指泵在额定转数和额定压力下输出的实际流量。

3）效率与功率

实际上，液压泵在工作中是有能量损失的，这种损失包括容积损失和机械损失。

（1）容积损失

容积损失主要是液压泵内部泄漏造成的流量损失，其大小用容积效率表征，即：

$$\eta_{PV} = \frac{q_v}{q_{vt}} = \frac{q_{vt} - \Delta q}{q_{vt}} = 1 - \frac{\Delta q}{q_{vt}} \tag{2-3}$$

（2）机械损失

机械损失指液压泵内流体黏性和机械摩擦造成的转矩损失，其大小用机械效率表征，即：

$$\eta_{Pm} = \frac{T_t}{T_i} = \frac{T_i - \Delta T}{T_i} = 1 - \frac{\Delta T}{T_i} \tag{2-4}$$

式中：T_t——理论转矩（N·m）；

T_i——实际输入转矩（N·m）；

ΔT——转矩损失（N·m）。

输入功率 P_i：

$$P_\mathrm{i} = 2\pi T_\mathrm{i} n \tag{2-5}$$

输出功率 P_O：

$$P_\mathrm{O} = p q_\mathrm{v} \tag{2-6}$$

总效率 η_p：

$$\eta_\mathrm{p} = \frac{P_\mathrm{O}}{P_\mathrm{i}} = \frac{p q_\mathrm{v}}{2\pi n T_\mathrm{i}} = \eta_\mathrm{pv} \eta_\mathrm{pm} \tag{2-7}$$

2.3.2 液压马达的基本参数及计算

液压马达的基本参数与液压泵的分析方法类似。

1) 排量、流量

液压马达每旋转一弧度所排出的油液体积称为排量。与液压泵相同，液压马达的排量取决于液压马达的具体结构，而与液压马达的工况无关，是一个理论值。液压马达每单位时间排出的油液体积称为流量。

排量不变的液压马达称为定量马达，排量可调的液压马达称为变量马达。液压马达的流量有实际流量 q_v 和理论流量 q_vt 之分。由于液压马达存在内泄，因此液压马达的理论流量小于实际流量，泄漏流量等于实际流量减去理论流量。

2) 效率与功率

液压马达在工作中也是有能量损失的，这种损失包括容积损失和机械损失。液压马达的容积效率定义为理论流量和实际流量之比。

容积损失 η_{Mv}：

$$\eta_{\mathrm{Mv}} = \frac{q_\mathrm{vt}}{q_\mathrm{v}} = \frac{q_\mathrm{v} - \Delta q}{q_\mathrm{v}} \tag{2-8}$$

机械损失 η_{Mm}：

$$\eta_{\mathrm{Mm}} = \frac{T_0}{T_\mathrm{t}} = \frac{T_\mathrm{t} - T_0}{T_\mathrm{t}} = 1 - \frac{\Delta T}{T_\mathrm{t}} \tag{2-9}$$

输入功率 P_i：

$$P_\mathrm{i} = p q_\mathrm{v} \tag{2-10}$$

输出功率 P_O：

$$P_\mathrm{O} = 2\pi T_0 n_\mathrm{M} \tag{2-11}$$

总效率 η_M：

$$\eta_\mathrm{m} = \frac{P_\mathrm{O}}{P_\mathrm{i}} = \frac{2\pi n_\mathrm{M} T_0}{p q_\mathrm{v}} = \eta_{\mathrm{Mv}} \eta_{\mathrm{Mm}} \tag{2-12}$$

3）液压马达的转速

理论转速 n_t：

$$n_t = \frac{q_v}{V_t} \tag{2-13}$$

式中：q_v——液压马达的输出流量（m^3/s）；

V_t——为液压马达的理论排量（m^3/r）。

实际转速 n：

$$n = \eta_{Mv} n_t \tag{2-14}$$

液压马达的最低转速指在额定负载下不出现爬行现象的最低转速，转速过低会使输出转矩和转速产生较大脉动。

液压马达的最高转速指在额定负载下可连续正常运转的最高转速。

2.4 液压元件类型与工作原理

盾构机液压系统以能量传动为主，主要完成机械机构的动作要求。液压元件作为盾构机液压系统的主要动力元件和动力单元，主要包含液压泵、液压马达、液压缸、液压阀及液压附件等，下面对盾构机液压元件类型与工作原理做详细介绍。

2.4.1 液压泵的类型及工作原理

液压泵根据结构形式不同分为齿轮泵、柱塞泵和叶片泵；按流量能否调节可分为定量泵和变量泵。液压泵的主要类型及工作原理见表2-1。

表2-1 液压泵类型及工作原理

类型	工作原理	特点	图示
齿轮泵	齿轮泵主要由主、从动齿轮、驱动轴、泵体、侧板和密封元件组成。其中，泵体内相互啮合的齿轮与两端盖及泵体组成密封工作容积。齿轮的啮合线将左、右两腔隔开，形成吸、压油腔。当齿轮按顺时针方向旋转时，吸油腔内的轮齿不断脱离啮合，使吸油侧密封容积不断增大，形成真空，在大气压的作用下从油箱吸油；当这部分油液被旋转的齿轮带入左侧压油腔时，腔内的轮齿不断进入啮合，压油侧密封容积不断减小，油液受压，并被不断压出，进入系统。这样就完成了齿轮泵的吸油和压油过程	（1）结构简单紧凑，体积小，重量轻，工艺性好，价格便宜；（2）自吸力强，对油液污染不敏感、转速范围大、能耐冲击性负载；（3）维护方便、工作可靠	

续上表

类型	工作原理	特点	图示
柱塞泵	柱塞泵是通过柱塞杆在液压缸内做往复运动,从而产生压力差来输入流体的。柱塞泵柱塞往复运动总行程是不变的,由凸轮的升程决定。柱塞每循环的供油量大小取决于供油行程,供油行程不受凸轮轴控制是可变的。供油开始时刻不随供油行程的变化而变化。转动柱塞可改变供油终了时刻,从而改变供油量。柱塞泵工作时,在喷油泵凸轮轴上的凸轮与柱塞弹簧的作用下,迫使柱塞作上、下往复运动,从而完成泵油工作	(1)参数高;额定压力高,转速高,泵的驱动功率大; (2)效率高; (3)寿命长; (4)变量方便,形式多; (5)单位功率的重量轻; (6)柱塞泵主要零件均受压应力,材料强度性能可得以充分利用	
叶片泵	叶片泵由转子、定子、叶片和端盖等组成。定子具有圆柱形内表面,定子和转子间有偏心距,叶片装在转子槽中,并可在槽内滑动,当转子回转时,由于离心力作用,使叶片紧靠在定子内壁,这样在定子、转子、叶片和两侧配油盘间形成若干个密封的工作空间,即吸油腔和压油腔。当转子回转时,叶片逐渐伸出,叶片间的工作空间逐渐增大,从吸油口吸油,这是吸油腔;叶片被定子内壁逐渐压进叶片槽内,工作空间逐渐缩小,将油液从压油口压出就是压油腔。在吸油腔和压油腔之间有一段封油区,把吸油腔和压油腔隔开。叶片泵转子每转一周,每个工作空间完成一次吸油和压油,因此称为单作用叶片泵。转子不停地旋转,泵就不断地吸油和排油	(1)输出流量比齿轮泵均匀,运转平稳,噪声小; (2)工作压力较高,容积效率也较高; (3)单作用式叶片泵易于实现流量调节,双作用式叶片泵则因转子所受径向液压力平衡,使用寿命长; (4)结构紧凑,轮廓尺寸小而流量较大	

2.4.2 液压马达和液压缸的类型及工作原理

1)液压马达的类型及工作原理

液压马达是把液体的压力能转换为旋转运动机械能的能量转换装置,是执行元件。液压马达的主要类型及工作原理见表2-2。

液压马达类型及工作原理 表2-2

类型	工作原理	特点	图示
叶片式液压马达	由于压力油作用,转子受力不平衡从而产生转矩。叶片式液压马达的输出转矩与液压马达的排量和液压马达进出油口之间的压力差有关,其转速由输入液压马达的流量大小来决定。由于液压马达一般都要求能正反转,所以叶片式液压马达的叶片要径向放置。为了使叶片根部始终通有压力油,在回、压油腔通入叶片根部的通路上设置有单向阀;为了确保叶片式液压马达在压力油通入后能正常启动,必须使叶片顶部和定子内表面紧密接触,以保证良好的密封,因此在叶片根部设置有预紧弹簧	(1)叶片式液压马达体积小; (2)转动惯量小; (3)动作灵敏; (4)可适用于换向频率较高的场合	
柱塞式液压马达	配油盘和斜盘固定不动,马达轴与缸体相连接一起旋转。当压力油经配油盘的窗口进入缸体的柱塞孔时,柱塞在压力油作用下外伸,紧贴斜盘,斜盘对柱塞产生一个法向反力,此力可分解为轴向分力和垂直分力。轴向分力与柱塞上液压力相平衡,而垂直分力则使柱塞对缸体中心产生一个转矩,使得马达轴逆时针方向旋转	(1)柱塞马达能够承受高压力; (2)适用于需要大功率输出和高扭矩的应用; (3)精确控制; (4)柱塞马达可以通过调整柱塞的行程来实现精确的速度和位置控制,适用于需要精密运动控制的应用	
齿轮式液压马达	齿轮式液压马达与齿轮式液压泵的结构基本相同,最大的不同是齿轮式液压马达的两个油口一样大,且内泄单独引出油箱。当高压油进入右腔时,由于两个齿轮的受压面积存在差异,因而产生转矩,使得齿轮转动。这种马达适用于高转速、低扭矩的场合	(1)体积小; (2)重量轻; (3)结构简单; (4)工艺性好; (5)对油液污染不敏感; (6)耐冲击惯性小	

2)液压缸的类型及工作原理

液压缸是将液压能转变为机械能、做直线往复运动(或摆动运动)的液压执行元件。按结构形式可分为活塞缸、柱塞缸、摆动缸;按运动形式分为直线运动(活塞缸、柱塞缸),摆动(摆动缸);按作用方式分为单作用式和双作用式。液压缸的主要类型及工作原理见表2-3。

液压缸类型及工作原理　　　　　　　表2-3

类型	分类一	分类二	工作原理	特点	图示
按结构形式	活塞缸	单活塞杆缸	在单作用液压缸中,压力油只供给液压缸的腔体,液压使液压缸向一个方向运动,而在相反方向,压力(如弹簧力、自重)或外部负载等)用于实现运动	因两腔面积相等,压力相同时,推力相等,流量相同时,速度相等。即具有等推力等速度特点	
		双活塞杆缸	双作用液压缸的活塞在两个方向的运动是靠液体压力的作用来完成的	两腔面积不等,压力相同时,推力不等。流量相同时速度不等。即不具有等推力等速度特性	
	柱塞缸		柱塞缸只能制成单作用缸,在大型设备中,为了得到双向运动,柱塞缸长成对用,柱塞端面是受压面,其面积大小决定了柱塞缸的输出速度和推力,为保证柱塞缸有足够的推力和稳定性,一般柱塞较粗,重量较大,水平安装时易产生单边磨损,故柱塞缸适宜于垂直安装使用。水平安装使用时,为减轻重量,有时制成空心柱塞。为防止柱塞自重下垂,通常要设置柱塞支撑套和托架	柱塞与缸筒无配合要求,缸筒内控不需精加工,甚至可不加工。运动时由缸盖上的导向套来导向,柱塞缸结构简单,制造方便,常用于长行程机床,如龙门刨、导轨磨、大型拉床等	

续上表

类型	分类一	分类二	工作原理	特点	图示
按结构形式	摆动缸	叶片式摆动缸	当工作区域内托盘上工件加工完成后托盘接到交换指令,双作用液压缸上油枪开始蓄压力油,托盘支撑座在移动缸体的作用下将托盘抬起,当双作用液压缸上油腔蓄油达到设计位置时销轴进入到缸座的导向孔中,将托盘支撑座与单叶片摆动液压缸的缸体缸盖组件中的缸座连接在一起,单叶片摆动液压缸的左油腔开始蓄压力油,托盘支撑座在单叶片摆动液压缸的作用下顺时针旋转运动,当蓄油达到设计要求时,托盘支撑座在单叶片摆动液压缸的作用下完成旋转180°,转动叶片从液压缸起始位运动至终止位,反之,转动叶片从液压缸终止位运动至液压缸起始位,即单叶片摆动液压缸完成了整个回转周期	结构紧凑,输出转矩大,单密封困难,一般只用于中低压系统	
		齿轮齿条式摆动缸	齿轮齿条摆动液压缸是将齿轮齿条液压缸代替了单叶片摆动液压缸		

2.4.3 液压阀的类型及工作原理

液压阀是用来控制或调节液压系统中液流的流动方向、压力和流量,以满足机械各种运动和动力的需要。液压阀按主要用途分为方向调节阀(如单向阀、换向阀)、压力调节阀、流量调节阀(如:节流阀、分流阀等)三大类;按控制方法可分成手阀、机动阀、电动调节阀、液动阀等;按安装方法分为列管式连接、平板式连接、集成化连接。液压阀的主要类型及工作原理见表 2-4。

液压阀的主要类型及工作原理

表 2-4

类型	工作原理	特点	图示
单向阀	单向阀是流体只能沿进水口流动，出水口介质却无法回流。单向阀又称止回阀或逆止阀，用于液压系统中防止油流反向流动，或者用于气动系统中防止压缩空气逆向流动。安装单向阀时，应特别注意介质流动方向，应使介质正常流动方向与阀体上指示的箭头方向相一致，否则就会截断介质的正常流动。单向阀关闭时，会在管路中产生水锤压力，严重时会导致阀门、管路或设备的损坏，尤其对于大口径管路或高压管路，故应引起止回阀选用者的高度注意	（1）只允许单向流动。 （2）能够快速响应，并在较短时间内恢复正常状态。 （3）具有较小的形状和尺寸，便于安装	
换向阀	换向阀是具有两种以上流动形式和两个以上油口的方向控制阀。二位四通换向阀适用于油或稀油集中润滑系统，以转换供油方向或开闭供油管道。二位四通换向阀采用大扭矩直流减速电机驱动换向，因此即使在恶劣的工况下（如低温或黏度很高的润滑脂），换向动作也十分可靠。换向过程中，活塞在极短的时间内以较高的速度运行，减少往复，从而避免过早的磨损。当接到系统中的换向信号后，直流电机做旋转运动，并通过偏心轮将旋转运动转化为活塞杆的直线往复运动。当活塞从一端运动到另一端，达到所需要的换向位置时，限位开关动作，使直流电机失电，随即电机停止旋转，换向过程完成	（1）动作准确、自动化程度高、工作稳定可靠，但需附设驱动和冷却系统，结构较为复杂；阀瓣式结构则较简单，多用于流量较小的生产工艺上。 （2）在石油、化工、矿山和冶金等行业中，换向阀是一种重要的流体换向设备，通过变换密封组件在阀体中的相对位置，使阀体各通道连通或断开，从而控制流体的换向和启停	

续上表

类型	工作原理	特点	图示
溢流阀	利用弹簧的压力调节、控制液压油的压力大小。当液压油的压力小于工作需要压力时,阀芯被弹簧压在液压油的流入口;当液压油的压力超过其工作允许压力即大于弹簧压力时,阀芯被液压油顶起,液压油流入,通过回油管流回油箱。液压油的压力越大,阀芯被液压油顶起得越高,液压油经溢流阀流回油箱的流量越大如果液压油的压力小于或等于弹簧压力,则阀芯落下,封住液压油进口。由于油泵输出的液压油压力固定,而工作液压缸用的液压油压力总要比油泵输出的液压油压力小,所以正常工作时总会有一些液压油从溢流阀处流回油箱,以保持液压缸的工作压力平衡、正常工作	(1)定压溢流作用:在定量泵节流调节系统中,定量泵提供的是恒定流量。当系统压力增大时,会使流量需求减小。此时溢流阀开启,使多余流量溢回油箱,保证溢流阀进口压力,即泵出口压力恒定(阀口常随压力波动开启)。(2)稳压作用:溢流阀串联在回油路上,溢流阀产生背压,运动部件平稳性增加。(3)系统卸荷作用:在溢流阀的遥控口串接溢小流量的电磁阀,当电磁铁通电时,溢流阀的遥控口通油箱,此时液压泵卸荷。溢流阀此时作为卸荷阀使用。(4)安全保护作用:系统正常工作时,阀门关闭。只有负载超过规定的极限(系统压力超过调定压力)时开启溢流,进行过载保护,使系统压力不再增加	

2.4.4 液压辅件介绍

液压系统中液压辅助元件缺一不可,是液压系统正常工作的保障,但是液压辅助元件在整个液压系统中不参与能量的转换,也不参与方向、压力和流量等控制,却是整个液压系统必不可少的一部分。

液压辅助元件,顾名思义,就是辅助液压系统正常运作的一些装置和零件,包括油箱、滤油器、蓄能器、压力表、管件等,简单介绍以下这些辅件的作用和工作原理。

1)油箱

液压油箱是用来储存保证液压系统工作所需油液的容器,液压油箱如图2-3所示。油箱一般是由钢板焊接,其大小和结构需要根据液压系统的实际要求专门设计制造。油箱主要功能有以下几个方面：

（1）存储油。通常开放式系统油箱的有效容积应大于系统上所有工作用油的流量之和,如果一台液压设备有几个油箱,则下部的油箱应能容纳所有油箱中的液压油之和;闭式系统油箱的有效容积应大于补油泵的流量。

（2）防污染。使液压油内部污染物沉淀,防止外部污染物进入油箱,隔离空气中的水分和污染物。

（3）散热。使液压油的温度能够得到更好的散发。

（4）在需要的时候可作为泵、阀的安装台架。

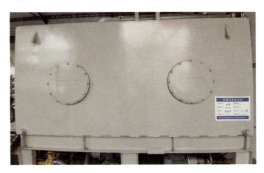

图 2-3　液压油箱

2）滤油器

滤油器主要是过滤油液中的杂质杂物,保证油液的清洁度。滤油器实物图如图 2-4 所示,根据过滤杂质颗粒度的粒径不同,过滤精度一般分为粗、普通、精和特精四级。注意要根据液压系统要求,选择合适过滤精度的滤油器。

图 2-4　滤油器

3）蓄能器

蓄能器是一种储存油液压力能的装置。其作用包括:作为辅助动力源或紧急动力源;吸收压力冲击和消除压力脉动。液压油是不可压缩液体,因此利用液压油是无法蓄积压力能的,必须依靠其他介质来转换或蓄积压力能,蓄能器实物图如图2-5所示。例如,利用气体(氮气)的可压缩性质研制的皮囊式蓄能器就是一种蓄积液压油的装置,皮囊式蓄能器由油液部分和带有气密封件的气体部分组成,位于皮囊周围的油液与油液回路接通。当压力升高时油液进入蓄能器,气体被压缩,直到系统管路压力不再上升;当管路压力下降时压缩空气膨胀,将油液压入回路,从而减缓管路压力的下降。

4)压力表

观测液压系统工作时各个部分压力,选用压力表量程约为系统最高工作压力的1.5倍,如图2-6所示。

图2-5 蓄能器　　　　　图2-6 压力表

5)管件

管件用来连接液压元件、输送液压油液,要求有足够的强度、良好的密封性能、较小的压力损失,且装拆方便。

6)密封装置

密封装置保证液压系统正常工作的最基本的也是最重要的装置之一,其主要用来防止液体的泄漏。常见的密封装置有间隙密封、密封圈密封和组合密封,如图2-7所示。

图2-7 密封圈

液压辅件的合理设计和选用在很大程度上影响液压系统的效率、噪声、工作可靠性等技术性能。

第3章　盾构机液压系统设计

本章主要以某液压驱动盾构机为例,介绍典型液压系统的原理及设计思路,以便技术人员深入了解液压系统的构成及设计理念。

3.1　推　进　系　统

3.1.1　推进系统工况及液压系统原理介绍

盾构机是依靠液压缸的推力向前推进的,其前进方向和姿态是靠液压缸的协调动作实现的。液压缸的精确控制是保证盾构沿着设计的路线方向准确地向前推进的前提。在实际应用中,由于地质土层的复杂性和施工过程中诸多不可预见因素的作用,使盾构推进控制变得非常复杂。盾构推进还与地层扰动和地面沉降等有关,与推进工况参数诸如土体应力、含水率、孔隙水压力、弹性模量、泊松比、强度和承载力等岩土力学参数相关。

为确保盾构能够正常掘进,首先必须由推进系统克服推进过程中所遇的各种阻力。盾构机推进动力传递和控制系统具有大功率、变负载、空间狭窄、环境恶劣等特点,一般采用液压系统,由推进液压缸、液压泵、液压阀件及液压管路等组成。其中推进液压缸安装在密封仓隔板后部,沿盾体周向均匀分布,是推进系统的执行机构,由设在盾构机后部的液压泵提供高压油,通过各类液压阀的控制实现各种功能。

在掘进施工中,盾构机需要按照指定的路线轨迹轴向前掘进,因此刀盘贯入度和盾构机推进是非常重要的,而被切削的地质比较复杂,整个盾构机盾体受到地层的阻力往往不均匀,使得盾构掘进方向发生偏离,这时就需要通过协调精确控制推进液压缸来实现盾构的纠偏。另外,盾构进行曲线推进时,有时需对盾构机俯仰角和掘进姿态进行调整,这也需要通过协调,精确控制推进液压缸来实现。由于一般的推进系统液压缸数量比较多,每个推进液压缸都进行单独控制,成本高,控制较为复杂,为此,可采用分组控制,即将为数众多的推进液压缸按圆周均匀分成几组,分别对每组推进液压缸进行控制。这样既可以节约成本、减少控制复杂程度,又可以达到盾构姿态的调整、纠偏、精确控制的目的。某盾构机推进推进缸的分布如图 3-1 所示,推进液压缸的数目为 30 个,分为 4 组。

图 3-1　推进液压缸分布

盾构机主推进系统的作用是保证向前运动,推进液压缸也用来使管片保持在适当的位置上,盾构机推力是由分布在 4 个环带周围的液压缸来保证的。在活塞杆后端,装有靴撑,以防止因集中负荷造成的管片变形、破损。7 号、16 号、22 号、30 号液压缸兼作计测液压缸,液压缸安装有行程传感器,传感器实时测量盾构机前进的进程,信息在控制室被显示出来。推进液压缸由两个被放置在后配套拖车上的柱塞泵提供动力,推进控制面板安装在位于中盾的一个柜子上。推进液压缸有两种液压操作状态:一是"低压或建环状态",该状态在管片安装期间使用。在这种状态下盾构机不前进,推进液压缸的压力减小,有足够的压力保证管片安全的安装,使两环之间的密封被压紧;二是"高压或掘进状态"在盾构机向前运动时使用。使这种状态下,推进液压缸处在高压状态下,在管片上产生推力。

在掘进模式下系统压力为 350bar（1bar = 0.1MPa）时，最大前进速度为 80mm/min、最大推力为 39111kN，每根液压缸的最大推力为 1303kN。管片安装模式下，伸出速度（4 根液压缸）1.7m/min、收回速度（4 根液压缸）3.1m/min，推进液压缸的活塞端安装在压力仓壁上，在活塞杆端由一个橡胶撑靴支撑。推进液压缸的撑靴作用于由 5 + 1 块管片砌成的管片环上。推进液压缸可以单独控制或者分成 4 组由流量和压力控制来推进和转向。在掘进模式下，推进液压缸总共合并成 4 组，每组配备一个行程测量系统，可及时调整推进液压缸参数来保证盾构机良好姿态。

为了建造一个管片环，首先停止掘进，然后必须通过按钮"ring building（建环）"把操作状态改为建环，以便把控制切换到移动式面板。当激活该模式时，所有的推进液压缸可以独立运动。在建环模式下，进行管片安装所需数目的液压缸对相应地回缩。其余的推进液压缸对一方面避免由于土压而使盾构作后退运动，另一方面，它们也保护已经安装的管片。

推进泵的压力必须比各部分的液压缸压力要稍高一些。每部分的液压缸压力都可以靠在控制室控制的减压阀来独立设置。如果盾构机相对理论轨迹偏下了，增大下部液压缸的压力并减小上部液压缸与之等值压力。如果盾构机偏左，则增大左侧液压缸的压力并减小右侧液压缸与之等值压力。

盾构机推进系统的设计需要满足以下功能要求：
（1）为盾构机前进提供足够的动力。
（2）控制盾构机的前进速度，与出渣速度相配合，实现土压平衡状态。
（3）能够控制盾构机的姿态，实现盾构机的纠偏及转向要求。
（4）适应管片的尺寸及操作要求。
（5）从整体角度考虑，满足盾构机的总体功能设计、综合施工作业要求。

盾构机的推进系统的设计主要包括：
（1）确定盾构机的推力。
（2）推进液压缸的规格参数、外形尺寸和数量的计算。
（3）推进液压缸的布置方式。
（4）推进液压缸的控制。

对于如盾构机的推力等主要技术参数的确定要基于具体的工程地质条件和隧道管片的设计。

3.1.2 推进液压系统设计

1）系统设计要求

（1）功能设计要求

①要求推进液压缸按前置式方案设计。

②要求铰接装置满足转向角度与方向控制的要求。

③要求推进装置满足推进速度的要求。

④要求推进方向及推进速度可实现远程连续调节。

⑤推进液压缸和铰接缸应具有合理的运动协调关系。

⑥推进液压缸分4组布置。

（2）可靠性要求

与电控系统配合，实现超压保护、超速保护、超越负载保护、推进方向转角超限保护。

2）液压系统参数计算

液压系统的参数计算主要根据系统总推力、推进速度及推进液压缸数量等来确定，具体计算方法如下：

（1）系统主要参数确定

①液压缸的计算

根据盾构机总推力 $F_总$，推进液压缸数量 N，计算单根推进液压缸推力 $F_单$

$$F_单 = \frac{F_总}{N} \tag{3-1}$$

液压缸内径 D 按以上压力计算：

$$F_单 = \frac{\pi D^2}{4} p \tag{3-2}$$

$$D = \sqrt{\frac{4F_单}{\pi p}} \tag{3-3}$$

根据推进液压缸直径计算活塞杆直径 d 如下：

$$d = 0.707D \tag{3-4}$$

式中：$F_总$——推进系统总推力（N）；

$F_单$——单根推进液压缸推力（N）；

N——推进液压缸数量（根）；

p——泵的压力(Pa);
D——推进液压缸内径(m);
d——推进液压缸活塞杆直径(m)。

②系统最高控制压力确定

泵的压力计算如下:

$$p = \frac{F_{单}}{\frac{\pi D^2}{4}} \tag{3-5}$$

③泵的最大流量确定

要求最大推进速度为 V,全部推进液压缸所需的流量为:

$$Q = V \frac{\pi D^2}{4} N \tag{3-6}$$

④电机选型

根据以上计算推进泵实际输出功率 N_p:

$$N_p = PQ \tag{3-7}$$

电机的输出功率:

$$N_E = \frac{N_p}{\eta_{pm} \eta_{pv} \eta_c} \tag{3-8}$$

式中:η_{pm}——泵的机械效率;

η_{pv}——泵的容积效率;

η_c——联轴器的效率。

电机选型根据最终计算功率 N_E 选取。

⑤系统中平衡阀压力设定

在每一组液压缸控制回路中,均设有一个平衡阀。此平衡阀的作用有两个:一个作用是在拼装管片需液压缸单独退回时,起到运动平稳的作用;另一个作用是在推进的过程中,起安全阀的作用,同时防止液压缸的后退。

(2)回路主要管道设计计算

按照管路流速要确定油管内径 D:

$$D = \sqrt{\frac{4Q}{v\pi}} \tag{3-9}$$

式中：Q——流量(m^3/s)；

　　　v——液压油流速(m/s)。

3.2　主驱动系统

3.2.1　主驱动系统工况及液压系统原理介绍

盾构刀盘驱动是采用闭式系统，驱动泵为闭式泵，整个系统采用闭式传动方式。驱动泵的辅泵除了为主泵补油外还作为主泵变量机构的控制油源。变量马达的控制油源由单独的控制泵提供。马达驱动的目的是从刀盘到盾体传递负载，驱动刀盘旋转、传递挖掘需要的扭矩。刀盘的旋转是由8个液压马达驱动一个和刀盘支撑环一体的齿圈来实现的。可变速马达的控制是由变量液压泵来实现的。

刀盘驱动系统主要由315kW泵站(3台)、液压马达(8台)、减速机(8台)、主轴承、补油系统及伺服系统等组成，如图3-2、图3-3所示。主驱动泵站由3台315kW电动机驱动3台力士乐双向变量泵合流供油；1台螺杆式定量泵对闭式回路进行补油。同时，由电机驱动的伺服变量泵提供先导油等。系统控制方式为闭路。液压泵的形式为HD控制方式，即液压泵根据先导压力的变化自动调整其斜盘角度以便适应不同的工况。液压马达有高速、低速两档控制模式，该马达可通过主控室控制先导油路通断来实现高速/低速切换。

图3-2　主驱动泵站

图 3-3　主驱动马达、减速机及主驱动

（1）刀盘转速调节

在掘进过程中刀盘转速是实时连续可调的，但主要是通过调节泵的排量实现，即通过调节远程电液比例溢流阀的压力实现，马达调速仅起补偿作用；在正常工况下，马达可视为定量马达，不作为变量马达使用。为了满足软岩和硬岩的不同要求，特将马达设定为两挡排量。在软岩工况，采用低速大扭矩方案；在硬岩工况采用高速小扭矩方案。

故马达变量控制回路采用开关控制，其原理如图 3-4 所示。软岩时，换向阀断电，控制马达排量变化的先导控制油直回油箱，控制压力近似于 0MPa，马达排量处于最大，实现刀盘低速转动；在硬岩时，换向阀通电，控制马达排量变化的先导控制压力油减压阀调定，使马达排量处于设定值上，大约为马达排量的一半，实现刀盘的高速转动。

马达排量控制回路的减压阀的调节压力必须在马达变量控制压力所允许的范围内，在此约调为 6MPa。

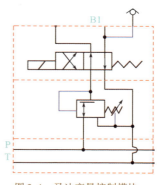

图 3-4　马达变量控制模块

马达调速回路的节流阀的作用是增加动态阻尼，减小振荡，改善换向平稳性。

（2）刀盘的转动方向控制

刀盘的转动方向控制是通过改变泵的变量机构的工作象限实现泵的进出油口切换，从而实现刀盘转动方向的控制，参考主驱动泵模块附图。油泵控制模块中的三位四通电磁换向阀控制先导控制油的导入方向，实现泵的变量机构的工作象限的切换，从而控制刀盘的转动方向。

(3) 功率限定控制和超压控制

功率限定控制是由功率控制模块完成,其原理图如图3-5所示。主驱动系统的负载压力反馈到功率控制模块,当反馈压力低于功率限定所要求的压力时(此压力随泵的工作点而变化),功率控制模块不起作用;当反馈压力高于功率限定所要求的压力时,功率控制模块将起作用,迫使泵变量控制压力降低,使泵的流量减少,刀盘转速降低,限定系统功率在设定值。

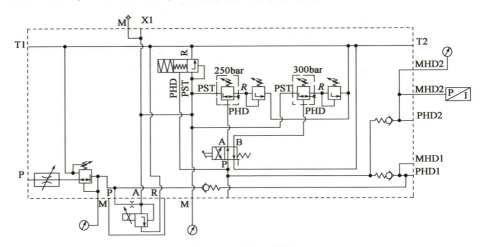

图3-5　主驱动功率模块

超压控制是当负载压力超过系统设定的安全压力值时,系统将在安全模式下运行,系统的安全压力根据正常工况和脱困工况,分别设定为正常工作时25MPa,脱困时30MPa,并通过手动换向阀来选择。系统安全模式是指主驱动泵在给定的小流量下工作(此工况下的系统驱动功率小于泵的功率模块的功率限定值),系统的最终压力保护将由泵出口的安全阀设定。

(4) 刀盘制动控制

刀盘制动控制应满足以下要求：

停机状态下应保证可靠制动;制动过程应具有自动缓冲功能;松开制动应平稳无冲击;松开制动动作完成后,应能提供主驱动加载触发信号。

刀盘制动控制原理图如图3-6所示,停机状态下,主驱动系统制动回路的换向阀处于断电复位状态,压力油直接流回油箱,制动过程压力油必须经过1mm的阻尼孔

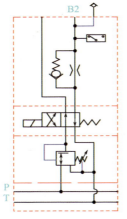

图3-6　刀盘制动控制模块

流回油箱,使制动器制动片延时抱闸,实现缓冲制动,避免制动冲击;同时制动回路蓄能器的能量释放将进一步延长制动时间,提高缓冲效果。松开制动(换向阀得电)的过程控制是由制动回路的节流阀和蓄能器联合作用来实现平稳无冲击要求的;在松开制动动作完成后,制动控制油路的压力将升高,使制动压力继电器动作,为主驱动系统加载提供触发信号。

另外,制动回路减压阀的作用有两个:一是限定制动压力;二是调节制动缓冲。

3.2.2 主驱动液压系统设计

1)系统设计要求
(1)系统功能要求
①实现刀盘正、反转与启停要求。
②满足软、硬岩不同工况下的负载要求。
③刀盘在规定的转速范围内可实现无级调速。
④实现刀盘的点动与制动。
⑤实现功率限定及过载保护。
⑥实现压力限定及过载保护。
(2)可靠性要求
①要求对系统作过载保护设计。
②要求对系统作超压保护及超压报警设计。
③要求对系统作超温保护及超温报警设计。
④要求刀盘在非工作状态下能可靠的制动。
2)液压系统参数计算
盾构机刀盘主驱动液压系统定为由 3 台双向变量柱塞泵+远程变量比例控制阀+功率限制阀和 8 台双向变量柱塞马达组成闭式液压控制系统。
(1)系统主要参数确定
①系统压力确定
刀盘驱动工作扭矩较大,且空间位置有限,因此采用高压系统,初定系统工作压力为 24MPa。
②减速机速比的确定
刀盘驱动工作扭矩较大,转速较低,且径向空间位置有限,为保证工作的可靠性,采用高速马达+减速机来实现增扭减速的目的。以最大输出扭矩要求确定减速机的速比。将马达排量定为 q_m,马达的进出口压差 Δp(采用闭式回路,回路换油压力设定为 2MPa)。

每个马达的输出扭矩 T_{m1} 为：

$$T_{m1} = \frac{\Delta p q_m}{2\pi} \quad (3-10)$$

式中：Δp——马达进出口压差(Pa)；

q_m——马达的排量(m^3/r)。

每个减速机的输出扭矩：

$$T_j = \frac{T_d}{i_c Z_m} \quad (3-11)$$

式中：T_j——减速机的输出扭矩(N·m)；

T_d——刀盘理论最大输出扭矩(N·m)；

i_c——大齿圈速比；

Z_m——马达的数量(台)。

减速机的速比为：

$$i_j = \frac{T_j}{T_{m1}} \quad (3-12)$$

根据减速机速比、最大输出扭矩以及空间安装尺寸要求，选择满足需求的减速机。

③系统流量校核

根据刀盘驱动转速的要求，确定系统流量。根据实际情况，为了满足软岩和硬岩的不同要求，特将马达设定为两档排量。在软岩工况，采用低速大扭矩方案；在硬岩工况采用高速小扭矩方案。最大扭矩时，为低速输出，在高转速时，输出扭矩降低，此时应将马达的排量减小，以确定泵的最大输出流量。

a. 马达的输出转速为：

$$n_m = n_d i_c i_j \quad (3-13)$$

式中：n_d——刀盘转速(r/s)；

i_c——大齿圈速比；

i_j——减速机速比。

b. 马达需总输入流量(m^3/s)：

$$Q_m = n_m q_{m2} Z_m \quad (3-14)$$

式中：n_m——马达转速(r/s)；

q_{m2}——马达排量(m^3/r)；

Z_m——马达数量(台)。

采用三台变量泵给系统供油，则每台泵的最大排量为：

$$q_{\text{p}} = \frac{Q_{\text{m}}}{Z_{\text{p}} \times n_{\text{e}}} \tag{3-15}$$

式中：Z_{p}——刀盘泵个数；

n_{e}——电机转速(r/s)。

根据计算结果选择确定刀盘泵型号。

④电机的确定

根据系统最大压力及流量确定电机规格。

所需每台电机功率：

$$N_{\text{D}} = \frac{Q_{\text{p}} P_{\max}}{\eta Z R} \tag{3-16}$$

式中：$P_{\max}$——系统最高工作压力(Pa)；

Q_{p}——三台泵的总实际输出流量(m^3/s)；

η——从电机输出至泵的输出之间的总效率；

Z——电机的数量(台)；

R——恒功率控制变量系数。

根据计算结果确定电机功率，选择电机型号。

(2) 主驱动扭矩及转速校核

在掘进过程中刀盘转速是实时连续可调的，可通过调节变量泵和变量马达的排量实现转速调节。其中主要是通过变量泵实现，即通过调节远程电液比例溢流阀的压力实现；变量马达调速仅起补偿作用，在正常工况下，可视为定量马达，不作为变量马达使用。为了满足软岩和硬岩的不同要求，特将马达设定为两种排量：在软岩工况，采用低速大扭矩方案，变量控制马达的排量先导控制油直回油箱，马达处于最大排量位置；在硬岩工况采用高速小扭矩方案，此时变量控制马达的排量先导控制压力由减压阀调节设定值。

马达最大输入流量 $Q_{\max}$(m^3/s)：

$$Q_{\max} = z q_{\text{p}} n_{\text{e}} \eta_{\text{pv}} \tag{3-17}$$

式中：z——刀盘泵的数量(台)；

q_{p}——刀盘泵排量(m^3/r)；

n_{e}——电机转速(r/s)；

η_{pv}——泵的容积效率。

①刀盘输出扭矩与转速范围一(软岩工况，低速大扭矩)

取马达排量为最大即 q_{m1}，马达进出口压差 Δp，刀盘输出扭矩及转速：

每台马达的输出扭矩：

$$T_{m1} = \frac{\Delta p q_{m1} \eta_{mm}}{2\pi} \quad (3\text{-}18)$$

式中：Δp——马达进出口压差（Pa）；

q_{m1}——马达的最大排量（m³/r）；

η_{mm}——马达的机械效率。

a. 刀盘的输出扭矩（N·m）：

$$T_1 = T_{m1} i_1 i_2 \eta_{mr} z_m \eta_{mg} \quad (3\text{-}19)$$

式中：i_1——减速机的减速比；

i_2——大齿圈的减速比；

η_{mr}——减速机的机械效率；

η_{mg}——大齿圈的机械效率；

z_m——马达数量（台）。

b. 马达的输出转速：

$$n_{m1} = \frac{Q_{总} \eta_{mv}}{z q_{m1}} \quad (3\text{-}20)$$

式中：q_{m1}——马达的最大排量（m³/r）；

η_{mv}——马达的容积效率。

c. 刀盘的输出转速：

$$n_1 = \frac{n_{m1}}{i_1 i_2} \quad (3\text{-}21)$$

式中：i_1——减速机的减速比；

i_2——大齿圈的减速比。

② 刀盘输出扭矩与转速范围二（硬岩工况，高速小扭矩）

通过马达变量控制块中的减压阀将马达排量调节为 q_{m2}，马达进出口压差 Δp，刀盘输出扭矩及转速：

a. 每台马达的输出扭矩：

$$T_{m2} = \frac{\Delta p q_{m2} \eta_{mm}}{2\pi} \quad (3\text{-}22)$$

式中：Δp——马达进出口压差（Pa）；

q_{m2}——马达的排量（m³/r）；

η_{mm}——马达的机械效率。

b. 刀盘的输出扭矩：

$$T_2 = T_{m2} i_1 i_2 \eta_{mr} z_m \eta_{mg} \quad (3\text{-}23)$$

式中：i_1——减速机的减速比；

i_2——大齿圈的减速比;

η_{mr}——减速机的机械效率;

η_{mg}——大齿圈的机械效率;

z_m——马达的台数。

c. 马达的输出转速:

$$n_{m2} = \frac{Q_{总}\eta_{mv}}{nq_{m2}} \tag{3-24}$$

式中:q_{m2}——马达的排量(m^3/r);

η_{mv}——马达的容积效率。

d. 刀盘的输出转速:

$$n_2 = \frac{n_{m2}}{i_1 i_2} \tag{3-25}$$

式中:i_1——减速机的减速比;

i_2——大齿圈的减速比。

(3)闭式系统的发热量计算

①电机输出功率

由于螺旋输送机的转速及扭矩控制也是一个闭式回路,和刀盘驱动闭式回路共用一个补油泵,来控制回路中的油液温度,保证系统的正常工作。因此发热量在此一并计算。

额定工况下,电机驱动功率以7%储备考虑,则电机输出功率为$0.93N_D$。

②闭式系统的效率

a. 刀盘驱动系统效率:

$$\eta_d = \eta_{mc}\eta_{pm}\eta_{pv}\eta_1\eta_{mm}\eta_{mv}\eta_{mr} \tag{3-26}$$

b. 螺旋输送机系统效率:

$$\eta_1 = \eta_{mc}\eta_{pm}\eta_{pv}\eta_1\eta_{mm}\eta_{mv} \tag{3-27}$$

式中:η_{mc}——联轴器机械效率;

η_{pm}——液压泵的机械效率;

η_{pv}——液压泵的容积效率;

η_1——系统回路效率;

η_{mm}——液压马达的机械效率;

η_{mv}——液压马达的容积效率;

η_{mr}——减速机的机械效率。

c. 系统损失功率(W):

$$P_S = [3 \times (1-\eta_d) + (1-\eta_1)] \times 0.93N_D \tag{3-28}$$

系统损失的功率将全部转化成热量,即系统的损失功率为系统的发热功率。

③系统换油量

闭式系统的发热量主要通过补油泵补入系统的凉油置换热油而带走。如果不计系统元器件的表面散热,则单位时间补入系统的凉油与系统内热油达到热平衡所吸收的热量即为系统的散热功率。

通常闭式系统的补油流量 $Q_h(\text{m}^3/\text{s})$ 与系统的流量 $Q(\text{m}^3/\text{s})$ 之间有一个确定的比例关系:

$$Q_h = KQ \tag{3-29}$$

式中:K——补油系数,通常取 $K = 0.15 \sim 0.25$。

在正常取值范围内则系统温升:

$$\Delta t = \frac{P_s}{Q_h c \rho} \tag{3-30}$$

式中:P_s——系统损失功率(W);

Δt——系统温升(℃);

Q_h——系统换油流量(m^3/s);

c——液压油的比热[J/(kg·℃)];

ρ——液压油的密度(kg/m^3)。

根据计算温升判定是否最终油温在系统要求的正常温度范围内,确保系统可正常工作。

(4)闭式系统补油泵的确定

为保证泵和马达的正常可靠工作,需给泵和马达的壳体提供冲洗流量,以冷却泵和马达内的轴承及壳体。系统共设 4 台泵,8 台马达,另加 1 台螺旋输送机马达和 1 台减速机。

①壳体冷却总流量:

$$Q_k = 4Q_1 + 8Q_2 \tag{3-31}$$

式中:Q_1——泵壳体冲洗流量(m^3/s);

Q_2——马达壳体冲洗流量(m^3/s)。

②补油泵的总换油流量:

$$Q_b = Q_h + Q_k \tag{3-32}$$

式中:Q_h——系统换油流量(m^3/s);

Q_k——系统冷却总流量(m^3/s)。

根据计算所得总流量确定补油泵型号,同时采用一个溢流阀来调整 4 个闭式回路的补油压力及补油流量,为保证溢流阀的稳定工作,必须要有多余的流量提供给溢流阀。

③补油系统螺杆泵选取之后,根据参数确定电机功率(W):

$$N = \frac{P_1 Q_1}{\eta_1} \quad (3\text{-}33)$$

式中:P_1——螺杆泵的出口安全阀压力(Pa);

Q_1——螺杆泵的输出流量(m^3/s);

η_1——螺杆泵的总效率。

(5)先导控制泵的确定

先导控制泵作为刀盘驱动马达的变量控制、马达制动控制、刀盘驱动系统功率限制控制和螺旋输送系统功率限制控制的动力源,必须满足这四部分的流量和压力要求。

①泵的确定

根据马达变量控制压力、马达制动控制压力以及主泵变量先导控制压力要求进行主泵压力选择,同时为保证各部分的压力稳定,必须在4条支路上加减压阀,保证各部分的控制压力稳定,按各部分支路的流量需要,确定泵的总流量。

电机功率 N_{KD}(W)确定:

$$N_{KD} = \frac{q_k n_e \eta_{kbv} p_{kmax}}{R_k \eta_k} \quad (3\text{-}34)$$

式中:q_k——控制泵的排量(m^3/r);

n_e——电机转速(r/s);

η_{kbv}——控制泵的容积效率;

p_{kmax}——控制泵的最大工作压力(Pa);

R_k——控制泵的变量系数;

η_k——总效率。

②泵的功率曲线调节

在额定工况下,泵的有效输出功率:

$$N_1 = N_{KD} \eta_{mc} \eta_{pm} \eta_{pv} \quad (3\text{-}35)$$

式中:N_{KD}——电机功率(W);

η_{mc}——联轴器机械效率;

η_{pm}——液压泵的机械效率;

η_{pv}——液压泵的容积效率。

3)系统辅助元件确定

主驱动系统为闭式回路,为补油泵进行补油,主要考虑压油管路的选取:

压油管路流速控制在 3~7.6m/s 之间,所以管道直径应取为:

$$D = \sqrt{\frac{4Q}{v\pi}} \quad (3\text{-}36)$$

式中:Q——泵的流量(m^3/s);

v——管路流速(m/s)。

3.3 管片拼装机系统

3.3.1 管片拼装机系统工况及液压系统原理介绍

为了提高管片的拼装效率,避免拼装中的管片损坏,要求管片拼装机系统要有一定的速度、准确的移动位置精度、足够的活动自由度及可靠的安全度。速度由一台双联恒压变量泵提供的流量控制,精度靠电液比例伺服阀控制,并具有管片的左右旋转、提升(可左右分别提升及同时提升)、前后水平 6 个自由度,并有管片的抓紧及绕抓举头水平微转、前后微倾的微调功能。管片拼装机实物图如图 3-7 所示。

图 3-7 管片拼装机

双联恒压变量泵为管片拼装机提供动力。当用快速挡工作时,双泵同时供油;低速挡工作时,只有一台泵(1P002)供油。加载阀(C003、C004)由可编程逻辑控制器(PLC)控制,根据管片拼装机的工作速度可对其进行分别控制或同时控制,如图 3-8 所示。

(1)旋转控制

油泵输出的高压油一路经减压阀(DM)减至 30bar 到达电液比例伺服阀,然后通过控制流量来控制马达旋转速度。各阀的组成如下,DM 为控制油减压阀,DBV2 为控制油溢流阀,DBV1 与插装阀组成主溢流阀,进入伺服阀前的减压阀经 DUE4、DUE7 节流阀后的反馈油控制,以达到动作启动时的平稳,D1、D4 为反馈油溢流阀,F1、DUE2 是停止动作时起泄油的作用,如图 3-9 所示。

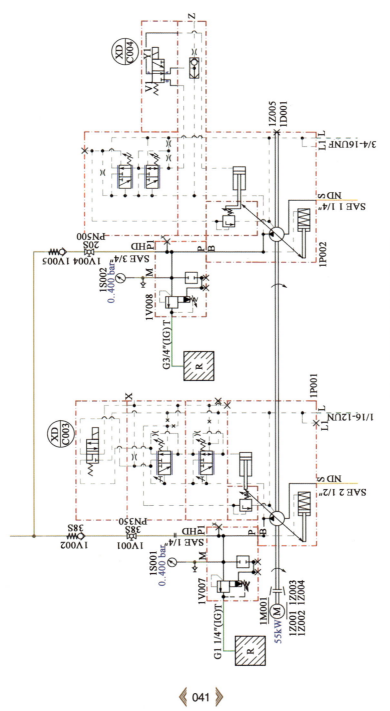

图3-8 管片拼装机系液压控制原理图

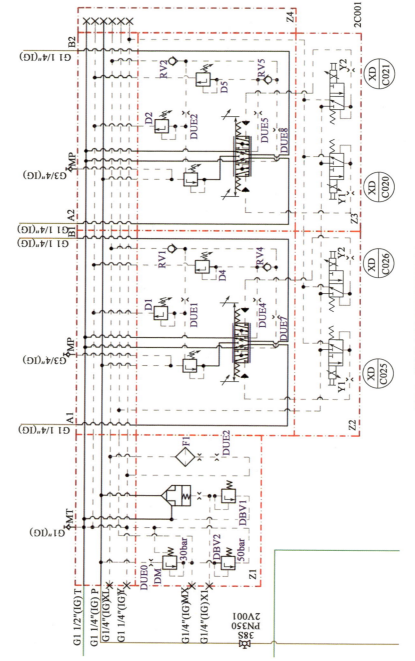

图 3-9 拼装机多路阀液压控制原理图

经控制阀控制后压力油分别进入两个并联的回转马达,高压侧的油一路经减压阀(2V010)减压后去控制制动。进入马达的油先经平衡阀(此阀进油时不起作用),驱动马达旋转,从马达出来的油进入下一个平衡阀,该阀在进油有一定压力后经 X 口慢慢打开回油通路,并保证一定的背压,避免马达因惯性吸空,当旋转惯性过大时平衡阀右边的压力会增加,使阀芯左移以减少回油来减小惯性产生的转速,当回油压力增大到最大设定值时平衡阀中的溢流阀工作,避免了液压元件被损坏,如图 3-10 所示。

水平移动的控制与回转控制一样,从控制阀出来的油经平衡阀(2C002)进入水平移动液压缸,控制液压缸的前后移动,如图 3-11 所示。

(2)提升控制

控制阀原理与回转控制相同,但在伺服阀反馈油出口处只在提升回路中设置了节流阀,下降反馈口没有设置,其目的是较快地提高伺服阀进口处减压阀的压力以增加下降时的反应速度。两个提升液压缸既可以单控,也可以同时控制,所以有两套单独的伺服控制阀。从控制阀出来的压力油先通过一个两位两通随动阀进入提升液压缸,当达到一定压力后,液压缸出油口的两位两通随动阀在进口压力的推动下打开,导通回油通道形成回路,反之亦然。

(3)管片抓紧控制

压力油经减压阀减压,经三位四通电磁换向阀换向,经液压锁、单向节流阀、B 口端溢流阀控制。管片抓紧时,从 A1 口出来的油经液压锁进入抓举液压缸的有杆腔,当达到设定的抓紧力时液压缸旁的溢流阀溢流,并使液压缸旁的两位两通阀换向,切断通往压力开关(4S001)的油压,使压力开关信号改变。只有当压力开关的信号改变后,管片拼装机才有其他动作。否则视为管片没有抓紧不安全,管片拼装机不能动作。松管片时,B1 口的压力油进入抓举液压缸的无杆腔,一路打开液压缸边上的液压锁,使活塞下行。控制阀中的液压锁是保持活塞位置的,单向节流阀是调整活塞动作速度的,溢流阀是起安全作用的。水平微动和倾斜微动控制与抓举液压控制原理相同,如图 3-12 所示。

3.3.2 管片拼装机液压系统设计

1)系统设计要求

(1)功能要求

①管片拼装机采用无线手动控制。

②能满足管片拼装机多管片拼圆的控制要求。

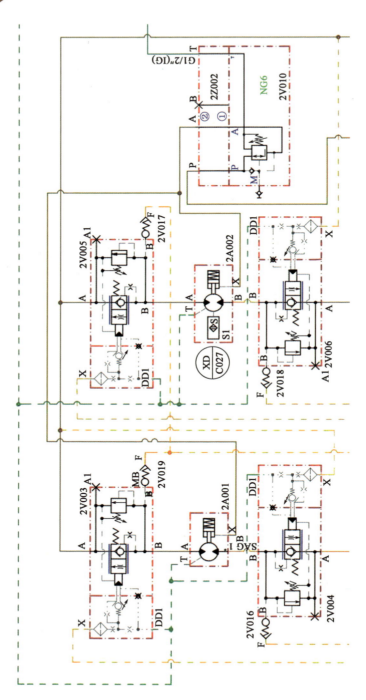

图 3-10 管片拼装机马达液压控制原理图

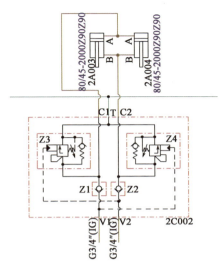

图 3-11 拼装机水平移动液压控制原理图

③能满足管片拼装机一个抓紧动作和六个自由度的控制要求。

a. 抓紧控制:抓紧和松开;

b. 运动控制:回转运动、轴向运动和径向运动;

c. 姿态控制:周向摆动、轴向摆动和断面摆动;

d. 回转动作停车状态下自动抱闸功能。

(2) 可靠性要求

回转动作自动抱闸功能,确保停车状态下机械锁紧;回转周向位置检测,配合电气控制,确保转角不超限;抓紧状态检测,压力和位置双重检测,确保安全可靠;超压保护。

2) 液压系统参数计算

(1) 系统主要参数确定

① 工作压力和所需流量

每个回转马达的最大回转扭矩 T_m (N·m):

$$T_\mathrm{m} = \frac{T_\mathrm{n}}{i_1 i_2 Z \eta_\mathrm{mr} \eta_\mathrm{mg}} \quad (3\text{-}37)$$

式中:η_mg——齿轮齿圈的机械效率;

η_mr——减速机的机械效率;

i_1——齿轮齿圈速比;

i_2——减速机速比;

T_n——最大驱动扭矩(N·m);
Z——马达数量(台)。

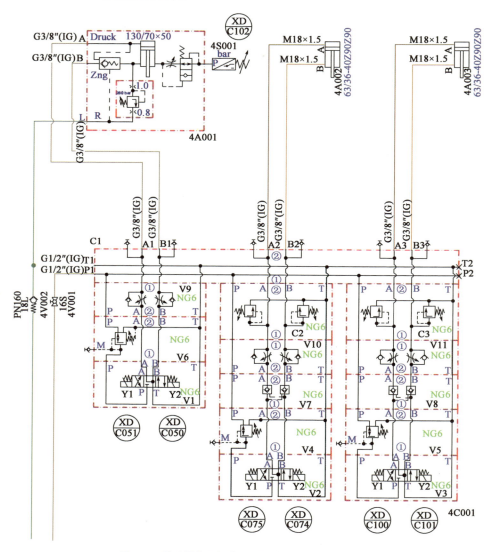

图 3-12　管片拼装机抓举、微动及倾斜液压控制原理图

回转马达的工作压力 Δp：

$$\Delta p = \frac{2\pi T_m}{q_m \eta_{mm}} \tag{3-38}$$

式中：q_m——马达的排量(m^3/r)；

η_{mm}——马达的机械效率。

泵的工作压力 p(Pa)：

考虑回路压力损失 2MPa，阀压力损失 2MPa。

$$P = \Delta p + 4 \times 10^6 \tag{3-39}$$

式中：Δp——泵进出口压差(Pa)。

泵的最大输出流量 n(m^3/s)：

回转马达的最大转速：

$$n = n_h i_1 i_2 \tag{3-40}$$

式中：n_h——管片拼装机最大回转速度(r/s)；

i_1——齿轮齿圈速比；

i_2——减速机的减速比。

每个马达所需流量：

$$Q_m = \frac{nq_m}{\eta_{mv}} \tag{3-41}$$

式中：q_m——回转马达的排量(m^3/r)；

η_{mv}——回转马达的容积效率。

泵的排量确定：马达所需流量即为泵的实际输出流量，所以泵的排量 q_p(m^3/r)为：

$$q_p = \frac{zQ_m}{n_e \eta_{pv}} \tag{3-42}$$

式中：z——马达的数量(台)；

n_e——电机转速(r/s)；

η_{pv}——泵的容积效率。

根据系统工作压力和所需流量，选择确定合适的液压泵型号。

②电机功率

电机功率 N_D 按下式计算：

$$N_D = \frac{q_{pmax} n_e \eta_{pv} p_{max}}{\eta R} \tag{3-43}$$

式中：q_{pmax}——泵的最大排量(m^3/r)；

n_e——电机转速(r/s)；

η_{pv}——泵的容积效率；

p_{max}——泵的最大工作压力(Pa)；

R——泵的变量系数；

η——总效率。

根据计算结果,确定电机型号。

③液压泵的恒功率曲线调节

按电机功率储备10%,则电机输出功率$N_1(W)$:

$$N_1 = 0.9 N_D \tag{3-44}$$

则泵的有效输出功率$N_2(W)$:

$$N_2 = N_1 \eta_{pm} \eta_{mc} \eta_{pv} \tag{3-45}$$

式中:η_{mc}——联轴器的机械效率；

η_{pm}——泵的机械效率；

η_{pv}——泵的容积效率。

泵的最大输出流量$Q_{max}(m^3/s)$:

$$Q_{max} = q_p n_e \eta_{pv} \tag{3-46}$$

式中:q_p——泵的排量(m^3/r)；

n_e——电机转速(r/s)；

η_{pv}——泵的容积效率。

此时泵的输出压力$p(Pa)$:

$$p = \frac{N_2}{Q} \tag{3-47}$$

(2)各控制动作的速度校核计算

①纵向移动液压缸的最大前进速度$v_{z1}(m/s)$

$$v_{z1} = \frac{Q}{2\frac{\pi D^2}{4}} \tag{3-48}$$

式中:Q——泵的流量(m^3/s)；

D——液压缸有效活塞直径(m)。

②走完全行程所需的时间$t(s)$:

$$t = \frac{l_1}{v_{z1}} \tag{3-49}$$

式中:l_1——液压缸有效行程(m)。

③纵向移动液压缸的最大退回速度$v_{z2}(m/s)$

$$v_{z2} = \frac{Q}{2\frac{\pi(D^2-d^2)}{4}} \tag{3-50}$$

式中:d——液压缸活塞杆直径(m)。

④全行程退回所需时间 $t(s)$

$$t = \frac{l_1}{v_{z2}} \tag{3-51}$$

径向移动液压缸的前进速度、抓持液压缸的抓紧速度、管片头姿态调整液压缸(回转和摆动)前进速度同以上计算过程。

3)管片拼装机液压系统辅助元件确定

回路主要管道设计计算

按照吸油管路流速要求为 0.6~1.2m/s,压油管路流速要求为 3~7.6m/s,分别确定管路内径:

$$D = \sqrt{\frac{4Q}{v\pi}} \tag{3-52}$$

式中:Q——泵的流量(m^3/s);

v——管路流速(m/s)。

根据计算结果,选取标准软管通径。

3.4 螺旋输送机系统

3.4.1 螺旋输送机液压系统原理介绍

螺旋输送机是土压平衡盾构机的重要组成部分,其主要构造由驱动装置、圆筒状壳体和中心螺旋轴组成,工作时螺旋轴旋转,渣土沿螺旋轴平移输送,如图3-13所示。

图 3-13 螺旋输送机

1) 螺旋输送机的转速控制

螺旋输送机的转速是通过功率模块上的电液比例压力阀的压力给定值,来控制泵的排量从而达到控制马达的转速变化,实现螺旋输送机的转速控制。螺旋输送机的转速与输送量和土压平衡直接相关,是盾构系统的关键控制量之一。为实现对螺旋输送机的速度控制,系统中设有一个传感器对其转速进行实时监控。

2) 螺旋输送机的功率限制

螺旋输送机的设计功率是315kW,系统的最高压力限制在35MPa。在系统压力比较低时,允许其有比较高的转速;而在压力较高时,只能限定在较低的转速下,否则将超载。功率限制功能由功率控制模块根据系统的压力反馈自动完成(图3-14),且当系统压力超过保护压力时(功率控制模块中安全阀的设定压力),系统将工作在保护模式,即在小流量下运行,这时系统压力可以继续升高,马达以低速大扭矩的模式来应对一些特殊情况(如螺旋输送机阻塞或卡住等),在这种情况下,系统的最高压力将由泵出口的安全阀限制。为了满足安全可靠和自动控制的要求,系统中设有压力传感器,由计算机采样后加以处理。

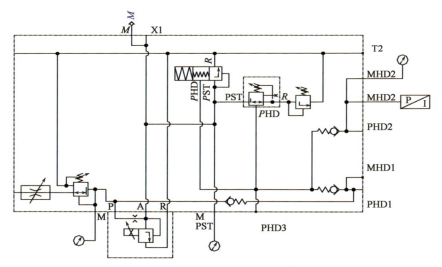

图3-14 螺旋输送机调速及功率控制模块

3) 螺旋输送机泵和马达的辅助控制

泵的壳体冷却和换油冷却问题与主驱动系统中的要求一样,并在设计时已统一考虑,这里不再详述。

螺旋输送机中的马达是定量马达,对壳体冷却较变量马达的要求而言相对较低,但考虑到系统已经具备的条件,降低壳体温度对马达的长期连续运行是有益的,所以,对马达的壳体提供 20L/min 的冷却流量;马达减速机的冷却流量为 20L/min,并通过一根冷却油管和两个并联的阻尼孔实现分流控制(图 3-15)。同时马达的泄油管路上设有温度传感器,提供给计算机进行实时监控。

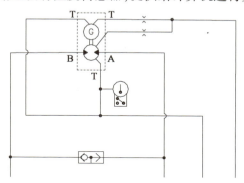

图 3-15　螺旋输送机马达模块

4) 螺旋体的伸缩控制

通过两个液压缸拖拉螺旋体,实现螺旋输送机的伸缩控制,螺旋体的伸缩控制与前料门的启闭控制紧密相关,必须安全可靠,其伸缩极限位置均设有行程开关,提供两个控制动作的联锁信号。螺旋体的控制模块(图 3-16)由电磁换向阀、液压锁和安全阀组成;考虑到螺旋体的重量较大,且倾斜布置,负向负载不可忽视,必须考虑平衡问题。

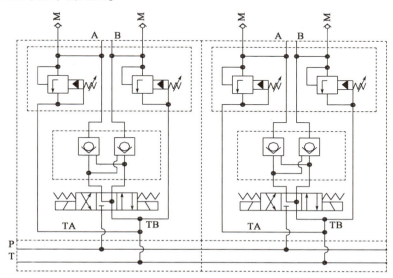

图 3-16　螺旋输送机伸缩及前料门控制模块

5)螺旋输送机的正反转控制

螺旋输送机的正反转控制是由泵的进出油方向控制阀(电磁换向阀)控制泵变量斜盘的工作象限实现的。

6)螺旋输送机的前料门控制

螺旋输送机的前料门控制模块与螺旋体的伸缩控制模块相同,为了保证土压仓的压力,前料门的可靠启闭是至关重要的,两个启闭液压缸的两端均设有行程开关,经计算机检测处理后,作相应的后续的控制。行程开关信号同时提供与螺旋体伸缩控制的联锁信号。

7)螺旋输送机后料门的控制

(1)螺旋输送机后料门液压控制系统的构成

螺旋输送机的后料门由两个液压缸控制其开合,其中一个液压缸内置 MTS 磁致伸缩位移传感器,在液压缸的极限位置设有行程开关;后料门的控制模块由电磁换向阀、液压锁和蓄能器及蓄能器控制阀组成(图 3-17)。

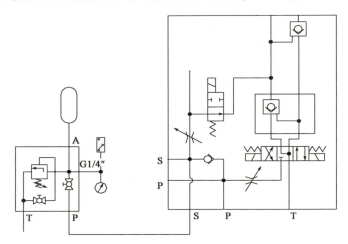

图 3-17 螺旋输送机后料门控制模块

(2)螺旋输送机后料门的控制要求及原理说明

后料门开口的大小将影响出料的流动状态,合适的开口量将使出料的飞溅程度降到最低,同时也将影响土仓压力,所以后料门的开口量控制是盾构重要控制参数之一;后料门液压缸内置的位移传感器将用以对这个参数的控制,液压缸两端的行程开关将提供后料门的极限位置信息;后料门控制模块中的主节流阀用于调节后料门液压控制系统的速度增益,是采用电磁换向阀实现位置控制不可缺少的元件。

在断电状态或突发性的故障停机状态,应能保证螺旋输送机后料门的可靠关闭,以确保土仓的土压平衡;在正常工作时,蓄能器在配套控制阀的控制下,进行充压蓄能,在断电时,蓄能器充当泵的功能,给液压缸提供流量,使其缓慢关闭,关闭速度可由补油节流阀调节,而在较长时间的停机情况,应及时关闭管路上的截止阀,防止泄漏引起闭合压力过低,造成密封不良的现象。

3.4.2 螺旋输送机液压系统设计

1) 系统设计要求

(1) 功能要求

①可实现螺旋输送机转速无级可调和转向控制的要求。

②可实现螺旋输送机的后料门的开闭控制。

③可实现螺旋输送机前料门的开闭控制。

④可实现螺旋输送机螺杆的伸缩运动控制。

⑤螺旋输送机后料门在正常停机或非正常停机状态下可实现自动关闭功能,确保土仓的压力保持。

⑥通过对螺旋输送机后料门的开闭检测,配合电气控制系统,可实现塑流体流态的最佳控制。

⑦通过对螺旋输送机内的土压监测,配合电气控制,可实现防喷涌控制。

⑧通过土仓的土压监测和螺旋输送机的速度监测,配合电气控制,可实现土仓的压力的手动和自动控制。

⑨通过对螺旋输送机螺旋杆的位置监测和前料门的开门位置监测,实现前料门与螺旋杆的联锁控制。

⑩通过对前料门的关门位置监测,确保土仓的可靠密封,为土仓持压维修人员的安全提供可靠保障。

(2) 可靠性要求

①正反转安全压力限制,实现双向超压保护;设定功率限制,可实现过载保护。

②螺旋输送机后料门的位置检测,确保对后料门开闭控制的有效性;紧急情况下,后料门可靠关闭,确保土仓的土压维持;螺旋输送机前料门和螺杆的联锁控制。

③螺旋输送机前料门的关门动作监测,确保土仓的可靠密封;设置油温监测,可实现温度保护。

2) 系统主要参数确定

(1) 系统最高控制压力确定

因为螺旋输送机驱动工作扭矩很大,且空间位置有限,因此采用高压系统。

(2)减速机速比的确定

因为螺旋输送机驱动工作扭矩很大,转速很低,且径向空间位置有限,为保证工作的可靠性,采用高速马达加减速机以增扭减速的方案。以最大输出扭矩要求确定减速机速比。

则马达的输出扭矩:

$$T_m = \frac{\Delta p q_m \eta_{mm}}{2\pi} \tag{3-53}$$

式中:Δp——马达的进出口压差(Pa);

q_m——马达的排量(m^3/r);

η_{mm}——马达的机械效率。

则减速机的速比为:

$$i_j = \frac{T_l}{T_m} \tag{3-54}$$

式中:T_m——马达的输出扭矩(N·m);

T_l——减速机的输出扭矩(N·m)。

根据减速机速比、最大输出扭矩以及空间安装尺寸要求,选择确定减速机型号。

(3)系统流量确定

根据最大转速的要求,确定系统流量。

马达的最大输出转速 n_m(r/s)为:

$$n_m = n_l i_j \tag{3-55}$$

式中:n_l——减速机的转速(r/s);

i_j——减速机的速比。

则马达所需最大流量 Q_m(m^3/s)为:

$$Q_m = \frac{n_m q_m}{\eta_{mv}} \tag{3-56}$$

式中:n_m——马达的转速(r/s);

q_m——马达的排量(m^3/r);

η_{mv}——马达的容积效率。

则泵的最大排量 q_p(m^3/r)为:

$$q_p = \frac{Q_m}{n_d \eta_{pv}} \tag{3-57}$$

式中:Q_m——马达的流量(m^3/s);

n_d——泵的转速(r/s);

η_{pv}——泵的容积效率。

故根据系统压力、排量要求,以及系统工作要求,选择确定液压泵具体型号。

(4)电机的确定

根据系统最大压力及流量确定所需功率,进而选择电机规格。

泵的最大输出流量 $Q_P(m^3/s)$ 为:

$$Q_P = q_p n_d \eta_{pv} \tag{3-58}$$

式中:q_p——泵的排量(m^3/r);

n_d——泵的转速(r/s);

η_{pv}——泵的容积效率。

所需电机功率 $N_D(W)$ 为:

$$N_D = \frac{Q_P P_{max}}{\eta R} \tag{3-59}$$

式中:P_{max}——系统最高工作压力(Pa);

Q_P——泵的实际输出流量(m^3/s);

η——从电机输出至泵的输出之间的总效率;

R——恒功率控制变量系数。

3)系统主要参数校核

(1)螺旋输送机扭矩及转速校核

①螺旋输送机的最大转速

a. 马达的最高转速 n_m(r/s):

$$n_m = \frac{\eta_{mv} Q_{max}}{q_m} \tag{3-60}$$

式中:η_{mv}——马达的容积效率;

q_m——马达的排量(m^3/r)。

b. 螺旋输出机的最高转速 n_L(r/s):

$$n_L = \frac{n_m}{i_j} \tag{3-61}$$

②马达的最大输出扭矩 T_m(N·m)

$$T_m = \frac{\Delta p q_m \eta_{mm}}{2\pi} \tag{3-62}$$

式中:Δp——马达的进出口压差(Pa);

q_m——马达的排量(m^3/r);

η_{mm}——马达的机械效率。

③螺旋输送机的最大输出扭矩 $T_L(\mathrm{N\cdot m})$

$$T_L = T_m i \eta_{mr} \tag{3-63}$$

式中：η_{mr}——减速机的机械效率。

④螺旋输送机的脱困扭矩

马达的输出扭矩 $T_m(\mathrm{N\cdot m})$：

$$T_m = \frac{\Delta p q_m \eta_{mm}}{2\pi} \tag{3-64}$$

式中：Δp——脱困时马达的进出口压差(Pa)。

螺旋输送机的脱困扭矩 $T_T(\mathrm{N\cdot m})$：

$$T_T = T_m i \eta_{mr} \tag{3-65}$$

(2) 系统的有效输出功率

系统总效率：

$$\eta = \eta_{mc} \eta_{pm} \eta_{pv} \eta_1 \eta_{mm} \eta_{mv} \eta_{mr} \tag{3-66}$$

式中：η_{mc}——联轴器的机械效率；

η_{pm}——液压泵的机械效率；

η_{pv}——液压泵的容积效率；

η_1——系统回路效率；

η_{mm}——液压马达的机械效率；

η_{mv}——液压马达的容积效率；

η_{mr}——减速机的机械效率。

所以系统的有效输出功率 $N_e(\mathrm{W})$：

$$N_e = N_D \eta \tag{3-67}$$

4) 系统工作曲线

系统采用功率限制阀和 HD 压力控制泵组成功率限制闭式液压控制系统调节方式。

在额定工况下，电机按 7% 功率储存，则电机输出功率 $N_1(\mathrm{W})$ 为：

$$N_1 = 0.93 N_D \tag{3-68}$$

泵的有效输出功率 $N_2(\mathrm{W})$ 为：

$$N_2 = N_1 \eta_{mc} \eta_{pm} \eta_{pv} \tag{3-69}$$

为保证系统功率不超载，设置最大恒功率值为 $N_2(\mathrm{W})$。

5) 系统的速度调节

用比例溢流阀远程调节泵的排量，实现螺旋输送机的速度控制。比例溢流阀给定一个压力点,泵对应一个最大排量值,泵的排量与比例溢流阀的压力调节呈线性比例变化。当系统的负载压力低于功率限制曲线的压力值(即功率限制阀不起作用)时,泵的排量稳定在设定值下。而当负载压力升高到与功率限制曲线相交时,系统进入恒功率方式运行,即随着负载压力的升高,泵的排量减小,维持功率不超限。当系统的负载压力升高到恒功率曲线的结束点(即功率控制模块的安全阀起作用)时,系统将进入安全工作模式(即在额定的小流量下运行,这时允许系统的压力进一步升高,直到泵出口安全阀起作用为止)。

3.5 辅助液压系统

3.5.1 辅助液压系统原理介绍

辅助液压系统主要功能是实现管片的转运控制、管片车的拖拉控制,以及后配套的拖拉控制。

1)管片车工作原理

管片车在管片输送液压缸的驱动下将管片向前输送一定的距离,由举升液压缸将管片托起,管片车返回,举升液压缸收回,管片落放到管片车上,管片车再向前移动一定的位移,举升液压缸再次托起管片,这样反复三次,即可完成将管片向前输送到位的任务,由于管片输送的距离较大,且需多次接力传送,所以要求管片输送液压缸的伸缩速度要快,以提高管片的转运效率;另外,管片的托起动作是靠4根液压缸完成的,由于机械结构在高度方向的尺寸限制,4根液压缸的长度尺寸较小,双作用液压缸实现起来比较困难,所以选用单作用柱塞缸,同时考虑到4根液压缸的动作要同步。管片车实物如图3-18所示。

图3-18 管片车

2) 管片车的拖拉控制

管片车在推进过程,应该在盾体的拖拉下跟进,如只考虑跟进运动时,此处无需加控制,采用钢索拖拉即可满足要求;但考虑到管片车有时需要与盾体脱离,为了便于分离,特加设 1 根控制液压缸,以便在分离操作时,松开钢索,同时这个附加的液压缸还可以在需要时补偿一点管片输送的距离,如图 3-19 所示。

3) 后配套的拖拉控制

后配套与盾体之间的连接是通过 2 根拖拉液压缸实现的(图 3-20),其控制要求是能够实现浮动、锁紧和拖拉三个控制动作。在调整后配套与盾体的相对位置时,可采用浮动和拖拉控制,拖拉控制可以使后配套在拖拉液压缸的作用下,将后配套拉向盾体;而浮动控制将给后配套偏离盾体提供条件,在推进时,由于拖拉液压缸处于浮动位置,不能提供拖拉后配套跟进盾体所需要的拉力,后配套就偏离盾体;在正常推进过程中,拖拉液压缸被锁紧,保证盾体与后配套一起移动(或无明显的位置偏离)。

图 3-19　管片车拖拉液压缸

图 3-20　后配套拖拉液压缸

(1) 管片转运控制模块(图 3-21)。减压阀限定管片转运部分的压力,以防超载,损坏系统;起到压力隔离作用,以防止与其他动作之间的压力干扰;管片输送液压缸控制三位四通换向阀实现管片的前后移动控制;单向调速阀实现前后移动速度的控制;双向液压锁实现在推进过程中对管片输送液压缸的锁紧控制,保证在盾体的拖拉下,管片车实时跟进;梭阀实现在管片输送液压缸大腔通压力油时的差动控制,以提高流量供应,提高移动速度(这种回路可以降低对油源的流量要求)。

(2) 举升液压缸控制模块(图 3-22)。减压阀限定最大的举升压力;单向节流阀调节举升液压缸的伸出速度;双向液压锁在举升到位后锁定保持;三位四通换向阀控制举升液压缸的升起和落下;四联计量马达控制流量的平均分配,实现

4根液压缸的同步,同时四联计量马达的控制阀块带有安全阀,这既可以消除液压缸在终端位置时的同步误差,又可起到安全保护作用。

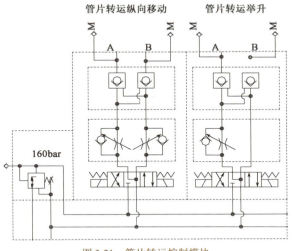

图3-21 管片转运控制模块

(3)管片车的拖拉控制模块(图3-23)。模块由减压阀、三位四通电磁换向阀、单向节流阀、双向液压锁等组成。减压阀限定管片车最大拖拉压力;三位四通电磁换向阀控制拖拉液压缸的伸出及回收;单向节流阀可调节拖拉液压缸伸出和回收的速度;双向液压锁可在常态工作模式下(三位四通电磁阀处于中位),锁定拖拉液压缸,使其无伸缩状态拖动管片车前进。

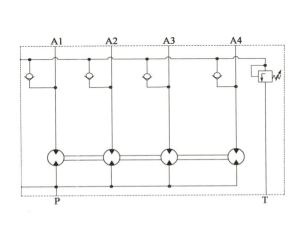

图3-22 举升液压缸控制模块

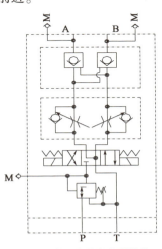

图3-23 管片车拖拉控制模块

(4)后配套拖拉液压缸的控制模块(图3-24)。由两个两位两通电磁球阀实现拖拉液压缸的三种控制方式:浮动、拖拉和锁紧;安全阀设定拖拉液压缸在锁紧状态时的最高压力,限定锁紧状态下的最大拖拉力,以防后配套出现挂拉卡死时的超载问题;设有压力传感器,供计算机实时监测,以防损坏设备;拖拉缸的两个极限位置设置两个行程开关,监测液压缸的行程是否超限(在调整和浮动时),防止机械卡紧,损坏设备。

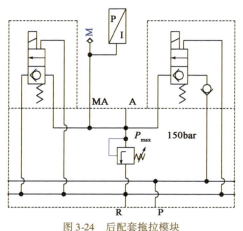

图 3-24 后配套拖拉模块

3.5.2 辅助液压系统设计

1)系统设计要求

辅助液压系统的工作负载包括螺旋输送机的前料门、后料门和伸缩液压缸,后配套拖拉液压缸,管片输送液压缸,管片举升液压缸,以及管片车拖拉液压缸。

2)系统参数计算

(1)辅助泵工作压力确定

①泵的最高工作压力:

$$p = \frac{612 P \eta_c \eta_{pm} \eta_{pv}}{Q} \qquad (3-70)$$

式中:P——电机功率(W);

Q——泵的流量(m^3/s);

η_{pm}——泵的机械效率;

η_{pv}——泵的容积效率;

η_c——联轴器的效率。

② 管片车最大行走速度(m/s):

$$v_{进} = \frac{Q}{\frac{\pi}{4}D^2} \quad (3-71)$$

式中:Q——辅助泵的流量(m^3/s);
D——行走液压缸有效活塞直径(m)。

③ 管片车退回速度(m/s):

$$v_{退} = \frac{Q}{\frac{\pi}{4}(D^2 - d^2)} \quad (3-72)$$

式中:Q——辅助泵的流量(m^3/s);
D——行走液压缸有效活塞直径(m);
d——行走液压缸活塞杆直径(m)。

④ 全程伸出时间(s):

$$t_1 = L/v_{进} \quad (3-73)$$

⑤ 全程退回时间(s):

$$t_2 = L/v_{退} \quad (3-74)$$

式中:L——管片车行走液压缸有效行程;
管片全行程转运的工作循环时间(s):

$$t = (t_1 + t_2) \quad (3-75)$$

(2) 举升液压缸举升压力计算

工作过程中 4 根举升液压缸同步举升,每次转运 1 块管片:

① 举升液压缸最大工作压力(Pa):

$$p = \frac{mg}{4\frac{\pi}{4}D^2} \quad (3-76)$$

式中:m——管片质量(kg);
g——重力系数(N/kg);
D——举升液压缸有效活塞直径(m)。

② 管片举升速度:

在不加节流阀调速的情况下,由于举升压力低于泵设置的工作压力泵全流量工作。

$$v = \frac{Q}{4\frac{\pi}{4}D^2} \quad (3-77)$$

式中：Q——辅助泵流量(m^3/s)；
　　　D——举升液压缸有效活塞直径(m)。

③全行程举升时间(s)：

$$t = L/v \quad (3-78)$$

式中：L——举升液压缸有效行程(m)。

举升速度偏高,容易产生冲击,为保证举升平稳,加节流阀进口调速。
另外为消除举升液压缸的同步误差,同步马达选用带安全阀的型号。

3.6　超挖刀系统

3.6.1　超挖刀液压系统原理介绍

由于超挖刀和稳定器的工作环境比较恶劣,所以这两部分共用一个油源,以防出现故障时污染其他液压系统。其油源置于盾体内,体积较小,故采用集成油源液压泵站方案(图3-25)。

图3-25　集成油源液压泵站

1)超挖刀控制模块

(1)超挖刀的阀控模块[图3-26a)]包括三位四通电磁换向阀控制超挖刀的伸缩移动;双向液压锁使超挖刀具有短期压力保持功能;两个安全阀分别布置在超挖刀液压缸的两腔,负责双向压力的安全保护。

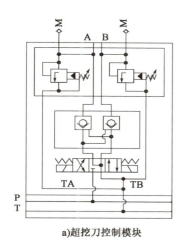
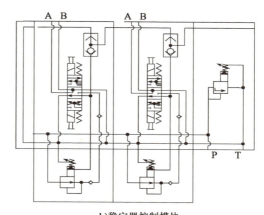

a) 超挖刀控制模块　　　　　　　　b) 稳定器控制模块

图 3-26　超挖刀、稳定器控制模块

（2）超挖刀的控制油路上设有双向液压锁，液压锁只能用于短时和停机时的压力保持，这是由超挖刀的实际工作负载特性所决定的。超挖刀所经历的切削面是高低不匀、软硬不一的，负载变化较大，所以安全阀必须旁路实时保护系统。在换向阀处于中位、液压锁锁紧保压时，由于负载压力在外负载（高低不平的岩况）的作用下，安全阀打开泄油，液压缸缩回；而在高压负载过去时，液压缸无法复位，这样，液压缸的有效工作行程就等于液压缸的最大行程减去本次工作循环中最小截面处引起的回退量，无法保证正常的超挖量。所以超挖刀在伸出时，其供油是不能切断的，压力油应全程提供。

（3）超挖刀安装在刀盘上，内置于土仓内，其工作状况是否正常，无法直接观察，一般采用以下两种解决方案：

①在液压缸中内置位移传感器或行程开关，将液压缸的工作状态提供给计算机进行监控。此种方案，在液压回转接头上需设计三条以上的电刷，由于要确保液压油的无泄漏密封问题，制造工艺比较困难，且磨损后维修困难，同时电气的线路和传感器在刀盘上安装布置，工作环境非常恶劣，其可靠性难以保证。

②利用液压缸在伸出过程中的压力变化特性，采用模糊识别算法，决策出超挖刀的工作状态。此种方案需在液压缸的进回油路上设置 2 个压力传感器，安装在盾体内，而无须进入土仓，电气元件的工作环境大大改善，同时简化回转接头的结构，降低密封的要求，其缺点是增加了控制软件的设计难度。

2）稳定器控制模块

稳定器控制模块如图 3-26b) 所示，两个稳定器在起稳定作用时，一般无须压紧到壁面，仅伸出一定的行程，利用稳定器的伸出翼面所受的周向阻力，减小盾体的振动；而在出现盾体转动时（切削扭矩大于盾体周向摩擦力矩时），稳定器需伸出压紧壁面，以增大摩擦扭矩。但同时也将增大推进阻力，引起负面影响，所以必须妥善使用。正常的做法是减小推进速度，降低刀盘的扭矩来解决盾体的打滑问题。

3.6.2　超挖刀液压系统设计

1）系统设计要求

（1）功能要求

①可实现超挖刀的手动伸缩控制；

②通过对刀盘转动角度测量，配合电气控制可实现超挖刀的自动伸缩控制；

③两个稳定器应能实现单独控制；

④稳定器应具有浮动功能。

（2）可靠性要求

①为防止对其他系统的污染，超挖刀采用独立的油源供油；

②可以实现超挖刀双向压力监测；

③由于掘进面的情况比较复杂，超挖刀的负载变化很大，必须采用超压安全保护，防止损坏设备，即可以实现超压保护；

④稳定器应设安全保护；

⑤稳定器的工作环境非常恶劣，既要保证其本身的可靠工作，又要防止其对其他系统的污染。

2）液压系统参数计算

超挖刀系统单独工作，宜选择集成式小液压站。

（1）泵的最高工作压力（Pa）：

$$p = \frac{612 P \eta_c \eta_{pm} \eta_{pv}}{Q} \tag{3-79}$$

式中：P——电机功率（W）；

　　　Q——泵的流量（m^3/s）；

　　　η_{pm}——泵的机械效率；

　　　η_{pv}——泵的容积效率；

　　　η_c——联轴器的效率。

(2)液压缸的最大伸出速度 v_1(m/s):

$$v_1 = \frac{Q}{\frac{\pi}{4}D^2} \quad (3-80)$$

式中:Q——泵的流量(m³/s);
D——液压缸有效活塞直径(m);

(3)液压缸的最大退回速度 v_2(m/s):

$$v_2 = \frac{Q}{\frac{\pi}{4}(D^2-d^2)} \quad (3-81)$$

式中:Q——泵的流量(m³/s);
D——液压缸有效活塞直径(m);
d——液压缸活塞杆直径(m)。

3.7 注浆系统

3.7.1 注浆液压系统原理介绍

注浆液压系统(图3-27)主要由液压泵、速度控制回路、方向控制回路、泵送液压缸组成,能够实现注浆液压缸的速度调节、自动循环换向调节,同时注浆机在注浆液压缸活塞杆的最大行程位置设置了接近开关,可对注浆量进行统计。

图3-27 注浆液压系统

1)速度控制

注浆流量是通过注浆液压缸的动作频率来控制的,注浆液压缸的动作频率是通过调节比例调速阀的流量控制的,比例调速阀的流量越大,注浆液压缸的伸缩速度越快。注浆液压缸活塞杆伸出到最大位置时自动回收,活塞杆回收到最大位置时自动伸出。

2)方向控制

注浆机的动作分为注浆挡和冲洗挡,通过手动电磁换向阀进行切换。

(1)注浆挡

注浆主液压缸无杆腔进高压油,注浆主液压缸活塞杆伸出,吸浆缸活塞杆伸出,吸浆蘑菇头与密封环贴合封住吸浆口,压浆缸活塞杆收回,压浆蘑菇头与密封环分离开启压浆口,泥浆通过管道进入盾尾与地层间隙。注浆主液压缸活塞达到最大位置时,注浆主液压缸有杆腔进高压油,注浆主液压缸活塞杆回收,吸浆杠活塞杆回收,吸浆蘑菇头与密封环分离开启吸浆口,压浆缸活塞杆伸出,压浆蘑菇头与密封环贴合封住压浆口,泥浆罐中的泥浆通过吸浆口进入注浆机。

(2)冲洗挡

注浆主液压缸无杆腔进高压油,注浆主液压缸活塞杆伸出,吸浆缸活塞杆回收,吸浆蘑菇头与密封环分离开启吸浆口,压浆缸活塞杆伸出,压浆蘑菇头与密封环贴合封住压浆口。注浆主液压缸活塞达到最大位置时,注浆主液压缸有杆腔进高压油,注浆主液压缸活塞杆回收,吸浆杠活塞杆伸出,吸浆蘑菇头与密封环贴合封住吸浆口,压浆缸活塞杆回收,压浆蘑菇头与密封环分离开启压浆口。

3.7.2　系统参数计算

1)注浆泵工作流量确定

单路注浆机流量 $Q_单$:

$$Q_单 = \frac{Q_总}{N} \tag{3-82}$$

式中:$Q_总$——注浆所需总流量(m^3/min);

N——注浆管路数量。

单路注浆活塞每分钟注浆次数:

$$N_1 = \frac{Q_单}{\frac{\pi}{4}D^2 L} \tag{3-83}$$

式中:D——注浆活塞直径(m);

L——注浆活塞行程(m)。

注浆机动作每分钟所需流量 $Q_液$(m^3/min):

$$Q_{液} = \frac{\pi D_1^2 L_1 N_1}{4} + \frac{\pi D_2^2 L_2 N_1}{4} + \frac{\pi D_3^2 L_3 N_1}{4} \tag{3-84}$$

式中：D_1——注浆机主液压缸缸筒内径(m)；
L_1——注浆机主液压缸活塞行程(m)；
D_2——注浆机吸浆口液压缸缸筒内径(m)；
L_2——注浆机吸浆口液压缸活塞行程(m)；
D_3——注浆机压浆口液压缸缸筒内径(m)；
L_3——注浆机压浆口液压缸活塞行程(m)。

注浆泵每分钟所需供油流量(m^3/min)：

$$Q_{泵} = Q_{液} N \tag{3-85}$$

注浆泵排量(m^3/r)：

$$q_p = \frac{Q_{泵}}{n_p \eta_p} \tag{3-86}$$

式中：n_p——注浆泵转速(r/min)；
η_p——注浆泵容积效率。

2) 注浆泵工作压力(Pa)的确定

$$P_{泵} = P_{浆} \frac{D^2}{D_1^2} \tag{3-87}$$

式中参数符号意义同前。

第4章　盾构机液压系统维修与保养

随着科技步伐的加快,液压技术在各个领域中得到了广泛应用,液压系统已成为盾构设备中最关键的部分之一。作为大型施工设备,盾构机需定期进行维修,液压设备作为关键部分之一,需要进行专项维修。本章系统地介绍盾构机液压系统维修及日常保养等相关内容。

4.1　液压部件装机前维修

液压部件维修的工作内容如下:
(1)将液压零部件进行拆解、清洗,并在液压综合试验台进行加载试验测试,根据测试结果确定维修方案。
(2)将液压部件中所有的密封件进行全面更换。
(3)对所有液压软管进行更换,同时做好接头防护,以免影响管路接头处的密封性;同时对液压硬管做好清洗、防护工作。
(4)运用"四新"(新技术、新工艺、新设备、新材料)技术,及时对液压系统功能进行局部改善或优化,如,用性能更好的零部件替代落后的零部件等。

4.1.1　液压缸维修

液压缸是盾构机的重要执行部件,其性能的好坏直接影响到掘进的质量和速度。在使用中常存在缸杆磨损、划伤、点蚀,缸体漆层脱落、锈蚀、弯曲,活塞、导向套锈蚀、划伤等情况,密封也存在老化、损坏,从而导致液压缸有渗漏、内泄等严重问题(图4-1～图4-6)。目前维修工作中液压缸一般委托专业厂家进行维修,对部件进行维修或更换后组装,并进行加载试验(图 4-7)。使用泵站对液压缸进行加载,系统压力在 16～31.5MPa 范围内的,液压缸试验压力为系统压力的 1.25 倍;系统压力 >31.5MPa 的,液压缸试验压力为系统压力的 1.15 倍;保压 30min 压降小于 10bar 为合格(图 4-8)。

图 4-1　缸杆表面划痕

图 4-2　缸杆表面点蚀

图 4-3　缸筒螺纹损坏

图 4-4　缸杆表面凹坑

图 4-5　缸筒内部划伤

图 4-6　密封组件划痕

图 4-7　缸筒密封件更换　　　　图 4-8　液压缸保压试验

4.1.2　液压油箱维修

(1)应清洗油箱,有破损的应进行修复或更换(图 4-9)。

图 4-9　液压油箱清洗

(2)应拆解检查油箱辅件,修复或更换失效的零部件。

4.1.3　液压油热交换器维修

应对热交换器进行清理检查。热交换器的设计、制造、检验与验收应按照《热交换器》(GB/T 151—2014)进行(图 4-10、图 4-11)。

图 4-10　热交换器清洗

图 4-11　热交换器保压试验

4.1.4　过滤装置清理、维修

(1)应对过滤器进行清理检查,更换有裂纹或缺陷的过滤器,并更换所有滤芯(图 4-12)。

图 4-12　液压泵站滤芯更换

(2)堵塞指示器应用专业清洗剂进行清理检查、通电测试、外观泼酸或工作异常的元器件应更换或由专业能力的企业修复。

4.1.5　液压泵、马达、阀组维修

由于使用时间长,液压泵、马达、阀组多存在部件磨损、损坏、密封件老化的现象(图 4-13～图 4-17)。首先进行外观检测,查看部件损坏及缺失情况;然后在液压综合试验台进行加载试验,检测压力、流量、噪声、温度、变量特性、容积效

率、外泄漏等参数并记录;设备拆解后,使用刀尺、游标卡尺、千分尺等测量工具对各部件进行检测,并根据检测情况进行维修工作;部件维修完成后进行组装,并再次在液压综合试验台进行加载试验(图4-18~图4-20)。

图4-13　液压柱塞泵拆检

图4-14　液压泵拆检

图4-15　柱塞杆、柱塞滑靴、回程盘损坏

图4-16　碟簧磨损、疲劳

图4-17　球铰弧面磨损

图4-18　推进阀组检修

图 4-19 液压泵试验台检测

图 4-20 液压阀试验台测试

1)液压泵、马达的维修标准

(1)压力能达到系统所需压力,且压力偏差不超过 3bar。

(2)泵的排量能够在系统所需的调节范围内平稳调节。

(3)加载过程中声音平稳、无异响。

(4)壳体在运转 30min 后无异常升温。

(5)变量泵在加载过程中能够根据系统设定实现各种变量功能。

(6)容积效率≥92%。

(7)加载至工作压力运转,无外泄漏。

2)液压阀组维修标准

(1)换向灵敏平稳;在额定压力范围内可平稳调节压力,压力偏差不超过 3bar,在额定流量范围内可平稳调节流量。

(2)内泄量≤15mL/min。

(3)无外泄漏。

4.1.6 液压管路的维修

液压管路分为液压软管及液压硬管,维修中由于使用时间长导致老化及破损,通常对液压软管进行全部的换新,使用卷尺、压管机、切割机、剥皮机等工具,实地测量总长度,按照图纸要求选择合适压力等级的软管及接头进行扣压(图 4-21、图 4-22);压制后使用海绵球、液压油、高压风对管路进行清洗,清洗完成后方可安装使用(图 4-23、图 4-24)。

对液压硬管进行外观及内部检查,查看外观变形、锈蚀、油漆剥落等情况,查看内部锈蚀、是否存在异物等情况。按照系统压力的 1.5 倍进行耐压测试,标准是保压 10min 后无泄漏。

图 4-21 液压硬管内部清理及防护

图 4-22 液压软管新制

图 4-23 新制液压软管

图 4-24 液压管路清洗

4.2 液压部件装机

4.2.1 液压部件装机前准备工作

液压系统集成度及精密度较大,其组装过程对技术、环境、人员技术等方面要求也比较严格,在液压部件装机前,进行必要的准备工作,如对组装作业人员的技术培训、技术资料搜集准备、零部件核查等,可以更加高效、有序地完成液压部件的装机工作。具体准备工作参见以下几点:

(1)明确安装现场施工程序及施工进度方案,并根据盾构主机的平面布置图对号吊装就位。

(2)检查液压系统原理图、电气原理图、管道布置图,液压元件、辅件、管件清单和有关元件样本等应准备齐全。

（3）液压系统装配作业人员应提前熟悉安装图样，详细了解所装产品的具体结构、装配技术要求及设备分布的基础情况。

（4）按照液压系统图和液压元件清单，核对液压件的数量、型号、品牌等，须与液压系统设计保持一致，检查不合格的液压件和物料，不得装入液压系统。

（5）液压元件安装前要先用洁净的煤油进行清洗，并对液压元件进行详细检查，液压元件存放时间过长或存放环境不符合要求会导致液压元件内部密封件老化，配合面锈蚀，必要时要对液压元件进行拆洗、更换、并进行性能测试。

（6）检查每个液压元件上的调整螺栓、调节手轮、锁紧螺母等都要完整无损。

（7）检查板式连接元件连接平面不准有凹凸不平缺陷，密封槽不许存在毛刺、锈蚀等情况，连接螺纹不准有破损和活扣现象。

（8）将液压元件通油口取下，检查元件内部应保持清洁。

（9）检查油箱应达到规定质量要求：油箱上附件必须齐全且清洁干净，箱体内部不准有锈蚀、铁屑、油污等杂质，必须保证油箱清洁干净。

（10）检查蓄能器质量要符合要求，所带附件要齐全。查明保管期限，对存放时间过长的蓄能器要严格检查质量，不符合技术指标和使用要求的蓄能器不能使用。

（11）空气滤清器用于过滤空气中的粉尘，为保证油箱内压力为大气压，空气滤清器通气阻力不能太大，要有足够大通过空气能力。

（12）检查管路质量应符合要求：硬管内外壁不允许存在腐蚀或显著变色、裂纹、气孔等缺陷，软管表面不允许存在破损、老化等缺陷。

（13）液压系统部件的装配，必须在一个相对清洁的环境中进行，液压系统装配工作区域不允许进行喷砂、喷漆、打磨的灰尘污染较大作业。

4.2.2　液压部件装配过程注意事项

盾构机液压系统一般包括液压泵（动力元件）、液压缸、马达（执行元件）及液压阀（控制元件），油管、蓄能器、过滤器、散热器、油箱、压力表等辅助元件，液压油（工作介质）等部件，熟练掌握液压部件装配技术，了解各液压部件装配注意事项，可以有效避免组装质量问题的发生，提高装配效率，提高液压系统使用寿命。

1）液压阀装配注意事项

液压阀在液压系统中主要用于控制和调节液体的压力、流量和方向，一般可分为压力控制阀、流量控制阀和方向控制阀，对于液压阀的装配需注意以下几点：

(1) 安装时要检查各种液压阀测试情况的记录，以及是否有异常。

(2) 检查板式阀结合面的平面度和安装密封件沟槽加工尺寸和质量，若有缺陷应修复或更换。

(3) 按设计图纸的规定和要求进行安装。

(4) 安装阀时要注意进、出、回、控、泄等油口的位置，严禁装错。换向阀一般要水平安装。方向控制阀安装时一般应保持轴线水平。

(5) 安装时要注意质量，对密封件质量要精心检查，不要装错，避免在安装时损坏；紧固螺钉拧紧时受力要均匀，对高压元件要注意螺钉的材质和加工质量，不合要求的螺钉不准使用。

(6) 安装时要注意清洁，不准戴着手套进行安装，不准用纤维制品擦拭安装结合面（安装板平面和阀板平面），防止纤维类脏物侵入阀内。

(7) 板式元件安装时，要事先检查进、出油口的密封圈是否符合要求。安装前密封圈应凸出安装表面，保证安装后有一定的压缩量，以防泄漏。固定螺钉均要拧紧，最后使元件的安装平面与元件地板平面全部接触。

(8) 阀块安装过程中，严禁用布条、吸油纸等封堵油口。

(9) 具有流量、压力调节功能的阀块，通常按顺时针方向旋转，减少流量、增加压力；逆时针方向旋转，增加流量、减少压力的规则进行安装。所有手动球阀、闸阀均为手柄顺着管路方向为打开状态，安装前应将手柄取下，检查球阀、闸阀打开状态与实际工作状态是否一致，特别是所有泵进口闸阀，不得错误安装。

(10) 所有外接泄油管的阀，如减压阀、直控顺序阀、液控单向阀等，其泄油口与回油管道相通时，不允许在总回油管上有背压。如果总回油管道上有背压时，应将外泄油管单独接回油箱。

(11) 阀安装完毕后要检查下列项目：

①用手推动换向阀滑阀，要达到复位灵活、正确、到位；

②调压阀的调节螺钉应处于放松状态；

③调速阀的调节手轮应处于节流口较小开口状态；

④使换向阀阀芯的位置处于原理图上所示的位置状态。

(12) 检查应该堵住的油孔（如不采用远程控制时溢流阀的遥控口）是否堵上，该接油管的油口是否都连接好，并确保油管与油口连接紧固可靠。

2）液压泵装配注意事项

液压泵的作用是将原动机的机械能转换成液体的压力能，液压泵装配不当会引起振动和噪声，影响液压泵的工作性能和使用寿命，液压泵在安装时应注意以下几点：

(1) 液压泵在安装时，油泵、电机、支架、底座各元件相互结合面上必须无锈、无突出斑点和油漆层，并应在结合面上涂防锈油。

(2) 泵安装过程中禁止使用暴力敲击，也不可产生顶轴现象，否则会破坏泵内各部件的预紧力，加大磨损或影响轴承寿命。

(3) 液压泵传动轴与电机输出轴之间必须采用弹性联轴器，并确保同轴度、联轴器轴向间隙符合安装要求（一般要求同轴度应在 0.1mm 以内，倾斜角不得大于 1°），避免运转时振动过大损坏传动轴及内部零件。安装连轴节时，最好不要敲打，以免损坏液压泵转子等零件，安装要正确、牢固。

(4) 紧固液压泵、传动机构的地脚螺栓时，螺栓受力应均匀并牢固可靠。安装法兰及支座都必须有足够的刚度，以免液压泵运转时产生振动和噪声。

(5) 用手转动联轴器时，应感觉到液压泵转动轻松，无卡阻或异常现象，然后才可以配管。

(6) 注意液压泵的旋转方向和进出油口位置不得混淆装反。

(7) 对于安装在油箱上的自吸泵通常泵中心至油箱内液面的距离不大于 0.5m；对于安装于油箱下面或旁边的泵，为了便于检修，吸入管道上应安装截止阀。

(8) 要拧紧进、出油口管接头连接螺栓，密封装置要可靠，以免引起吸空、漏油，影响泵的工作性能。

(9) 除柱塞泵以外，一般在液压泵吸油管路上应安装过滤器，滤油精度通常为 100~200 目，过滤器的通流能力至少相当于泵的额定流量的两倍，同时要考虑清洗时拆装方便。

(10) 液压泵的吸油管和出油管应设置支架，不允许泵承受管路的负载。

3) 辅助元件装配注意事项

(1) 液压系统硬管安装注意事项

① 应根据液压系统的工作压力、流量及使用场合来选择管材。必须注意管子的强度是否足够，管径和壁厚是否符合图纸要求，所选用的无缝钢管内壁必须光洁、无锈蚀、无氧化皮、无夹皮等缺陷。若发现下列情况不能使用：管子内外壁已严重锈蚀。管体划痕深度为壁厚的 10% 以上；管体表面凹入达管径的 20% 以上；管断面壁厚不均、椭圆度比较明显等。

② 安装过程中需要切割液压硬管时，切割面与轴线应保持一定的垂直度，管子直径在 50mm 以下的可用砂轮切割机切割，直径在 50mm 以上的管子一般应采用机械加工方法切割。如用气割，则必须采用机械加工方法去除因气割形成

的组织变化部分,同时可车削出焊接坡口。除回油管外,压力油管不允许用滚轮式挤压切割器切割。管子切口表面必须平整,去除毛刺、氧化皮、熔渣等。

③安装过程中如需进行液压硬管焊接,在焊接前,必须对管子端部开设坡口,坡口角度应根据国标要求中最有利于焊接的种类执行。管路焊接应尽量选用氩弧焊接,氩弧焊焊口质量好,焊缝表面光滑、美观,没有焊渣,焊口不氧化,焊接效率高;其他焊接方法易造成焊渣进入管内,或在焊口内壁产生大量氧化铁皮,难以清除。管路焊接完成后,要打磨焊缝,去除飞边和焊瘤保证内壁焊缝处平滑。

④所有焊接液压硬管应酸洗。管径较大的短管、直管、容易拆卸的管路可以直接泡在酸洗槽内酸洗;管路较长时可以连接成回路,用酸泵直接将酸液打入管路内循环冲洗。酸洗过后应用洗管机多次冲洗,以保证油管的清洁度。冲清洗完成后将所有接口用钢堵头全部封上。

⑤管路安装施工时,必须按设计图样进行,并要注意各支管的方向和基准高度。

⑥管路连接前,务必去掉液压部件各油口位置的防护帽或堵板等。管路连接一定要仔细认真,各管子接头连接要牢固,各结合面密封要严密,不准有外漏。管路系统安装时,必须保证环境及管路干净、清洁,不得有砂子、铁屑等污物进入管道。管路安装间断期间,各管口应严格封堵。

⑦为了减少管内液体的发热和动力损失,尽量减少管路接头、弯头和弯曲管道,禁止使用由管子焊接而成的直角接头。

⑧管路排列要整齐、美观、牢固,并便于拆装和维修。对连接管道较长的管子,应分段安装并在中间增设中间接头,以便拆装。

⑨管路安装过程中如需进行钢管弯曲,钢管的弯曲加工最好在机械或液压弯管机上进行。钢管弯曲部分的内外侧不允许有锯齿形、凹凸不平、损坏、压坏等缺陷。弯曲管路应考虑其弯曲半径,钢管弯曲半径过小,会导致应力集中,降低钢管强度。钢管一般最小弯曲半径可参考表4-1。

钢管最小弯曲半径　　　　　表4-1

钢管外径 D(mm)		14	18	22	28	34	42	50	63	76	89
最小弯曲半径 R(mm)	冷弯	70	100	135	150	200	250	300	360	450	540
	热弯	35	50	65	75	100	130	150	180	230	270

⑩管路安装后应用管夹固定好,以防振动,管夹之间距离设置应合理,距离过小,管夹数量增多,占用空间面积增大,成本增多,距离过大,容易发生振动和

下垂。推荐管夹距离见表4-2。

推荐管夹距离　　　　　表4-2

管子外径 D(mm)	14	18	22	28	34	42	50	63
推荐管夹距离(mm)	300~450	350~500	450~600	500~700	600~800	650~850	700~900	750~1000

⑪管路敷设一般遵循的原则:大直径的管子或靠近配管支架里侧的管子,应考虑优先敷设;管子尽量成水平或垂直两种排列,注意整齐一致,尽量减少或避免管路交叉;管路敷设位置或管件安装位置应便于管子的连接和检修,管路应靠近设备,便于固定管夹;管路敷设后,不应对支承及固定部件产生除重力之外的力。

⑫两条平行或交叉管的管壁之间,必须保持一定距离:当管径≤42mm 时,最小管距离应≥35mm;当管径≤75mm 时,最小管壁距离应≥45mm;当管径≤127mm 时,最小管壁距离应≥55mm。

⑬管路的最高部位应设有排气装置,以便启动时放掉管路中的空气。

⑭回油管应伸入到油箱液面以下,防止液压油飞溅而产生气泡,同时回油管插入液压油中的一端管口应斜切 45°,斜口朝向箱壁一侧,使油不直接冲向箱底,并能散发液压油的热量。溢流阀的回油管口不许与泵的入口相接,否则,油液温度将会升高。

⑮为增加吸油管进口处吸油口面积,应将吸油管口斜切 45°。

⑯管路不允许在有弧度部分内配管或安装法兰,必须在管路的平直部分接合。法兰及接头焊接时,须与管子中心线垂直。

⑰管路、接头等连接时,严禁使用麻绳、生胶带等作为密封材料,否则会造成液压系统的油液污染。

(2)液压系统软管安装注意事项

①安装前须检查软管通径、钢丝层数和成套软管的规格尺寸应符合设计规定,胶管内外径表面是否有脱胶、老化、破损等缺陷,有严重缺陷的不允许装入液压系统。

②液压软管切割必须用切管机切割,不允许用切割机切割,所有软管切割后必须用煤油清洗干净。

③液压软管安装时应避免急转或扭转,一般软管弯曲半径应大于其外径的 9 倍,如果出现软管弯折情况,应及时更换软管。

④液压软管在工作压力变动下有 -4%~+2% 的伸缩变化,因此,软管不能在受拉状态下工作,软管连接长度应留有一定的余量。软管过长或承受剧烈振

动情况下宜用管夹固定,但在高压工作状态下的液压软管应尽量减少使用管夹,否则,易使软管受压变形,产生液压能量损失,严重时会导致爆管。

⑤若软管外表面与机器有接触和摩擦的,要在软管外表面加导向保护装置,如在胶管外面包一层防护胶皮等。

⑥液压软管连接时,必须严格按照液压原理图进行连接,不能接错或接反,盾构机常见液压系统管路连接注意事项如下:

a. 液压驱动主驱动泵的2个A口必须接到集成块的A口,2个B口接到集成块的B口,并且8个液压马达的A口必须全部接到集成块的A口,B口全部接到集成块的B口,不能接错。

b. 后配套拖拉液压缸控制块出口与液压缸有杆腔连接,不能接错。

c. 管片车举升缸无杆腔经马达分配器单独供油,不得串联;管片拼装机轴向移动平衡阀块与液压缸连接管路,平衡阀块低压口接无杆腔,高压口接有杆腔。

d. 管片拼装机旋转马达串联时A口与A口串联,B口与B口串联,松制动油口为BR口,泄油口为DR口,连接管路时不允许接错。

⑦所有高压管路不允许用低压力液压软管连接。

(3)过滤器安装注意事项

液压油中往往含有颗粒状杂质,会造成液压元件相对运动表面的磨损、滑阀卡滞、节流孔口堵塞,使系统工作可靠性大为降低。在系统中安装一定精度的过滤器,可以有效滤除液压油中混入的机械杂质和化学变化产生的一些杂质,从而防止阀芯卡死、节流小孔缝隙和阻尼孔的堵塞以及液压元件过快磨损等故障的发生,过滤器选用及安装时需注意:

①泵入口过滤器的主要作用是保护泵,使其不致吸入较大的机械杂质,可以根据泵的要求,使用较粗的或普通精度的滤油器。为了不影响泵的吸油性能,防止发生气穴现象,滤油器的过滤能力应为泵流量的2倍以上,压力损失不得超过$0.01 \sim 0.035$ MPa。

②泵出口过滤器主要用来滤除进入液压系统的污染杂质,一般采用过滤精度$10 \sim 15$ mm的滤油器。选用的过滤器应能承受油路上的工作压力和冲击压力,其压力降应小于0.35 MPa,并应有安全阀或堵塞状态发讯装置,以防泵过载和滤芯损坏。

③安装过滤器时,应注意检查其壳体上标明的液压流动方向,一般过滤器只能单向使用,即进、出口不可互换。

④在液压泵吸油管处装置网式过滤器时,网式过滤器的底面不能与液压泵的吸管口靠的太近,否则会导致吸油不畅,合理的距离一般为2/3的过滤器

网高。

⑤清洗金属编织方孔网滤芯元件时,可用毛刷在汽油中刷洗。高精度滤芯元件清洗需要用清洗液或清洗剂清洗。滤芯元件清洗时,应堵住滤芯端口,防止污物进入滤芯腔内。

(4) 蓄能器安装注意事项

①蓄能器应垂直安装,气阀向上,并在气阀周围留有一定的空间,以便检查和维护。

②蓄能器安装位置应远离热源,蓄能器安装在托架或基座上时不得采用焊接方法固定。

③蓄能器和液压泵之间应设置单向阀,以防止蓄能器的压力油向液压泵倒流。蓄能器出口管路处应设置截止阀,供充气、检查、调整或长期停机时使用。

④蓄能器充气后,各部分严禁拆开、松动,以免发生危险。若必须拆开蓄能器封盖或松动时,应放尽气体后再进行。

4) 液压缸及液压马达装配注意事项

(1) 液压缸安装注意事项

①应按设计图纸的规定和要求进行安装。

②液压缸活塞杆带动移动机构移动时要达到灵活轻便,在整个行程中任何局部均无卡滞现象。

③安装前要严格检查液压缸本身的装配质量,确认液压缸装配质量合格后,才能安置在设备上。

④液压缸的基座必须要有足够的刚度,否则,加压时缸筒成弓形向上翘,使活塞杆弯曲。

⑤行程在 2~2.5m 以上的大行程液压缸在安装时,必须安装活塞杆的导向支承环和缸筒本身的中间支座,以防止活塞杆和缸筒的挠曲。

⑥液压缸的轴向两端不能固定死。由于缸内受液压力和热膨胀等因素影响,有轴向伸缩。若液压缸的两端固定死,将导致液压缸的各部分变形。

⑦对于脚座固定式的移动液压缸,其中心轴线应与负载作用力的轴线同心,以免引起侧向力,导致液压缸的密封件磨损及活塞损坏。对移动物体的液压缸安装时使缸与移动物体在导轨面上的运动方向保持平行。

(2) 液压马达安装注意事项

①液压马达的轴承承受径向能力有限,不能将皮带轮等传动件直接装在液压马达主轴上。

②液压马达的传动轴与其他机械传动件连接时应采用挠性连接。

③外界的泄漏油应能保证马达的壳体内充满油,防止停机时壳体内的液压油全部流回油箱。

④液压马达的泄漏油管要保持通畅,一般不接背压阀。当泄漏油管过长或某种需要而接背压阀时,其背压大小不得超过低压密封所允许的数值。

4.3 液压系统调试

不管是新制造的液压设备还是经过大修理后液压设备,都要对液压系统进行各项技术指标和工作性能或按实际使用的各项技术参数进行调试。通过运转调试可以了解和掌握液压系统的工作性能与技术状况。在调试过程中出现的缺陷和故障应及时排除和改善,从而使液压系统工作稳定可靠。

4.3.1 液压系统调试前准备工作

(1)调试前,应根据设备使用说明书及有关技术资料,全面了解被调试设备的结构、性能、工作顺序、使用要求和操作方法,以及机械、电气、气动等方面与液压系统的联系,认真研究液压系统各元件的作用,读懂液压原理图,搞清楚液压元件在设备上的实际安装位置及其结构、性能和调整部位,仔细分析液压系统各工作循环的压力变化、速度变化以及系统的功率利用情况,熟悉液压系统用油的牌号和要求。

(2)在掌握上述情况的基础上,确定调试的内容、方法及步骤,准备好调试工具、测量仪表和补接测试管路,制订安全技术措施,以避免人身安全和设备事故的发生。

(3)新设备和经过修理的设备均需进行外观检查,其目的是检查影响液压系统正常工作的相关因素。有效的外观检查可以避免许多故障的发生,外观检查主要包括:

①检查各个液压元件的安装及其管道连接是否正确可靠。

②防止切屑、冷却液、磨粒、灰尘及其他杂质落入油箱,检查各个液压部件的防护装置是否具备和完好可靠。

③检查油箱中的油液牌号和过滤精度是否符合要求,液面高度是否合适。

④检查系统中各液压部件、管道和管接头位置是否便于安装、调节、检查和修理。检查观察用的压力表等仪表是否安装在便于观察的地方。

⑤检查液压泵电动机的转动是否轻松、均匀。

⑥检查液压系统所有的外漏油口应用堵头封堵,严禁用棉纱、油纸,木塞等杂物封堵。

⑦调试前,务必确认各个泵的吸油口及出油口蝶阀、球阀处于打开状态,防止泵的吸空及过载。

⑧调试前,检查液压泵应处于中位状态。

(4)调试前检查油箱的液压油油位是否满足调试需求,一般油位应在油位计的 3/5~4/5 位置。

(5)液压系统调试前,应先对液压系统进行清洗,主要清洗要求如下:

①首先应将环境和场地清扫干净。

②清洗液要选用低黏度的专用清洗油(或用 38℃ 时黏度为 20cSt 的透平油,$1cSt = 10^{-6} m^2/s$),并且有溶解橡胶能力,有可能时,可把清洗油加热到 50~80℃。

③冲洗前滤油器的工作滤芯应换上冲洗滤芯,冲洗合格后换上工作滤芯。

④冲洗前液压缸或液压马达与管道断开,用软管将进油管道和回油管道连通,冲洗合格后将液压缸或液压马达与管道连通。

⑤按设备使用说明书上规定的油品牌号加油,加油必须过滤,注意清洁。

⑥清洗后,必须将清洗油尽可能排净,防止使清洗油混入新油中,引起液压油变质,影响油的使用寿命。

⑦清洗后,要清洗油箱内部,经检查符合要求后,将临时增设的清洗回路拆掉,并把管路恢复到设计规定的系统。在拆装时要注意清洁,并将有关元件、管件安装、连接牢固可靠。

4.3.2　液压系统空载调试注意事项

(1)空运转前,将液压泵进油口及泄漏油口(如有)的油管拆下,按照旋转方向向泵进油口注油,用手转动联轴节,直至泵的出油口出油不带气泡时为止。接上泵油口管,如有可能可向进油管注油。此外,还要向液压马达和有泄油口的泵,通过泄油口向壳体中注满油。

(2)液压泵首次启动时,要注意检查泵的旋向是否正确、运转是否正常、有无刺耳的噪声。

(3)空运转时,系统中的伺服阀、比例阀、液压缸和液压马达应用短路过渡板从循环回路中隔离出来;蓄能器、压力传感器和压力继电器均应使用可拆式接头将油口堵死,使这些元件脱离循环回路。

(4)空运转时,必须拧松溢流阀的调节螺杆,使其控制压力处于能维持油液循环时克服管道阻力的最低值,系统中如有节流阀,减压阀,则应将其调整到最大开度。

(5)空运转时,应先接通电源,点动液压泵电动机,检查电源是否接错,然后连续点动电动机,延长启动过程,如在起动过程中压力急剧上升,须检查溢流阀失灵原因,排除后继续点动电动机直至正常运转。

(6)空载运转时应密切注视过滤器前后压差变化,若压差增大则应随时更换或冲洗滤芯。

(7)液压系统首次运行调试时,应间歇启动液压泵,使整个系统滑动部分得到充分的润滑,使液压泵在卸荷状况下运转(如将溢流阀旋松,或使 M 型换向阀处于中位等)。

(8)环境温度过低时,调试前应先用加热器对油箱进行加热,并对液压系统进行多次启停,往复几次待油温升高,液压装置运转灵活后,再进入正式调试。

(9)液压系统连续运转一段时间(一般是 30min)后,检查油液温升应在规定值内。

(10)检查安全防护装置(如安全阀、压力继电器等)工作的正确性和可靠性,从压力表上观察各油路的压力,并调整安全防护装置的压力值在规定范围内。

(11)调试过程中,因油液进入执行机构,使油箱液位下降,甚至会使吸油管上的过滤网露出液面,或使液压系统和机械传动润滑不充分而发出噪声,因此必须注意及时给油箱补充油液。

4.3.3 液压系统压力调试注意事项

(1)系统的压力调试应从压力调定值最高的主溢流阀开始,逐次调整每个分支回路的压力阀。压力调定后,须将调整螺杆锁紧。

(2)溢流阀的调整压力,一般比最大负载时的工作压力大 10% ~20%。

(3)调节双联泵的卸荷,使其比快速行程所需的实际压力大 15% ~20%。

(4)调整每个支路上的减压阀,使减压阀的出口压力达到所需规定值,并观察压力是否平稳。

(5)调整压力继电器的发信压力和返回区间值,应使发信值比所控制的执行机构工作压力高 0.3~0.5MPa;返回区间值一般为 0.35~0.8MPa。

(6)调整顺序阀,使顺序阀的调整压力比先动作的执行机构工作压力大 0.5~0.8MPa。

(7)装有蓄能器的液压系统,蓄能器工作压力调定值应同它所控制的执行机构的工作压力值一致。当蓄能器安置在液压泵站时,其压力调整应比溢流阀调定压力力值低 0.4~0.7MPa。

（8）液压泵的卸荷压力，一般应控制在 0.3MPa 内，为了运动平稳增设背压阀时，背压一般在 0.3~0.5MPa 范围内，回油管道背压一般在 0.2~0.3MPa 范围内。

（9）液压泵启动和停止时，应使溢流阀卸荷。

（10）调试过程中应观察液压泵卸荷压力大小，是否在允许数值内。

（11）对于停机时间长的液压马达，液压系统启动时不能直接满载运转，应待空转一段时间后再正常使用。

4.3.4　液压系统流量调试注意事项

1）液压马达转速调速注意事项

（1）在调试液压马达转速时，应先在空载状态下点动，再从低速到高速逐步调试，并注意空载排气，然后反向运转。

（2）马达运转期间，应注意检查壳体的温升和噪声是否正常。

（3）盾构机主驱动、管片拼装机、螺旋输送机等液压马达调试运转时，应注意检查主驱动、螺旋输送机驱动、拼装机减速机及回转轴承等工作机构润滑油脂是否加注充分。

2）液压缸推进速度调试注意事项

（1）速度调试时，应逐个回路（指带动和控制一个机械机构的液压系统）进行，在调试一个回路时，其余回路应处于关闭（不通油）状态。

（2）调速时，应同时调整好导轨的间隙和液压缸与运动部件的位置精度，不致使传动部件发生过紧或卡滞现象。

（3）调试过程中，应打开液压缸的排气阀，排除滞留在液压缸内的空气。对于不设排气阀的液压缸，必须使液压缸来回运动数次，同时在运动时适当旋松回油腔的管接头，见到油液从螺纹连接处溢出后再旋紧管接头。

（4）在调速过程中应同时调整缓冲装置，直至满足该液压缸所传动的机械机构的平稳性要求。如液压缸的缓冲装置为不可调型，则须将该液压缸拆下，在试验台上调试处理合格后再装机调试。

（5）双缸同步回路在调速时，应先将两缸调整到相同起步位置，再进行速度调试。

（6）速度调试应在正常油压与正常油温下进行。对速度平稳性要求高的液压系统，应在受载状态下，观察其速度变化情况。

（7）速度调试完毕后，应调节各液压缸的行位置、程序动作和安全联锁装置。各项指标均达到设计要求后，方能进行试运转。

4.4 液压系统保养

4.4.1 液压系统使用过程中的保养

盾构机液压系统使用过程中的保养工作,是机械设备完好,降低动力消耗,减少磨损,延长使用寿命,充分发挥机械效能的基本保障,做好液压系统的保养工作有助于安全操作,对提高机械利用率和使用寿命有着十分重要的意义。随着科学技术的不断进步,施工单位对现代化设备的需求和依赖程度越来越高,因此,合理配置、使用、保养机械设备已成为施工过程中的一项十分重要的工作内容。保障工程机械设备的液压传动系统在施工中正常运转、做好设备液压传动系统的保养工作,是现今设备管理工作的重要环节。

1)规范使用

(1)选择合适的液压油

液压油在液压系统中起着传递压力、润滑、冷却、密封的作用,液压油选择不恰当是液压系统早期故障和耐久性下降的主要原因。为有效降低液压油方面故障发生率,维护人员需要科学对液压油进行选择与使用,以提高系统的耐久性。在进行液压油选择过程中,有关人员需要按照液压系统实际情况以及机械运转具体要求,科学地对液压油型号进行选择,要保证液压油使用性能与系统使用说明书中制定的牌号相符,特殊情况需要使用代用油时,应力求其性能与原牌号性能相同。不同牌号的液压油坚决不能混合使用,防止液压油产生化学反应、性能发生变化。如果发现液压油颜色呈现为乳白色或者深褐色,且伴有异味时,则表明液压油已经发生变质,要及时进行更换。在对液压油进行使用过程中也要注意以下几个方面的问题:

①要在使用之前对液压油进行过滤,以保证其清洁度。

②在进行机械维护时,要保证整体环境的清洁度,要尽量在无尘环境中进行清洁,以防止液压油受到污染。

③要对拆卸部分进行彻底清洁之后,才可对其进行拆卸清理。

④为保证液压油清洁程度,维护人员需要定期对液压油进行检查,以保证液压油状态。

(2)防止杂质混入液压系统

据统计,盾构机液压系统故障中,70%以上的故障是由于油液污染而造成;

液压油污染故障中75%以上是油液中的固体颗粒污染。液压油污染严重时,会导致液压元件磨损加剧出现故障,使液压系统工作性能变坏。因此深入研究盾构机液压系统的污染原因,并针对盾构掘进施工以及维护等各个环节,采取必要的污染控制方法,减少液压污染造成的故障停机时间、提高盾构设备完好率,是非常重要的。

(3)保持适宜的油温

液压系统的工作温度一般控制在30~65℃之间为宜。液压油油温过高会严重影响机器的正常使用、降低液压元件的使用寿命,并增加工程机械的维修成本。为了避免温度过高应注意:不要长期过载;注意散热器散热片不要被油污染,以防尘土附着影响散热效果;保持足够的油量有利于油的循环散热;油温过低时,油的黏度大,流动性差,阻力大,工作效率低。

液压油油温过高具体存在以下几点危害和隐患。

①液压油黏度、容积效率和液压系统工作效率均下降,泄漏增加,甚至使机械设备无法正常工作。

②液压系统的零件因过热而膨胀,破坏了相对运动零件原来正常的配合间隙,导致摩擦阻力增加、液压阀容易卡死,同时,使润滑油膜变薄、机械磨损增加,结果造成泵、阀、马达等的精密配合面因过早磨损而使其失效或报废。

③加速橡胶密封件老化变质,寿命缩短,甚至丧失其密封性能,使液压系统严重泄漏。

④油液汽化、水分蒸发,容易使液压元件产生气蚀;油液氧化形成胶状沉积物,易堵塞滤油器和液压阀内的小孔,使液压系统不能正常工作。

液压油油温过高的原因及预防措施:

①油品选择不当。油的品牌、质量和黏度等级不符合要求,或不同牌号的液压油混用,造成液压油黏度指数过低或过高。若油液黏度过高,则功率损失增加,油温上升;如果黏度过低,则泄漏量增加,油温升高。

预防措施:选用油液应按厂家推荐的牌号及机器所处的工作环境、气温因素等来确定。对一些有特殊要求的机器,应选用专用液压油;当液压元件和系统保养不便时,应选用性能好的抗磨液压油。

②污染严重。施工现场环境恶劣,随着机器工作时间的增加,油中易混入杂质和污物,受污染的液压油进入泵、马达和阀的配合间隙中,会划伤和破坏配合表面的精度和粗糙度,使泄漏增加、油温升高。

预防措施:一般累计工作1000h后换油。换油时,注意不仅要放尽油箱内的旧油,还要替换整个系统管路、工作回路的旧油;加油时最好用120目以上的滤油器滤油,并按规定加足油量,使油液有足够的循环量。

③液压油箱内油位过低。若液压油箱内油量太少,将使液压系统没有足够的流量带走其产生的热量,导致油温升高。

预防措施:在实际操作和保养过程中,严格遵守操作规程中对液压油油位的规定。如:一台PC2003型液压挖掘机,工作一段时间后出现液压油温度过高故障,检查液压油箱,发现油位低于规定值很多。由于液压系统过度缺油,使液压油循环过快,未能充分静置散热,结果油温升高;按规定加足液压油后,液压油温度随即降至正常范围。

④液压系统中混入空气。混入液压油中的空气,在低压区时会从油中逸出并形成气泡,当其运动到高压区时,这些气泡将被高压油击碎,受到急剧压缩而放出大量的热量,引起油温升高。

预防措施:经常检查进油管接口处的密封性,防止空气进入。

(4) 机械作业要柔和平顺

机械作业应避免粗暴,否则必然产生冲击负荷,使机械故障频发,大大缩短其使用寿命。作业时产生的冲击负荷,一方面使机械结构件早期磨损、断裂、破碎,另一方面使液压系统中产生冲击压力,冲击压力又会使液压元件损坏、油封和高压油管接头与胶管的压合处过早失效漏油或爆管、溢流阀频繁动作油温上升。规范作业也是对系统运行状态进行有效保护的重要途径之一,在实施规范化作业模式时,首先需要对工程机械进行平和操作,要防止产生冲击负荷,以通过此种方式有效降低机械事故发生概率,保证机械设备使用寿命可以得到有效延长。

(5) 要注意气蚀和溢流噪声

作业中要时刻注意液压泵和溢流阀的声音,如果液压泵出现"气蚀"噪声,经排气后不能消除,应查明原因排除故障后才能使用。在常温常压状态下,液压油内部会存在含有7%容积比的空气。但在压力出现过低状况时,空气会以气泡形式从油液中流出,气泡会造成液压元件气蚀,从而产生噪声。此时如果有大量空气进入到油液之中,就会使气蚀程度明显增加,直接造成液压油的压缩性增加,致使液压系统运行不稳,整体机械运行处于低效率状态。同时液压油内空气也会使液压油出现油氧化问题,会使其出现变质状况。所以维护人员需要定期对液压油进行更换,并要按照相关使用说明,对系统中的空气进行排除处理,做好吸油管路密封。如果某执行元件在没有负荷时动作缓慢,并伴有溢流阀溢流声响,应立即停机检修。

液压系统产生气蚀的主要原因:

①液压油质量不合格。保证液压油的质量,是防止产生气蚀的一个重要因

素。若油液的抗泡沫性差，就会容易气化而形成泡沫，从而导致气蚀的发生。

②液压油的压力变化频率过高。若液压压力变化频率过高，将直接影响空气泡沫的形成，加快空气泡的破裂速度。试验证明，压力变化频率高的部位，气蚀速度就快。如分配阀的阀芯与油道相对应的位置，由于压力变化频率相对较高，气蚀的程度也相对高于其他位置。

③液压油的油位过低。液压油油位过低也是造成气蚀的重要原因。油位过低，液压泵吸入空气导致循环油液流量不足，从而加大了油液中空气或水形成气泡的概率。

④维修不当。由于在维修时未注意使液压系统充分排气，从而导致系统中存在气体，在高温、高压的作用下即可产生气蚀。

(6) 严格遵守维保工作制度

由于机械液压设备的运行周期通常比较长，那么依靠某一位维护人员进行长时间值班就极不现实。依靠科学的值班制度，可以合理分配维护人员的值班时间及值班责任，从而实现对机械设备的长时间有效维护和保养的目的。掘进班组交班要严格遵守维护操作制度，保证液压系统检查时的安全和检查项的全面。液压系统是否渗漏、连接是否松动、活塞杆和液压胶管是否撞伤、液压泵的低压进油管连接是否可靠、油箱油位是否正常等，以及完善维护操作制度也是重中之重。在维护人员对机械设备进行维护和保养时，必须严格执行相应的操作程序与操作标准，从而保证维护工作的有效性与准确性。当在过程中出现与操作制度不符或者未规定的情况时，维护人员应当群策群力，积极展开合作，并及时向相关管理人员反映，结合上级指示制定最佳应对方案。除此之外，还需要完善相应的监督管理制度，有利于确保对机械设备液压系统的维护处于正常、高效展开的状态，同时还能及时对液压系统的突发异常状况进行及时处理。

(7) 防止密封件损坏

施工作业中要防止磕碰和划伤对密封件的损坏，经常清理液压缸密封防尘圈部位和裸露的活塞杆上的泥沙，防止其进入液压缸内部损伤活塞。缸筒或密封件活塞杆上如果有点击伤，要及时用油石将损伤点周围的棱边磨去，以防止破坏活塞杆的密封装置。停机时间过长或拆装维修过的设备，在启动前，要向液压泵中注油，以防液压泵干磨而损坏。

①密封件损坏的原因

密封件损坏的形式通常表现为密封件的老化、扭曲、磨损、变形、腐蚀等。损坏的原因主要有以下几个方面：

a. 油液污染。油液污染严重将导致密封件发生磨料磨损、腐蚀磨损，以及引起老化、龟裂、膨胀变形等现象。所以使用过程中必须及时检查油液的污染度，合理确定换油周期，确保液压油的使用性能。

b. 油液选用不当。油液选用是否适当主要表现在与密封件材料的相容性方面。如果所用的油液与密封材料的相容性差，将加速油液变质、膨胀、老化以及产生不沉性油泥，并加速密封件磨损。

c. 密封件选型不当。选型不当或选用不合规格的密封件，常常出现换一个坏一个的现象。

d. 装配质量不高。在实际统计中发现安装不当是造成密封件损坏的主要原因。装配时强行压入，造成密封件局部变形以及密封面被锐边划伤等均会造成密封件损坏。

e. 密封件保管不当。密封放置、存放和运输不合理也是造成密封件损坏的原因。

②预防密封件损坏的措施

a. 谨慎选择密封件。选择密封件时应根据使用环境，注重密封件的耐油性、耐磨性、耐热性及耐化学药品等性能，同时应考虑其弹性和抗拉强度等机械性能。

b. 严格按照要求安装密封件。安装方法不当是密封件失效的主要原因，因此安装时必须注意如下几点：

（a）避免密封件受损。

（b）注意密封件的方向性。

（c）避免密封件挤出和扭曲。

c. 妥善保管密封件。备用密封件应妥善保管，防止其受到腐蚀或其他损伤，对长期不用的密封件要根据情况进行报废，以免使用时因其老化引起故障。

（8）强化日常检查及保养

日常检查及保养对机械液压系统的正常工作和长寿命使用都非常有帮助。维护人员需要对机械液压系统定期进行检查和保养，并在发现故障后及时进行维护修理。同时，利用现代化智能在线监测技术，实现对油液各项指标、液压驱动设备振动状态的实时监测。根据监测数据能够更加高效、实时地掌握机械设备运行状态，有利于维护工作的进一步展开。在机械设备总运行时间达到一定量之后，维护人员需要对其进行特定的检查维护操作。一般来说，当机械设备运行总时长分别达250h、500h、1000h、7000h和10000h后，维护人员必须严格依照标准规范，执行相应更加复杂、详细的检查维护操作要求。

2）液压系统使用过程中的维护

盾构机液压系统的管理和维护一般采用日常保养、定期保养和强制保养相结合的方式。对液压系统进行认真仔细的维护,可防止液压设备零件非正常磨损与损坏,减缓磨损程度,延长维修间隔期,减少维修费用。因此,落实好盾构机液压系统掘进施工过程中的日常维保工作,减少液压系统损坏或受污染造成的故障停机,提高盾构机完好率,显得尤为重要。保养部位和方式主要有以下几种:

(1)定期检查油箱液位,必要时加注补充液压油(必须与油箱内液压油同品牌、同型号,不可混加)。

(2)定期检查液压阀组、管路和液压缸有无损坏或渗漏油现象,如有,要及时处理。仔细检查液压缸活塞杆表面有无镀层脱落、磕碰损伤,如有,要及时反映并记录,必要时采取维修措施。

(3)定期检查液压系统第二、三级滤油器工作情况,并根据检查结果和压力变送器的指示更换滤芯。如果控制面板上的故障指示灯变亮,或者经过长期停机闲置之后,则必须更换滤油器的滤芯。

滤油器更换的安全说明及具体步骤如下:

①在更换滤油器前,必须停止系统工作并卸压。

②如果没有卸压而打开系统,则过滤器爆发性排空可导致设备损坏或人身伤害,高温油液可造成烧伤或灼伤。

③损坏的零件必须予以更换。

④不得使用管钳或锤子来紧固过滤器接头。

⑤滤油器分为回流滤油器、分流滤油器、压力滤油器三种,如图 4-25 所示。三种滤油器滤芯结构略有不同,因此拆卸更换步骤有所不同。以下是三种滤油器更换滤芯的具体步骤:

a. 回流滤油器的滤芯更换步骤:

关停设备并卸压→卸下滤油器盖的固定螺钉,然后将其提起→上提带滤芯的滤油器壳体将其卸下→前后轻微晃动,从滤油器壳体中取出滤芯检查滤芯表面是否有肉眼可见的杂质,(出现可见微粒可以看作是设备部件即将出现故障的一个警告信号);→清洗滤油器壳体→检查滤油器头和滤油器盖是否有损坏,损坏的零部件必须予以更换→确保 O 形圈和滤油器盖无损坏→涂少许清洁的液压油→将滤芯插入滤油器壳体并安装好,将滤油器盖按原位装好并用螺钉紧固→给液压系统加压,检查滤油器是否有泄漏。

b. 分流滤油器的滤芯步骤:

关停设备并卸压→将通气螺钉拧松一圈半排气→卸开排放螺钉,并排出约 1.5L 油液至适当的容器中(不得将排出的液压油重新注入油箱)→用手逆时针拧松并取出螺钉,打开盖→卸下滤芯,并检查滤芯表面是否有肉眼可见的杂质,

(出现可见微粒可以看作是设备部件即将出现故障的一个警告信号)→检查滤油器盖和旁路阀是否有损坏,损坏的零部件必须予以更换确保无污物进入中间芯轴孔→在滤芯O形圈上稍微涂些清洁的液压油,然后将滤芯直接推到滤油器壳体的中间芯轴上→在盖的螺纹上涂少许清洁的液压油,用手拧紧→重新检查所有拧开的螺钉是否已拧紧→给液压系统加压,检查滤油器是否有泄漏。

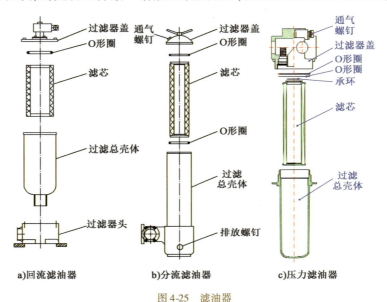

图 4-25 滤油器

c. 压力滤油器的滤芯更换步骤步骤:

关停设备并卸压→松开滤油器壳体的固定螺钉,并用容器收集流出的液压油(不得将收集的液压油重新注入油箱)→卸下滤芯,检查滤芯表面是否有肉眼可见的杂质。(出现可见微粒可以看作是设备部件即将出现故障的一个警告信号)→检查滤油器盖和旁路阀是否有损坏(损坏的零部件必须予以更换)→检查滤油器盖的O形圈和承环是否损坏(必要时,予以更换)→在滤芯O形圈上稍微涂些清洁的液压油,然后将滤芯的开口侧直接推到滤油器盖的接嘴上→在滤油器壳体的螺纹上涂少许清洁的液压油,用手拧紧,然后拧入滤油器盖中,直至限位→给液压系统加压,检查滤油器是否有泄漏。

(4)定期取油样送检,根据油液黏度、污染度、水分、酸值、闪点、光谱、铁谱等多项指标数据的检测结果和油液合格国家标准,决定是否更换油液。

(5)经常监听泵的工作声音,定期采用振动检测仪器检测泵站电机、泵的振动状态,若发现设备产生异响或振动数据异常应及时停机检查。

(6)定期检查泵、马达和油箱的温度,异常要及时检查处理。

(7)定期检查液压油管的弯管接头,若发现松动要及时紧固。

(8)经常检查冷却器的冷却水进/出水口的温度和油液的温度,必要时清洗冷却器的热交换器。

(9)定期检查液压系统的压力,并与上位机操作界面显示值相比较。若显示差异较大,确定压力表损坏或压力变送器是否损坏,若损坏及时更换。

(10)在对液压系统维修前,必须确保液压系统已停用并已卸压。特别是在维修蓄能器时要注意。

(11)液压管被碾压或过度弯曲都有可能造成保护外皮损坏,如果其保护外皮受损就有可能影响其最大工作压力,从而导致危险的发生。

(12)所有液压管线的拆卸必须做到随拆、随封口,防止异物进入液压系统。

(13)维修过程中必须携带一条干净的纯棉毛巾或干净的绸布以便清洁擦拭液压部件。

4.4.2 静态存放过程中的保养

施工机械的重大故障大多数都是因为保养不当造成的,因此,盾构机静态存放过程中液压部件的维护尤为重要。做好静态存放中的保养工作,不仅可以最大程度降低设备投入使用后的故障率,减少维修成本,而且能够减少液压设备磨损,延长设备的使用寿命。

1)设备临时存放

盾构机临时存放场地多为露天场地,具有灰尘大、环境湿度受天气影响等特点。露天环境下存放不当,会导致液压元器件生锈、油液污染、管路加速老化等问题,从而使设备的使用寿命降低。因此做好盾构机液压设备临时存放中的防尘、防潮、防腐工作尤为重要。

液压设备临时存放注意事项如下:

(1)将盾构机液压油箱、液压主管路内部液压油排放清空,采用干净的液压油桶存放,并做好标识。油箱合理密封以防止尘土、水分进入。

(2)将拖车、盾体之间液压连接管路采用液压堵头、液压堵板封堵,并使用打包带将管路固定捆绑好。

(3)清理设备表面油污、灰尘,对重要部件进行包裹防护,做好防潮工作。对生锈的钢管、液压缸缸体表面等进行重新打磨、并补漆防护。

(4)室内存放选择阴凉干燥位置,若室外存放必须做好防水、防腐工作,存放位置选择相对较高的地方,确保存放位置无积水。

2)设备长期存放

盾构机长期存放期间,不仅要做好液压设备防尘、防潮、防腐的基础工作,还要对盾构机液压设备进行重要部件拆检、全面清洁、紧固松动零件、更换已损部件。做好长期存放中的保养工作可大大降低设备故障率、减少保养成本。液压设备长期存放中的注意事项如下:

(1)将盾构机液压油箱、液压管路内部油液排放清空,采用干净的液压油桶收集存放,做好标识。

(2)穿戴防护服,进入主油箱采用吸油纸清理油箱内壁油污。并更换油箱内部滤芯(图4-26、图4-27)。

图4-26 液压油箱内壁清理

图4-27 油箱内部滤芯更换

(3)拆卸拖车、盾体之间的连接液压管路,做好管路标识,以便回装。先采用煤油清理管路外表面,然后采用气动工具、直径大于管径5%的海棉球反复清理管路内壁,直至海绵球外表干净为止(图4-28、图4-29)。

图4-28 液压管路外表清理

图4-29 液压管路内壁清理

(4)采用液压堵头、液压堵板封堵所有外露液压管路接口和拆卸下来的管路,并采用封箱带将管路捆绑整理,油管两端做好标识集中存放(图4-30、图4-31)。

图4-30　拖车液压管路保护

图4-31　油管接口堵板防护

(5)液压软管应储存在温度为15～35℃、相对湿度为50%～80%的阴凉处,避免阳光直射与雨淋。若存放时间较长,软管两端金属接头应进行防锈处理。存放时应当平直放置,严禁在软管上方置其他物品,以防软管受压变形损伤。避免与酸、碱、油类及有机溶剂等物质接触,存放位置距离热源要在1m以上。

(6)更换液压系统二、三级过滤所有液压滤芯和主油箱回油滤芯、油箱顶部呼吸器(图4-32、图4-33)。

图4-32　补油泵滤芯更换

图4-33　油箱顶部呼吸器更换

(7)拆解系统阀组使用柴油清理所有阀组(图4-34、图4-35),检查换向阀、溢流阀、减压阀、泄荷阀、单向阀等阀芯是否磨损,是否存在内泄现象。检查溢流阀,减压阀阻尼孔是否堵塞。

图 4-34　推进液压缸换向阀拆检

图 4-35　推进液压缸阀组清洁维护

（8）拆解系统的马达、泵头进行全面检修，更换损坏、磨损零部件（图 4-36、图 4-37）。

图 4-36　主驱动液压马达拆解检修

图 4-37　液压泵拆解检修

（9）检查所有压力表是否损坏，更换损坏压力表。

（10）清理换热器循环水滤油器装置。若管壁内表面积垢，热交换性能下降，应拆除冷却器两端外盖清理积垢。

（11）对盾构机所有液压缸进行保压测试（图 4-38），检查液压缸活塞表面的光滑程度、防尘密封完好程度。对不合格液压缸进行全面检修，更换损坏或磨损零部件。

（12）打磨并清理液压钢管、液压缸缸体表面锈迹、起皮油漆后重新补漆防护。

（13）所有液压重要部件进行包裹防护，装箱零部件做好防潮、防腐工作，并标识清楚集中存放。

图 4-38　盾构机液压缸保压测试

第5章 液压系统故障诊断技术

无论何种类型的盾构机,液压系统都是不可或缺的。盾构机液压系统涉及盾构推进、管片转运拼装、螺旋输送机伸缩、碎石机的开合、主驱动系统运转等环节,盾构机的液压系统能否正常工作是决定盾构正常施工的必要条件,一般液压故障会导致设备短时间停止工作,直至故障得到解决。若发生较大的液压故障不仅会造成盾构设备的长时间停机,造成经济损失,还会引起其他连锁效应和工程风险,因此,有效实施液压系统故障的预防和诊断,才能保障好液压系统的正常运转。

5.1 实施故障诊断的意义

通过盾构液压系统故障有效检测和诊断,能够及时掌握盾构运行的状态,做到事前预防,为故障处理提供依据和方向,间接节约了施工时间和费用,也能有效规避重大的设备风险和工程风险。具体意义可归纳如下几个方面:

(1)监测与防护

通过日常监测盾构运行状态,可及时发现设备隐性故障的早期征兆,以便采取相应的措施,避免、减缓或减少重大事故的发生。

(2)防范风险

为确保盾构的机况符合施工的要求,在施工的关键节点前要做好设备机况的检查、评估和调整工作,确保设备的运行状态良好。需要重点关注的节点主要有:始发前、到达前、有重大风险的地段前(穿江、越海、困难地段、重要建筑物等)。

(3)提升设备管理水平

设备检测工作的有效开展,为盾构维修管理由事后维修向预测维修转变提供了重要依据,同时根据监测数据的变化趋势能有效地指导盾构的操作和维护工作,从而能促进盾构管理水平的提升。

5.2　盾构机液压系统故障诊断主要手段

设备状态的好坏,主要是通过其运行的状态监测和理化分析检测来综合判断,通过运行状态的监测数据和理化试验的数据来评估设备故障发生的可能部位、能否继续工作,或采取何种措施延迟故障的发生。

1)检测常用手段

(1)振动检测:适用于旋转机械、往复机械、轴承、齿轮等。

(2)温度(红外)检测:适用于液压系统、热力机械、电机、电器等。

(3)声发射检测:适用于压力容器、往复机械、轴承、齿轮等。

(4)油液检测:适用于齿轮箱、液压系统、设备润滑系统、电力变压器等。

(5)无损检测:采用物理化学方法,用于关键零部件的故障检测(超声波、电涡流)。

(6)压力检测:适用于液压系统、流体机械、内燃机和液力耦合器等。

(7)强度检测:适用于工程结构、起重机械、锻压机械等。

(8)表面检测:适用于设备关键零部件表面检查和管道内孔检查等。

(9)电气检测:适用于电机、电器、输变电设备、电工仪表等。

2)盾构液压系统故障诊断手段

(1)油液检测

油液检测包括理化分析、污染度分析、铁谱分析和光谱分析等技术,主要可检测液压油、主轴承齿轮油、主驱动减速机齿轮油、螺旋输送机齿轮油等,如图 5-1 所示。

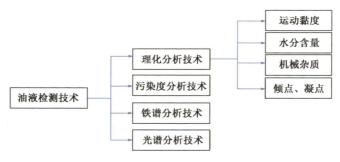

图 5-1　故障诊断手段

(2)状态监测

①温度(红外)检测:检测液压系统、电机、减速机。

②振动检测:可检测主驱动电机、减速机,主轴承,泵站。

③压力和流量监测技术:适用于液压系统、流体系统等。

④故障听诊:主要适用于主轴承、减速机、电机等。

⑤内窥镜检查:主要用于主轴承、减速机等。

(3)智能在线监测

在线监测系统通过现代集成技术,将电源模块、采集模块、通信模块、控制模块高度集成为一体。通过触摸式工控机,可实现现场数据实时监测及远程数据的实时监测,工控机及系统集成软件,对各监控装置的动态参数进行集成,建立盾构机设备状态综合数据库,自动生成设备状态参数报表和变化趋势曲线,智能在线监测系统可实现在线连续对盾构重点部位进行监测,进行设备的远程/现场状态数据采集、监测、诊断和评估。

5.2.1 油液检测技术

油液检测技术是通过分析设备在用润滑油的质量来预测故障,并确定故障原因、类型和故障零部件的技术。这一技术适用于低速重载、环境恶劣(如噪声大、振动源多、外界干扰明显)、往复运动和采用液体或半液体润滑剂且以磨损为主要失效形式的设备的检测。通常油液检测可以延长设备的换油周期或者正确选用润滑油而取得效益,更重要的是及时预测设备潜在的故障避免灾难性损坏或者使处于正常运转的设备减少不必要的维修而增加产值和效益。油液检测的一般流程是:取样、检测分析和提出维修建议。

(1)油液取样:需在设备运转 30min 后,在运转中或刚停机情况下取样,以保证颗粒处于悬浮状态。油箱取样位置应在摩擦副之后、滤清器之前,减速机取样部位为底部放油口或者液位观察管,接样前要先排出油道中残留的污物,油样瓶和取样管为一次性用品,用后废弃,取样剂量一般为 100mL。

(2)检测分析:油液的检测测技术方法主要有理化分析技术、污染度分析、铁谱分析技术和光谱分析等技术。在本书后文将对主要的检测技术手段进行详细介绍。

(3)维修和建议:在根据检测出具的油液检测报告来综合判断设备的使用状况或受损情况,并给出对应的建议和解决办法。

1)油液运动黏度检测

(1)黏度测定方法及装置

黏度的测定有许多方法,如转桶法、落球法、阻尼振动法、杯式黏度计法、毛细管法等等。对于黏度较小的流体,如水、乙醇、四氯化碳等,常用毛细管黏度计测量;而对黏度较大流体,如蓖麻油、变压器油、机油、甘油等透明(或半透明)液体,常用落球法测定;对于黏度为 0.1~100Pa·s 范围的液体,也可用转筒法进行测定。

黏度的大小取决于液体的性质与温度:随着液体温度升高,其黏度将迅速减小。因此,要测定黏度,必须准确地控制温度的变化才有意义。黏度参数的测定,对于预测产品生产过程的工艺控制、输送性以及产品在使用时的操作性,具有重要的指导价值。

对于盾构机常用油液来讲,目前常用的方法是在实验室某一恒定的温度下(图 5-2),测定一定体积的液体在重力下流过一个标定好的玻璃毛细管(图 5-3)黏度计的时间。黏度计的毛细管常数与流动时间的乘积,即为该温度下的测定液体的运动黏度,俗称倒流法。

图 5-2 恒温浴装置

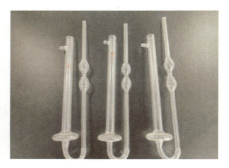

图 5-3 玻璃毛细管黏度计

(2)对液压系统的影响

盾构液压设备常用的油液多为 460 号、320 号齿轮油和 68 号、46 号液压油,黏度的高低将影响运动部件的润滑、缝隙泄漏以及流动时的压力损失等。如液体黏度过高内部摩擦会增加、系统效率会降低,泵吸油会变得困难,设备容易损坏;若黏度过低各部件内部表面无法形成稳定的油膜(表 5-1),亦会导致设备的损坏。因此要选择合适运动黏度润滑油,并定期取样进行运动黏度检测。

各部位油膜厚度 表 5-1

名称	油膜厚度(μm)
滚动轴承	0.1~3
齿轮	0.1~1
发动机滑动轴承	0.5~50
其他滑动轴承	0.5~100

2)油液的水分含量检测

(1)常用的检测装置和方法

试验室主要常采用两种测量方法:一种是蒸馏法通过蒸馏冷凝方式得出水分含量;另一种使用微量水分测定仪测定水分含量。此外若水分含量较大(大于0.1%)时利用目测法、热板试验,或者利用离心设备也可定性进行判断。

①蒸馏法

主要使用到的仪器和材料主要有水分测定仪、底座加热(器)、夹持装置、圆底玻璃烧瓶、直管冷凝器接收器、溶剂油、无釉瓷片、沸石等,如图5-4所示。

②微量水分测定法

主要使用到的仪器和材料主要有微量水分测定仪(图5-5)、电子天平、卡尔费休试剂(无吡啶)、干燥剂、注射器、蒸馏水等。

图5-4 蒸馏法水分测定仪

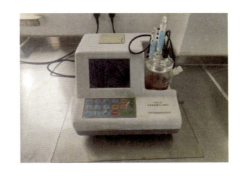
图5-5 微量水分测定仪

(2)水分含量增加的影响

对于盾构所用油液水分含量不超过0.1%,且不持续升高,视为正常。若水分含量超过0.1%,将会对在用设备造成损伤和一定的影响。油液水分的增加多为外界环境进水导致,往往会造成以下影响:

①会降低油膜强度。

②导致添加剂的消耗。

③导致水解和氧化。

④对设备内部进行腐蚀。

⑤加速减磨轴承疲劳破坏。

3)液压油污染度

(1)油液污染度定义

油液污染度可分为重量污染度和颗粒度污染度,分别是指单位体积油液中固体颗粒污染物的重量和颗粒数。

（2）污染物来源

①设备中的污染物存在的地方：油液、软管、液压机、管线、泵、油箱、阀门等。

②外部进入的污染物：油箱吸入、轴承密封处、活塞杆密封处。

③维护期间引入的污染物：拆卸/装配、补充油液。

（3）污染度检测方法

①目测法：$100\mu m$ 以上。

②质量称重法。

③显微镜计数法（常用）。

④压差计数法。

⑤激光型自动颗粒计数法（常用）。

（4）污染度分级标准

污染度检测主要是针对液压油进行检测，目前实验室一般采用颗粒污染度的表示方法，污染度分级常用的三个标准为 GB/T 14039、NAS 1638 以及 ISO 4406 污染度国际标准，主要通过计数来对照判定油液污染度等级。如，以 NAS1638 污染度分级标准，共划为 14 个等级，污染度最低等级为 00 级，最高等级为 12 级，见表 5-2，对于盾构机设备来说，要求 NAS 等级至少为 9 级，其他污染度判定等级不再具体描述，具体请参照相关标准文件。

污染度分级标准（每 100mL 油液中颗粒数） 表 5-2

污染度等级	污染物颗粒尺寸范围（μm）				
	5～15	15～25	25～50	50～100	100 以上
00	125	22	4	1	0
0	250	44	8	2	0
1	500	89	16	3	1
2	1000	178	32	6	1
3	2000	356	63	11	2
4	4000	712	126	22	4
5	8000	1425	253	45	8
6	16000	2850	506	90	16
7	32000	5700	1012	180	32
8	64000	11400	2025	360	64
9	128000	22800	4050	720	128
10	256000	45600	8100	1440	256
11	512000	91200	16200	2880	512
12	1024000	182400	32400	5760	1024

(5)污染度对液压系统的影响

污染度是油液的一个重要性能指标,液压系统中大约70%的故障来自于液压介质的污染。污染度控制对于精密液压系统的工作可靠性至关重要。对于伺服阀来说,污染物将使伺服阀的滞后量增加;而对于泵类元件,污染物会使磨损加剧、发热、效率降低,从而使寿命大大缩短,甚至造成整个盾构机液压系统瘫痪。

4)铁谱分析

(1)铁谱分析技术

在各种机械设备中,由于金属表面间的相对运动使摩擦副表面不断产生大量的磨削碎片和微粒,即磨损颗粒。对于有润滑油的摩擦副,磨损颗粒会进入润滑油中。尽管磨损颗粒的形成机理非常复杂,磨损颗粒的尺寸极其微小(通常为几十纳米到几十微米),但其数量、尺寸、外貌、成分等却反映了不同的磨损方式和磨损过程。这些不仅为分析研究磨损过程、颗粒的形成提供了直接信息,且为分析诊断机械设备的运行状态提供了参考和依据。

铁谱分析技术是利用磁场的作用将在用设备润滑油液中产生的磨损颗粒分离出来,形成谱片,再利用显微镜对谱片上的磨屑进行大小、形状、色泽、表面纹理等的观察、磨损类型的识别,从而判断设备的运转状态、磨损趋势、判断磨损机理。

(2)检测设备

目前,实现铁谱技术的基本设备和工具主要有各种类型的铁谱仪、铁谱显微镜、扫描电子显微镜、计算机及磨粒图谱集等,油液铁谱检测设备一般分为分析式铁谱仪、直读式铁谱仪和旋转式铁谱仪(图5-6~图5-8)。

图5-6 分析式铁谱仪

图 5-7　直读式铁谱仪

图 5-8　旋转式铁谱仪

(3) 铁谱分析判断

以分析式铁谱仪为例，首先根据取样的油液和实验试剂进行均匀配比，使用铁谱仪制作铁谱片，再利用铁谱显微镜对铁谱片进行观测、拍摄、存储、分析。低倍数放大时，首先看到的是排列整齐的微粒群，因磁场的作用，它们排成"链状"；在 200~400 倍的高倍数放大时，可清楚地看到微粒的基本形态；将个体颗粒再次放大到 400~600 倍观测，能看到边界和表面形貌，测量它们的各个方向的尺寸，测量单位 μm，铁谱片放大图见图 5-9。根据观察到的颗粒数量和形态展现，依据磨粒图谱可分析出磨粒的类型。磨损微粒来源大致可分为三类：

①由摩擦副的磨损产生的微粒，又叫磨粒，材质多为金属。

②润滑系统其他机理产生的微粒，有金属也有非金属。

③外界的污染微粒，大多数是非金属。

图 5-9　铁谱片放大图(500 倍)

(4) 铁谱分析的意义

常见的磨粒可分为 11 种，即正常磨粒、黏着磨粒、滑动磨粒、硬质切削磨粒、磨料磨损磨粒、层状磨粒、片状疲劳磨粒、球状磨粒、氧化磨粒、腐蚀磨粒、过热磨粒。11 种磨粒各有各的形状特点，都以自己鲜明的表面特征区别于其他磨粒。

每一类型磨粒代表一种与之对应的磨损形式有他特定的形成条件。每一类型磨粒的发生和发展对应某种磨损状态的发生和发展,通过磨粒的形状特点能够判断出磨损类型与故障原因,但铁谱分析试验相对复杂,对实验人员经验要求较高,对非金属磨粒的分析能力相对较弱,这也是铁谱分析的不足之处。

5) 光谱分析

(1) 光谱分析(元素分析)

油液的光谱分析技术是机械设备故障诊断、状态检测中应用最早的最成功的现代技术之一。主要是对油液中所含元素的种类及其含量进行定量分析,判断设备是否存在异常磨损。

(2) 油液中元素来源

①磨损金属元素:Fe、Cu、Al、Pb、Mn、Mo、Cr。

②添加剂元素:Ca、Mg、Zn、P。

③外界污染元素:B、Na、V、Si。

(3) 光谱仪分类

油液光谱分析仪主要有原子发射光谱仪、火焰原子吸收光谱仪、电感耦合等离子原子发射光谱仪和 X 射线荧光色谱仪等。目前在油液光谱测量中主要使用的是原子发射光谱仪,常用的有转盘电极直读原子发射光谱仪(如 Spectroil Q100)和直续电感耦合等离子体发射光谱仪(ICP)。

①转盘电极直读原子发射光谱仪检测:采用成熟可靠的旋转盘电极技术(RDE),对溶解或悬浮在油液中的微小颗粒进行元素及其浓度分析,可实现对润滑油中金属磨粒、污染物和添加剂快速定量检测(图 5-10)。

②直读电感耦合等离子体发射光谱仪(ICP)检测:ICP 光谱仪即以电感耦合高频等离子体为激发光源,利用每种元素的原子或离子发射特征光谱来判断物质的组成,从而进行元素的定性与定量分析(图 5-11)。

图 5-10 spectroil 光谱仪

图 5-11 ICP 光谱仪

(4) 检测的意义

通过光谱分析可快速地分析油液中各项元素的含量(图5-12),根据元素含量是否超标,或者元素类型可在液压设备未出现明显故障时给出预警指示,进而可判断初期的故障位置及严重程度。如主轴承齿轮油中 Cu 的含量一直增加,说明主轴承保持架可能有异常磨损;Si 含量不断增加,可能由于主轴承密封损坏导致齿轮油中进泥沙所致。为现场故障排查人员指明方向,提前规避更大的故障和施工风险,这也是故障诊断技术存在的意义。

```
20263    COM_PROG                      PPM                 04/07/2023 15:52:48
|                           |                  |           User Burn Count: 64
       Ag        Al        B         Ba        Ca        Cd        Cr        Cu
1      ~0.00     3.10      0.14      0.69      44.35     ~0.00     0.04      3.87
2      ~0.00     3.98      0.50      0.63      49.81     0.30      0.36      3.75

       Fe        K         Li        Mg        Mn        Mo        Na        Ni
1      17.32     1.70      1.31      0.54      ~0.00     ~0.00     2.51      0.26
2      35.61     3.29      49.36     0.53      ~0.00     ~0.00     4.25      0.34

       P         Pb        Sb        Si        Sn        Ti        V         Zn
1      172.55    1.10      ~0.00     14.10     ~0.00     ~0.00     0.09      21.26
2      160.61    1.91      ~0.00     16.21     ~0.00     ~0.00     0.10      22.94

       H         H2        C         C2
1      5497      4794      11414     10138
2      4877      4149      9765      8475
```

图 5-12 光谱元素测试数据

6) 机械杂质检测

(1) 机械杂质测定方法

① 机械杂质离心法检测

离心法检测即是运用离心机转子高速旋转发生的强大的离心力,加速液体中颗粒的沉降速度,把样品中不一样沉降系数和浮力密度的物质分离开来。试验主要材料为 20mL 石油醚、10mL 试验油,将配好的混合油放入离心机上进行加速高速旋转 1min,静止 1min。然后观察进行计算

$$W\% = KX \tag{5-1}$$

式中: W——试油机械杂质含量(%);

K——试验系数;

X——沉淀物所在离心管下部刻线的位置。

离心机械杂质测定如图 5-13 所示。

② 机械杂质称重法检测

机械杂质称重法是选取干净的滤纸并将其烘干,称其质量,然后将检测油样经真空过滤,使油样中的颗粒留存在滤纸上,烘干滤纸称重,算出机械杂质含量。具体检测步骤依据《石油产品和添加剂机械杂质测定法》(GB/T 511—2010)标

准所阐述的试验方法、试验步骤和试验要求。

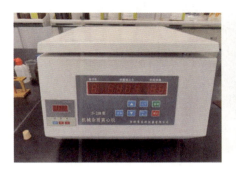

图 5-13　机械杂质离心机

(2)机械杂质测量的意义

试油中的机械杂质是指存在于油品中所有不溶于溶剂(汽油,苯)的沉淀状或悬浮状物质。这些杂质多由砂子,黏土、铁屑粒子等组成,在日常的试验过程中,采用离心法检测时经常会出现水及不同类型的混合油状态。机械杂质的测量能够较为方便和迅速地判断出油液中是否出现异常颗粒、是否混入了污染物,以及在用的机械设备是否出现异常磨损,进而可提醒设备使用方进行油液更换和设备状态监测。

5.2.2　设备状态监测技术

很多时候设备较大故障的发生并不是瞬间的,在故障前总会有振动、温度、声音等信息的变化。定期或连续的状态监测工作,能够及时判断出设备存在的异常,从而避免较大事故发生。

状态监测参数主要包括振动、声音、温度、压力、流量、电压、电流等。

1)温度(红外)监测

在隧道施工中,空间有限,散热效果不佳,泵、电机、阀块等分布相对比较集中。因此,对温度的监测显得尤为必要。温度的变化还与被监测设备的性能和工况有密切的关系,当机械的运动副发生异常磨损时,过度发热导致的温升影响着机械部件或润滑油的正常工作状态,形成恶性循环,致使设备过早损坏。

(1)温度采集监测的主要方式

温度监测技术主要分为接触和非接触式测温两种方法。目前施工现场较常用的手段是检测人员采用手持式红外线测温仪和热成像仪进行数据采集和温度监测,如图 5-14、图 5-15 所示。

图 5-14　红外线测温仪及现场测温

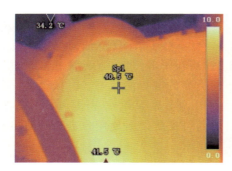 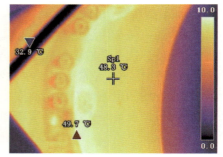

图 5-15　减速机热成像图

(2) 主要监测部位

对于盾构系统而言,电动机、液压泵及液压马达的高温部位可能发生在轴承、铁芯、绕组或集电环、换向器等部位,主驱动及主驱动减速机的高温过热部位随减速机的结构形式,冷却方式、运行工况不同而异。在日常施工中可主要对泵站电机及泵体表面、主驱动电机的前后端、减速机选点测试,齿轮油、液压油、空压机一般自带温度传感器,可在主控室或操作面板读出温度,只需进行人工测量校准数据即可。

(3) 温度变化带来的影响

温度的变化与被监测设备的性能和工况有密切的关系。当机械运动副发生异常磨损时,过度发热导致的温升影响着机械或润滑油的正常工作状态,从而形成恶性循环,致使设备过早损坏。

在记录过程中若发现在相同工作环境下同一测点温度波动较大,一般为温度升高,应立即进行复测并提高采集频率,若仍为异常要立即停机进行排查,确定为设备故障应立即进行维修更换,切勿带病作业,若各方面排查正常,可采取适当的降温措施,如增强高温设备区域通风、增大冷却水(液)流量等。可根据每环记录表中的数据生成温度曲线图,更能直观地表达出温度的变化趋势。

2)声音监测

设备故障前后总伴有声音的异常,当设备运动副和摩擦副出现异常时就会发出异常的声音,如碰撞、刮擦、吸空等。常规的声音监测是在现场直接听声音、或采用故障听诊器(图5-16)采集信号。

图5-16 故障听诊器

对于有经验的设备操作或管理人员来说听声音就能对常见的设备运行情况进行故障辨别,这主要是由于设备运行中产生的振动或者噪声一般是有规律的,若发生机械故障,会发出异常噪声。因此,通过听声音,就可以对一些运转设备的情况进行体检,辨别是否发生故障。我们还可以采用机械设备故障听诊器对设备异常的声音进行采集和听诊,可对异常的声音信号进行放大,从而进一步确定故障类型。

3)机械振动分析

(1)振动的定义

振动是指物质或物体的一种运动形式。即物体(质点)或某种状态随时间往复变化的现象。机械振动,从物理意义上来说,是指物体在平衡位置附近来回往复的运动,机械振动表示机械系统运动的位移、速度、加速度量值的大小随时间在其平均值上下交替重复变化的过程,各种机械设备在运行中,都不同程度地存在振动,这是机械运行的共性。按振动规律分类,可将机械振动分为确定性振动、瞬态振动和随机振动。按产生振动的原因分类,可以分为自由振动、受迫振动、自激振动。按振动频率分类,可以分为低频振动、中频振动和高频振动。

(2) 机械振动的一般描述

① 振动数值分析法:根据现场实际测量数据与已知标准值进行对比,判断设备的运行状态。

② 趋势分析法:根据变化曲线可知,振动的通频幅值(特征频率幅值)随故障的发展而增大。据此监视机器的健康状态,并推测其寿命。

③ 时域描述:指随时间变化的物理量。它只能反应信号幅值及相位随时间变化的特征,不能指示频率组成成分(图 5-17、图 5-18)。

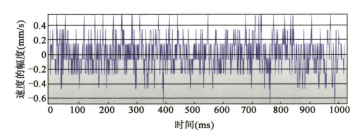

图 5-17　某减速机前端现场振动监测速度时域波形

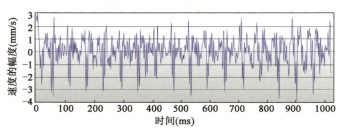

图 5-18　某减速机后端现场振动监测速度时域波形

④ 频域描述:把时域信号通过频谱分析变成频域信号(频率作为独立变量,横坐标为频率,纵坐标为幅值或相位)。有了频域的描述,就可以知道信号频率结构和各种频率成分的幅值大小。这就是设备故障诊断中的频谱分析。提示:工程上测量(传感器测量)得到的信号一般为时域信号(波形),然而由于故障的发生、发展,往往引起信号频率结构的变化,这些变化产生的频率中,往往蕴涵着特定的故障信息。频谱分析的目的就是对复杂的或不易观察分析的时域波形,通过傅立叶变换分解为单一的谐波(基频为 ω,$n\omega$ 称为基频的 n 次谐波)分量来研究,以获得信号的频率结构 以及各谐波幅值和相位信息(图 5-19、图 5-20)。

频率变换以直角坐标形式表示得到的图形就是谱图。频谱是一个总称,按照频率成分的内容可分为幅值谱、相位、功率谱、能量谱、倒频谱等类型,最常用为幅值谱。

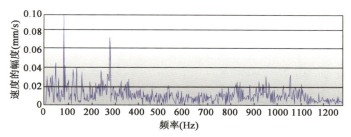

图 5-19　某减速机前端现场振动监测频域波形

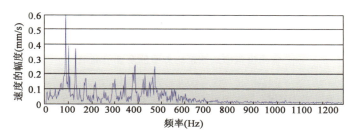

图 5-20　某减速机后端现场振动监测频域波形

(3) 机械振动测量

① 一般现场测量步骤

a. 信号采集：设备劣化或发生故障后，会伴随各种状态信号出现，它们是故障信息的载体。所以，采集包含异常或故障信息的状态信号是设备诊断技术的首要环节。采用合适的传感器和测量方法来采集信号十分重要，采集主要通过现场人员采用专用设备（图 5-21、图 5-22）对需采集的设备进行直接测量。

图 5-21　故障诊断仪

图 5-22　振动测试仪

b. 信息处理：在采集设备有用信息的时候，很多干扰信息也会被采集，会使那些有用信息变的不明显或杂乱无章。如何去除干扰，使有用的信息突出表现出来，这就是信息处理的任务。

c. 故障识别：得到了有用的设备信息后，需要经过与标准或样板模式进行对比,在简易诊断中可以参照某些标准,加上运用已有的知识和经验,即可做出故障判断。

② 测量参数

通常用于描述机械振动相应的三个参数是位移、速度、加速度。从测量的灵敏度和动态范围考虑,高频时的振动强度由加速度值度量,中频时的振动强度由速度值度量,低频时的振动强度由位移值度量。从异常的种类考虑,冲击是主要问题时测量加速度;振动能量和疲劳是主要问题时测量速度;振动的幅度和位移是主要问题时应测量位移。实际测量中,可由所测得的振动频谱来决定应采用的最佳参数。对于大多数设备来说,最佳参数是振动速度,这是许多振动标准采用该参数的原因之一,常用设备振动速度均方根值见表5-3。

常用设备振动速度均方根值及评价区域　　　　表5-3

振动速度均方根值 (mm/s)	机器分类			
	Ⅰ类	Ⅱ类	Ⅲ类	Ⅳ类
0.28	A	A	A	A
0.45				
0.71				
1.12	B			
1.8		B		
2.8	C		B	
4.5		C		B
7.1			C	
11.2	D			C
18		D		
28			D	
45				D

注:1. 机器分类:
　　Ⅰ类:发动机和机器的单独部件。它们完整地连接到正常运行状况的整机上(15kW 以下的电机是这一类机器的典型例子)。
　　Ⅱ类:无专门基础的中型机器(具有 15~75kW 输出功率的电机),在专门基础上刚性安装的发动机或机器(300kW 以下)。
　　Ⅲ类:具有旋转质量安装在刚性的重型基础上的大型原动机和其他大型机器,基础在振动测量方向上相对是刚性的。
　　Ⅳ类:具有旋转质量安装在基础上的大型原动机和其他大型机器,其基础在振动测量方向上相对是柔性的(例如输出功率大于 10MW 的汽轮发电机组和燃气轮机)。
2. 评价区域:
　　A:优,新交付使用的机器的振动通常属于该区域。
　　B:良,通常认为振动值在该区域的机器可不受限制地长期运行。
　　C:较差,通常认为振动值在该区域的机器不适宜于长期持续运行。一般来说,该机器可在这种状态下运行有限时间,直到有采取补救措施的合适时机为止。
　　D:差,振动值在这一区域中通常被认为振动剧烈,足以引起机器损坏。

a. 位移测量：位移反映振动幅度的大小，与设备的刚度有直接关系。低频时，通常在 600r/min 以下，一般的破坏模式是刚性破坏。因此应该主要测量振动的位移。

b. 速度测量：速度反映振动的快慢。一般在 600~120000r/min 时，破坏模式为疲劳破坏。因此大多采用与频率成正比的振动速度为主进行振动测量。

c. 加速度测量：加速度反映振动快慢的变化。高频时，通常高于 120000r/min，为惯性力破坏，要进行加速度的测量。

5.3 智能在线监测系统

5.3.1 故障诊断专家系统

故障诊断专家系统是指计算机在采集被诊断对象的信息后，综合运用各种规则（专家经验）进行一系列的推理，必要时还可以随时调用各种应用程序，运行过程中向用户索取必要的信息，可快速地找到最终故障或最有可能的故障；再由用户来证实故障诊断的正确性。故障诊断专家系统由数据库、知识库、人机接口、推理机等组成。

根据知识组织方式与推理机制的不同，可将目前常用的故障诊断专家系统大致分为：基于规则的诊断专家系统、基于模型的诊断专家系统、基于人工神经网络的诊断专家系统、基于模糊推理的诊断专家系统和基于事例的诊断专家系统。按其处理问题的类型可以分为：解释型、预测型、诊断型、设计型、规划型、监视型、调试型、修正型、教学型和控制型。

上节所述故障诊断方法大多采用人工现场检测和离线油液检测的方法，具有一定的非连续性和滞后性。因此，需要建立一套能对盾构机进行全方位在线监测的系统，以保证实现对设备性能状态的实时监测，为更加安全、可靠地施工提供技术保证，同时提高工程管理的信息化水平，实现设备状态的初步诊断。智能在线监测系统可实现设备的远程/现场状态数据采集、监测、诊断和评估，帮助管理人员全面、准确评估重要设备的工作情况，协助技术人员评估关键设备的实时性能，为设备维修提供数据支持。

5.3.2 总体设计原理

在线监测系统主要是针对盾构机/TBM 中的关键部件的监测，如主轴承、主驱动电机(或马达)、主驱动减速机和液压系统等,总体架构如图 5-23 所示。

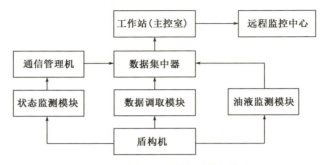

图 5-23　在线监测系统的总体架构图

在线监测系统分为三个模块:状态监测模块、数据调取模块和油液监测模块。三个模块通过通信管理机和数据集中器将数据传输到工作站(主控室),并通过光纤将数据实时传输至远程监控中心,实时数据采集和存储监测数据,并对采集到的数据进行汇总分析,实现报警提示等功能。

5.3.3　监测部位及参数

1)状态监测

状态监测模块主要是对盾构机主轴承、主驱动减速机和液压系统在运行过程中的振动、温度等参数进行实时采集、分析。在各监测对象上安装振动采集器(同时能够进行温度信号采集),将采集的振动和温度信号通过通信管理机传递至上位机(主控室)。其中盾构机主轴承和主驱动减速机所有振动采集器数据由 CS1 通信管理机进行数据处理,液压系统振动采集器数据由 CS2 通信管理机进行数据处理并集中传输至上位机,状态监测模块主要由振动采集器、通信管理机和上位机组成,状态监测模块结构如图 5-24 所示。

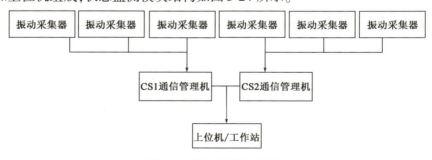

图 5-24　状态监测模块结构图

液压泵站、主轴承及减速机是盾构机的主要工作部件,也是主要监测对象。监测的参数主要分为七类:振动、压力、温度、流量、电流、刀盘扭矩、轴承运转时间。监测点分布见表5-4。

盾构机监测点分布表　　表5-4

序号	监测部位	监测参数	测点名称	监测参数数量(个)	外加传感器数量(个)	监测方式
1	主轴承	振动、温度、压力、流量、刀盘扭矩、运转时间	不同(3、6、9、12点)点位轴向、径向各4个	12	8	(1)振动采用安装加速度传感器采集;(2)温度、压力、流量、刀盘扭矩信息采用调取盾构原有数据
2	主驱动减速机	振动、温度、电流	每套主驱动减速机和电机各选一点	18(以6套减速机为例)	16	振动、温度数据采用外加传感器采集,温度和振动检测集成至一个传感器
3	主泵站	振动、温度、压力	推进、管片拼装机、螺旋输送机泵、主驱动泵	13	12	(1)压力信息采用调取盾构原有数据;(2)振动、温度信息采集采用外加传感器方式

以上监测参数中,电流、压力、流量、刀盘扭矩和转速等可以从盾构的上位机系统中直接调取,振动、温度的数据采集需要安装传感器进行采集。

2)油液监测

通过对盾构机液压系统和主轴承润滑系统的各项指标进行实时监测和分析,使工作人员在第一时间掌握和了解设备运转过程中润滑油各项理化指标的变化状况,使盾构机/TBM液压系统状态可控。油液监测模块主要由齿轮油监测模块、液压油监测模块和交换机组成,如图5-25所示。

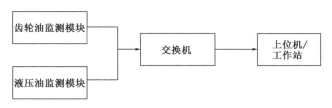

图5-25　油液在线监测模块结构图

根据盾构机实际情况,在液压系统和主轴承润滑系统中增加油液监测模块,将采集的各项数据通过控制器处理后传输到现场监控站进行分析、存储和显示,同时通过互联网技术将数据传输至远程监控中心。

油液的在线监测主要分为两部分:液压油在线监测和主轴承齿轮油在线监测。液压油监测参数:黏度、密度、介电常数、水分、激光颗粒度。齿轮油检测参数:黏度、水分、金属颗粒度、激光颗粒度。

5.3.4 状态监测传感器安装

1) 监测点选择

(1) 主轴承

在主轴承圆周方向选取 4 个点位,分别是 12 点、3 点、6 点和 9 点位置,对每个点位分别选取轴向和径向 2 个测点,共 8 个测点,对主轴承运转状态进行监测,具体测点布置和传感器安装位置如图 5-26 所示。

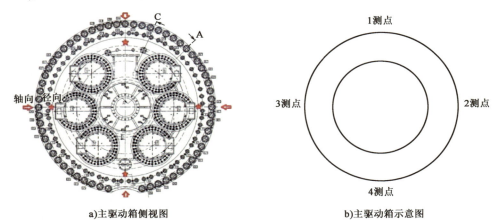

a) 主驱动箱侧视图　　　　　　　　　　b) 主驱动箱示意图

图 5-26　主轴承测点布置示意图(红五星为测点)

(2) 主驱动电机及减速机

在主驱动电机(马达)和减速机各选取一个点进行数据采集,减速机传感器水平安装于三级减速机端,电机(马达)传感器安装在其输出端轴承位置,具体测点布置和传感器安装如图 5-27 所示。

(3) 主泵站

对主泵站中功率较大的推进泵、管片拼装机泵和螺旋输送机泵输入端轴承位置及其电机输出端轴承位置进行振动和温度监测,具体测点布置如图 5-28 所示。

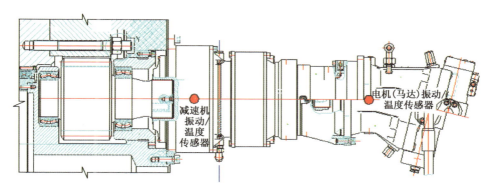

图 5-27　主驱动电机(马达)和减速机振动/温度传感器布置示意图

图 5-28　主泵站测点分布(红点为测点)

2) 安装方式

在线监测系统采用的振动/温度传感器类型为压电式加速度传感器。压电式加速度振动传感器安装方式为焊接固定式。

5.3.5　油液监测传感器布置

油液监测主要对象为主驱动齿轮油和主泵站液压油。

(1) 主驱动齿轮油

主驱动齿轮油主要监测指标为黏度、水分、金属颗粒度、激光颗粒度。油液从齿轮油泵吸油口采集油样,监测完成后通过齿轮油呼吸口返回至减速机内部,如图 5-29 所示。

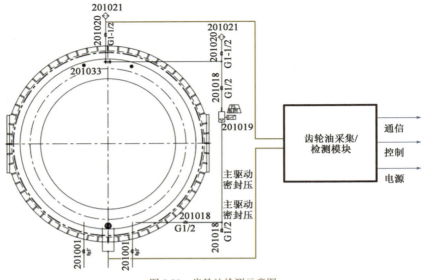

图 5-29 齿轮油检测示意图

(2) 主泵站液压油

主泵站液压油主要监测指标为黏度、密度、介电常数、水分、激光颗粒度。油液从油箱循环滤芯前采集油样,通过采集和监测模块后再通过主油箱回油或泄油管路返回至液压油箱,如图 5-30 所示。

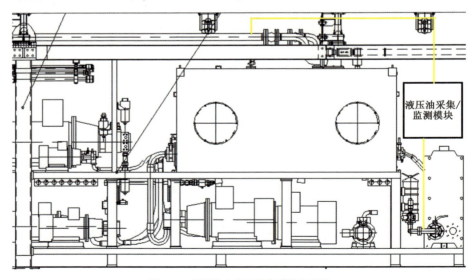

图 5-30 液压油在线监测传感器布置图

5.3.6 数据采集分析

各传感器采集到的数据通过通信线缆传输至采集器或采集箱,将采集器采集和处理后的数据通过网线或光纤传输至盾构机主控室的工控机上。

在线监测系统功能如下:

(1)实时监测

在线监测系统每隔 5min 采集一组监测数据,并将监测数据实时传输至上位机。

(2)实时数据显示

登入系统后上位机主界面可以在两个界面自由切换,实时查看在线监测设备的油液监测数据。

(3)曲线生成

系统上位机可以查询某一时间段内数据汇总的趋势曲线图,通过此图可以帮助查看油液指标在某一时间段内产生变化的趋势。

(4)数据查询

系统上位机可以查询某一时间段内各项指标的历史数据,通过此界面可以查询油液指标在某一时间段内的历史数据。

(5)数据导出

系统可以将查询的历史数据导出到 Excel\PDF\Word 格式的文档中,实现数据共享。

5.3.7 监测的意义

相比传统的离线人工检测具有较好的连续性和预警能力,在设备运行过程中进行实时采集监测;对于采集到的异常数据能够及时报警提醒,并指导现场工作人员对指定部位进行排查;能够及时发现问题、避免设备状况恶化,同时能够对数据进行存储、分析,形成数据库;能根据需求对数据进行调取、比对分析,使使用者更加了解设备的整体状况,同时也减少了人工成本的投入和有限空间作业的风险。

5.4 基于液压万用表的测试系统

5.4.1 工作原理及方式

液压万用表是一种对压力、压力峰值、压差、流量、速度和温度进行有效测量的测量仪器系统。可测得数据和曲线,并传给计算机然后打印。液压万用表使用时须用测试接头和测试软管与配套的流量、压力、温度、转速传感器连接。常用到的万用表有德国 hydrotechnik 液压万用表 2020、3050、5060、8050 系列。

以德国 hydrotechnik 液压万用表 5060 为例,该仪器最多可连接 8 个传感器,6 通道模拟量信号输入(压力/温度传感器信号模拟量)和 2 通道频率信号输入(频率/流量/转速传感器信号输入)并储存所有测量值。测量值的差值、总和、效能 以及首次偏差等计算结果可显示并储存,其工作原理及使用方法如图 5-31 所示。

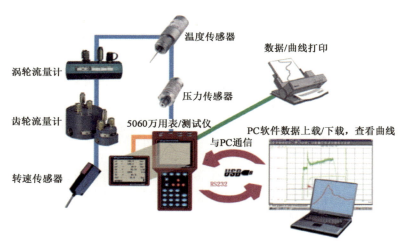

图 5-31　系统工作原理及使用方法

5.4.2 实际应用

(1) 用于液压泵的测试

在液压泵的出口配置一个涡轮或齿轮流量计,用于测量液压泵的输出流量;

在流量计的测压口上安装一个压力传感器测量泵的输出压力然后在溢流阀 P 口之前的管道上安装压力传感器,用于测量泵的输出压力;同时还需要在远控口上安装测试泵的远控压力和回油压力传感器,测得相应的压力时间曲线。通过液压测试仪/液压万用表采集流量计 Q1 和压力传感器 P1 的信号,并形成压力/流量 XY 特性曲线.通过此 XY 曲线可以判断液压泵工作点的压力/流量是否达到额定值。

（2）用于溢流阀的测试

在溢流阀的 R 口与油箱之间装上涡轮或齿轮流量计测量溢流阀的溢流量,然后在靠近溢流阀的 P 口的管道或阀块上安装压力传感器,用于测量溢流阀的 P 口压力。通过液压测试仪/液压万用表测得的压力 P_1 和流量 Q_1 特性曲线即可判断溢流阀的性能。

（3）用于安全阀的测试

在安全阀的 R 口与油箱之间装上涡轮或齿轮流量计测量安全阀的溢流量,然后在靠近安全阀的 P 口的管道或阀块上安装压力传感器,用于测量安全阀的 P 口压力。通过液压万用表/液压测试仪测得的压力 P_1 和流量 Q_1 特性曲线即可判断安全阀的性能。

（4）用于电磁换向阀泄漏测试

在每个电磁换向阀的出口安装低压压力传感器,通过液压万用表/液压测试仪采集 P1、P2、P3、P4、P5、P6、P7 压力传感器信号,建立并查看其时间曲线。如果发现低压传感器有压力开始建立,说明电磁换向阀有泄漏,否则无泄漏。试验持续时间建议在 60min 以上。

（5）用于液压缸的启动压力测试

在液压缸的有杆腔和无杆腔的入口端安装压力传感器,在液压缸外部安装位移传感器。在液压缸启动伸出或缩回时用液压测试仪/液压万用表采集这两个位置的压力值和位移值,从而得出压力/位移曲线,从而判断液压缸的启动压力。

（6）用于液压缸的耐压试验

在液压缸的有杆腔和无杆腔的入口端安装压力传感器。打开电磁换向阀将液压缸伸出或缩回到头,液压缸的有杆腔或无杆腔将建立压力;等压力建立到额定系统压力时,停掉电磁换向阀。用液压测试仪/液压万用表采集 P1、P2、P3、P4、P5、P6、P7 的压力时间曲线,采集时间 3min 以上,然后从曲线上判断 P1、P2、P3、P4、P5、P6、P7 下降的压力是否在合格范围内,从而判别液压缸的内泄漏是否符合要求。

5.4.3　测试的意义

在发生电路故障时,工程师通常会使用万用表来对电路的通断、电压、电阻、电流等进行测量来快速地排除故障。而在液压系统中,液压系统相比电力系统来说,体积大、相对不好拆检,液压万用表的使用能够较好地对在用的液压设备进行状态参数的检测、便于现场人员能及时了解设备的运行状态。在设备检修过程中,其便于携带的特点能应用各种场景,液压万用表的使用对常规液压故障能进行快速检测,便于现场根据检查情况制定维修方案,避免大拆大卸,提高故障排查效率,此外数据分析及传输也能更直观和清晰地反映出数据变化和趋势,能够协助现场工程师有效地进行设备调试和故障排除。

5.5　全工况模拟测试

为更好地对液压系统进行检测和标定,有效地进行全工况模拟测试是必不可少的,盾构液压试验台是集液压泵、马达和阀检测于一体的综合性液压试验台,能够实现对液压泵、马达和液压阀组进行各项性能指标的测试。

试验台可承载的功率为315kW,此功率的选择是参考盾构机上最大的液压泵在实际工况中所需的最大功率。可通过多套压力、流量和扭矩转速传感器对各种信号的实时采集仿真来判别被试液压元件在系统中的使用情况,对液压元件的检测和系统优化起到参考作用。

5.5.1　基本原理

试验台采用开式液压系统设计,配备有多个压力、流量、温度、转矩和转速等传感器,可同时测量多点的压力、流量、温度、转速和转矩等数据,可根据具体的被试件试验要求,对盾构机中的各种液压泵进行开式试验,同时也可对A4VSG750等闭式泵按照闭式系统进行试验,其独有的能量回收是采用转矩直接回收,将液压泵的出口高压油通过高压耦合模块供给液压马达,液压马达输出的转矩通过离合器传递给电机,使液压马达帮助电机一起拖动液压泵,从而减小电机自身的实际有效输入功率,可以达到节能目的。其具有结构简单,容易操作,能量回收率高等特点,相比传统的液压元件试验方法可节能约50%。

电气控制部分采用3～50Hz、(三相五线制)电源供电,设备的总容量为

480kV·A。最大泵电机控制柜进电源断路器的额定电流为800A,两主泵(泵1、泵2)电机分别采用YCW3×70mm^2+1×35mm^2、YCW3×150mm^2+1×95mm^{2}规格的电缆,并对液压站可靠接地,确保供电安全。控制回路中,各台数显仪为交流220V供电;功率回收(电磁离合器)为直流110V供电;中间继电器、指示灯、报警检测、传感器等为直流24V和正负直流12V供电。测控部分选用西门子S7-300系列的PLC作为主控及采集计算机,并通过工业以太网(PROFINET)的方式与控制室内的上位计算机进行通信,形成信息交换,再利用西门子组态软件WinCC编程生成交互界面,最终实现现场传感数据的实时采集及处理。

5.5.2 液压综合试验台组成及作用

1) 电气系统

电气控制系统由一台PLC操作台(图5-32)、泵1动力柜、泵2动力柜(泵2变频柜)、电气箱(图5-33)、大泵台架集线箱、阀台电气箱、上位机组成。

图5-32 PLC操作台及上位机

图5-33 电气箱

PLC由电源模块、中央处理器(CPU)、通信模块、DI模块、DO模块、AI模块、AO模块组成。用于实现各种试验产品性能测试的操作控制,提供人机交换界面。能够完成数据采集、试验结果计算、数据保存、浏览等功能。PLC与上位机通过通信模块连接,完成两者之间的指令与状态的传递,从而实现试验过程的自动化。

PLC操作台柜内包括西门子PLC、数字显示仪、继电器、比例阀信号放大器、信号隔离器、控制电源等主要组成部分。

2) 液压系统

液压系统一般由液压油箱组件、高压耦合模块、大泵试验台架组件、小泵试验台架组件、阀试验台组件等组成。

（1）液压油箱组件

液压油箱组件主要包含液压油箱部件、先导泵组、循环冷却过滤泵组三部分。液压油箱部件主要由吸油滤油器、回油滤油器、加热器、温度传感器、流量传感器和液位传感器等组成，其主要作用是为被试件提供清洁可靠的工作介质，同时可根据试验需求测试流量数据和油温等参数。先导泵组可为系统提供压力可调节的先导比例油源用于被试件的变量特性调节，循环冷却过滤泵组主要对工作介质进行冷却和过滤，保证各系统的稳定可靠工作。现场检测见图 5-34。

图 5-34　现场检测图

（2）高压耦合模块

高压耦合模块主要由液压阀块、液压阀、压力传感器和温度传感器等组成，主要作用是对被试件进行加载、压力及温度信号的检测以及能量回收及控制等。是整个液压试验台液压部分的控制中心，同时也是电气部分信号采集及程序控制的执行单位。

（3）大泵试验台架组件

大泵试验台架组件主要包含大泵试验台、315kW 电机、转矩转速传感器、联轴器和离合器等。主要对排量在 200mL/r 以上的液压泵及液压马达进行试验。

（4）小泵试验台架组件

小泵试验台架组件主要包含小泵试验台、75kW 电机、转矩转速传感器、联轴器等。主要对排量在 200mL/r 以下的液压泵进行试验。

（5）阀试验台架组件

阀试验台组件主要由阀试验台架、阀块安装底板、液压显示仪表和溢流节流加载阀块组成，主要用于各类液压阀的检测。

5.5.3　液压泵检测

（1）根据系统图纸及待测液压泵资料确定主要参数及测试方法。

(2) 按照液压试验台液压泵测试操作规程对其进行测试。

(3) 将泵的排量调为最大值的 0.3 倍,使泵出口压力为实际工作压力的 1.1 倍,连续运行 3~5min,测出口压力和泄漏流量,检查振动、噪声和外泄漏。

(4) 将泵的排量分别调为最大值及最大值的 0.5 倍和 0.3 倍,使泵出口压力为接近 0MPa 及实际工作压力的 0.6 倍和 1.0 倍,测对应的出口流量、出口压力,以及泄漏压力、泄漏流量,并据此计算泵的容积效率和泄漏系数。

(5) 电液控制变量调节特性:将试验台先导控制压力按泵在盾构机运行中流量调节所对应的实际值调节,测泵的出口流量、出口压力的变化值。

(6) 认真记录试验数据并整理,泵测试曲线见图 5-35。

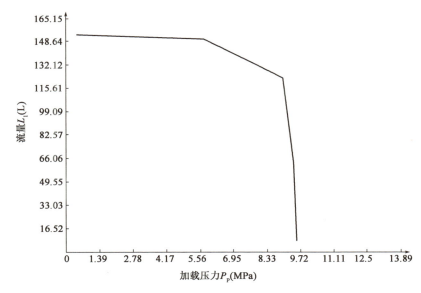

图 5-35　注浆泵测试曲线

(7) 使用堵头防护好各个油口,存放于干燥、整洁的存放区。

(8) 出具检测报告。

5.5.4　液压马达检测

(1) 根据系统图纸及待测液压马达资料确定主要参数及测试方法。

(2) 以上步骤完成后,按照试验台操作规程对其进行测试。

(3) 使在空载下,将马达排量调为在盾构机中运行的最大值,泵的排量调为中等,泵的输出压力从 0 逐渐升高,测量马达稳定转动时的最小泵的输出压力和马达回油腔压力,据此可计算马达的机械效率。

(4)将马达的排量分别调为最大值及最大值的 0.5 倍和 0.3 倍,调节测功机或其他的马达加载装置,使马达进出口压差接近 0MPa 及实际工作压差的 0.6 倍和 1.0 倍,测马达出口流量、进出口压力和泄漏压力、泄漏流量,并据此计算马达的容积效率和泄漏系数。

(5)将马达排量调为在盾构机中运行的中间值,调节测功机或其他的马达加载装置,给马达加载,使马达进出口压差为盾构机中运行时的正常值,调节泵的排量使马达转速为盾构机中运行时的正常值,连续运行 5min,测马达进出口压力、马达出口流量、马达泄漏流量、马达输出转矩和转速,检查振动、噪声和外泄漏。

(6)认真记录试验数据并归档。马达测试曲线见图 5-36。

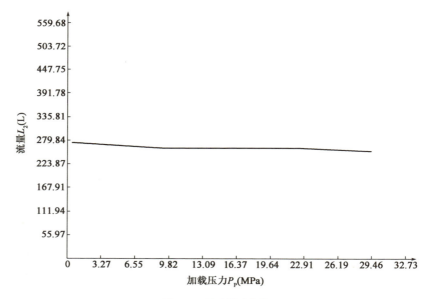

图 5-36 马达测试曲线

(7)使用堵头防护好各个油口,存放于干燥、整洁的存放区。
(8)出具检测报告。

5.5.5 液压缸检测

(1)检查液压试验台与相关设备状态,确保设备能力满足要求。
(2)检查被试液压缸,确保其表面清洁,无明显污染物。

(3)正确吊装被试液压缸,并安置于试验台架上,液压缸油口向上水平放置。

(4)检查油管接头用的O形圈或组合垫,确保其完好无损;正确连接高压油管并擦净被试液压缸各连接处及表面油迹。

(5)按要求启动试验设备。

(6)试运转:调整系统压力,使被试液压缸在无负载工况下起动,全程往复运动数次,排尽缸内空气(可打开两端的排气阀)。

(7)起动压力特性试验:试运转后,在无负载工况下,调整溢流阀,使无杆腔压力逐渐升高(双活塞杆液压缸,两腔均可)。至液压缸起动时,记录下的起动压力即为最低起动压力。被试液压缸应符合相关要求。

(8)耐压试验:将被试液压缸活塞分别停在液压缸两端(单作用液压缸处于行程极限位置),分别向工作腔输入与用户商定的压力油液(一般为工作压力的1.5倍),保压6~10min,仔细检查被试液压缸各连接处和活塞杆密封处有无渗漏油和零件有无永久性变形现象。被试液压缸各连接处和活塞杆密封处无渗漏和无永久性变形现象才符合要求。

(9)泄漏试验:在被试液压缸输入工作压力的油液,测量经活塞泄漏至未加压腔的泄漏量(用测量筒计量)试验时,活塞杆密封处,液压缸各结合面处均不得有渗漏现象。

(10)缓冲试验:将缓冲阀全部松开,调节被试液压缸试验压力为工作压力的50%,以设计最高速度运行,检测在运行至缓冲阀全部关闭时的缓冲效果。

(11)行程检验:将被试液压缸活塞或柱塞停在两端的极限位置,测量其行程长度。其长度应符合设计要求。

(12)测试的全过程和测试出的各种数据应记录完整。

(13)标识及其他事项:试验人员应将被测试过的液压缸排空内腔油液,用堵头封堵油口;擦净表面油迹,安全吊放至规定地点存放,并将试验记录和结果归档保存。

5.5.6　液压阀的检测

(1)了解被检测阀的相关特性和测试项目,确定测试方案。

(2)加工与被试阀相连接的安装板(板式或插装式)或接头(管式)。

(3)将安装板安装于阀试验台上。

(4)安装被试阀于安装板上,分别将阀试验台上的P口、T口、先导以及泄漏油口用软管连接于安装板上。

(5) 根据被试阀的压力、流量参数选择相应的供油泵并安装于小泵试验台架上。

(6) 连接泵进、出油管,泄漏及控制油管。

(7) 确认泵吸油口蝶阀、泄漏油管球阀以及流量计相对应球阀处于打开状态。

(8) 确认各加载溢流阀处于卸荷或空载状态。

(9) 以上步骤确认无误后,启动电机进行相关测试。

(10) 在测试时,如需先导油,先打开先导泵处蝶阀,确认先导加载装置处于空载或卸载状态时,启动先导泵进行相关测试。

(11) 完成各项测试后,先对被试阀进行卸载,对主系统卸载,卸载后关闭主泵电机、关闭先导泵电机。

(12) 关闭进油口蝶阀、泄漏油管处球阀以及流量计处球阀。

(13) 拆下与被试阀连接的各管路,将被试阀各油口用塑料盖封上,卸下被试阀。

5.5.7　全工况模拟的意义

可对待检测液压件的工作情况进行分析,即进行运动分析和负载分析。分析的目的是确定每个执行元件在各自工作过程中的流量、压力和功率的变化过程,并将此过程用曲线表示出来,作为拟定液压系统方案、进一步确定和调整系统主要参数(压力和流量),尤其是维修后的液压设备,也能更真实地反映出负载状态下的参数变化,不仅能检验维修质量的好坏,而且能根据应用场景进行合理的参数调整,使其能满足真实工况下使用需求。

第6章 盾构机液压系统故障诊断案例

6.1 液压系统故障诊断思路及流程

盾构机主液压系统包括6个：推进液压系统、主驱动液压系统、螺旋输送机液压系统、管片拼装液压系统、铰接液压系统、注浆液压系统。这6个液压系统相对独立，液压回路互不干涉。控制液压系统为主驱动液压系统、推进液压系统、螺旋输送机液压系统提供控制油；辅助液压系统为管片车、螺旋输送机仓门、螺旋输送机伸缩等结构相对简单的液压系统提供动力油。虽然液压执行元件间的动作是相对独立的，但是由于电气元件和程序的控制，致使液压执行元件的动作受到相应限制，以保证系统安全有序的运转。因此在排查液压故障前要熟悉液压系统的控制原理、结构特点、电气控制限制条件。

由于盾构机液压系统具有复杂性、隐蔽性以及盾构机施工现场的特殊性，导致盾构机液压系统故障排查难度较大。为了保证液压故障快速有效的排除，一般需要配置一名液压技术人员和电气技术人员。液压技术人员需要具备一定的故障处理经验和清晰的故障诊断思路，避免花费过多的故障排查时间。

6.1.1 液压系统故障诊断思路

由于液压系统是封闭运行的，因此故障的诊断比较困难。但故障原因一经发现，就必须立即采取措施排除故障。当一个复杂的液压系统出现故障时，绝不可能将所有的液压元件都逐个拆开检查，也不能漫无边际地乱拆、乱查，而是需要有清晰的诊断思路，根据故障现象、故障场景、故障概率、故障排查难易程度、排查手段的时效性和安全性等角度形成一套快速流畅的故障诊断步骤，在执行液压系统的具体排查工作之前需进行一系列的准备工作。具体准备工作如下：

（1）查阅报警界面的报警信息。查阅故障发生时段报警界面显示的报警信息，有助于加快故障排查速度。

（2）根据需要查阅相关液压系统维保记录。根据故障现象和排查手段需要，查阅相关系统维保记录，了解液压系统在发生故障前一段时间是否产生配件更换、管路拆解、液压元件调节的情况，以及液压系统运转情况的变化过程。通过将上述资料进行总结分析，可快速排除掉部分故障点，如液压元件选型错误、管路连接错误、液压元件安装错误等导致的液压故障。

（3）熟悉液压系统的控制原理及元件结构。查阅液压系统相关图纸，了解电气控制系统的连锁控制条件，确定图纸中液压元件对应实物的位置，明确液压系统运行的各项参数。

（4）故障情况调查。咨询现场操作手对应液压故障发生前后的工作状况和异常现象，了解之前是否有类似故障现象及处理措施。

通过以上四步对液压系统故障有了一定的了解后就需要具体对液压系统的控制元件进行排查。具体有以下几种方法：

（1）感官量化法。根据自己身体的感官来判断液压系统和液压元件的故障状况。使用"听""看""摸"三种方式，利用人的听觉、视觉和触觉对液压系统的异常物理现象的诊断，来确认故障的类型和故障点所在。

①听觉诊断法：用听觉来判断液压系统的工作状况，一般需要由远及近听，由听外部到听内部，对液压系统故障进行判断。

a. 听噪声。在设备的周围听设备声音，即听系统的噪声是否过大，液压泵、马达和液压阀等元件是否有尖叫声。

b. 听冲击声。靠近各个液压元件，来听各个元件换向时的冲击声音是否过大。

c. 听泄漏声。听油路板、接头内部有无细微而连续不断的声音。

d. 听撞击声。听液压泵和管路中是否有敲打撞击声。

对于液压泵来讲，如果这台液压泵产生的噪声是高频的、尖锐的声音，很有可能是有相应的吸空现象，是空气进入液压泵而产生的噪声；如果噪声是低频的声音，类似于"嗡嗡"的声音，这就很可能是内泄而产生的声音。因此，可以根据音频的高低来正确地判断故障和故障原因。

②视觉诊断法：用视觉观察液压系统及液压元件的运转情况，从而判断液压系统及液压元件的故障点。

a. 看速度。观察执行元件运动速度有无变化和异常现象。

b. 看压力。观察液压系统各测压点的压力值大小、压力波动情况。

c. 看油液。观察油液是否清洁,油箱液位是否满足要求,油液黏度是否正常,液压元件泄漏口是否有金属杂质。

d. 看泄漏。观察液压管接头及液压元件密封面是否存在渗漏。

e. 看振动。观察管路、液压泵、液压执行元件工作过程中的振动情况是否正常。

③触觉诊断法:使用手或其他部位去触摸或感觉设备或者液压元件的振动、温度等状态,从而得到故障的信息,加以分析后可以得到诊断结果。

a. 摸温度。用手去感觉温度的高低,通过液压元件的外表温度判断液压元件的故障点。

b. 摸振动。用手去感觉设备上液压元件的振动强度,通过液压元件的振动强度和振动频率判断液压元件的故障点。

(2)仪器检测法。采用专业的液压系统故障检测仪器检测液压元件的压力、流量、泄漏量、转速、温度、速度,通过参数的分析对比判断液压元件故障点。

(3)间接检测法。通过对液压油里面的杂质、黏度、添加剂、水分等参数进行分析,与标准的液压油对比,判断液压元件的故障点。

6.1.2　液压故障诊断流程

盾构机液压控制元件的动作均是通过电气元件来控制的,由于液压系统的隐蔽性较强、检测难度较大,而电气元件检测难度较低,通常在排查液压故障前,须先将电气故障排除,确保电气控制系统正常后再排查液压系统故障。液压故障诊断流程如下:

(1)询问相关人员该系统的液压元件出现故障前是否有拆解、更换、调节情况以及故障发生前后的现象,如液压元件出现拆解、更换、调节的情况,则需对该液压元件进行重点检查。

(2)检查液压泵的输出压力是否正常,泵出口球阀是否正常开启。若液压泵压力正常,则暂不考虑液压泵故障因素,优先排查控制阀组;若泵压力不正常,说明液压泵异常。排查步骤如下:

①将泵出口球阀关闭,若泵压力恢复正常,说明该回路中存在泄压情况,则需排查该回路的泄压点。

②若泵压力依然异常,说明该液压泵异常。对液压泵的排查方法如下:

a. 对控制液压泵排量及压力的阀组进行排查,若现场有同型号的阀组,可将确认正常阀组替换可能异常阀组,观察液压泵的压力是否正常,若现场没有同型号的阀组,则需对可能故障的阀组进行拆解,检查液压阀的内部情况。

b. 将液压泵壳体上的堵头进行拆解,用干净的容器接收泵壳体流出的液压油,检查液压油中是否有金属杂质,若液压泵中有金属杂质,说明泵内部损坏需要维修。

(3)检查同一系统的其他执行元件动作是否正常。排查过程如下:

①若同系统其他执行元件动作正常,可将故障范围缩小至有故障执行元件的控制阀组。排查方法如下:

a. 检查管路连接是否正常。

b. 分析液压原理图,找到可能发生故障的阀组,若现场有同型号的阀组,可将确认正常阀组替换可能异常阀组,观察执行元件的动作是否恢复,若现场无同型号的阀组,可通过屏蔽其他阀组的方式对有可能故障的阀组进行验证。

②若同系统其他执行元件动作均异常,则需排查该系统总油路是否异常。

③若该系统有外部控制油路,则需排查控制油路是否正常。

6.1.3 液压元件故障点分析

液压元件的故障分为液压泵故障、液压阀组故障、执行元件故障和辅助元件故障,下面对不同液压元件的故障点进行分析。

1)液压泵故障分析

(1)液压泵排量异常

液压泵排量异常会导致执行元件的动作速度异常。导致液压泵排量异常的因素有以下几点:

①液压泵吸油不畅。当液压泵吸油不畅时,液压泵会出现异响,并且液压泵的输出流量会相应降低,执行元件动作异常,液压泵损伤较大。导致液压泵吸油不畅的因素有以下几点:

a. 吸油滤芯堵塞。

b. 吸油管过长、管径过细或弯头过多。

c. 吸油管蝶阀未完全开启。

d. 油箱液位低。

e. 对于闭式系统,补油流量不足亦会导致液压泵吸油不畅。

②液压泵吸空。空气通过液压泵吸油油路空隙随液压油进入液压系统,造成液压泵吸空,液压泵会出现异响,执行元件动作异常,对液压元件损伤加大。导致液压泵吸空的因素有以下两点:

a. 液压泵吸油管路有气孔、裂纹。

b. 液压泵吸油口密封损坏,油口法兰螺栓未拧紧。

③液压泵与电机联轴器径向力过大。当液压泵与电机联轴器径向力过大时,由于轴承存在游隙,轴承会产生径向移位,从而导致缸体和配油盘之间产生楔形间隙,高低压腔体互通,流量损失。液压泵联轴器与电机联轴器之间应避免刚性连接,保证合理间隙,并保证二者的安装同轴度。

④液压泵内部元件预紧力不足。当液压泵内部的碟簧或弹簧弹力下降时,缸体与配油盘间的作用力下降,高压油会使缸体与配油盘间的间隙增大,液压泵的内泄量增加,输出液压油流量降低。

⑤液压泵内部元件异常磨损。当液压泵内部元件异常磨损时,缸体、柱塞、配油盘之间的间隙增大,液压泵的内泄量增大,输出液压油流量降低。

⑥变量机构异常。当变量机构异常时,液压泵的斜盘摆角无法达到正常工作状态,从而导致液压泵的输出流量降低。导致液压泵变量机构异常的因素有以下几点:

a. 伺服缸内泄量过大。当伺服缸的内泄量较大时,伺服缸腔内压力无法正常控制斜盘的摆角,从而导致液压泵的输出流量不足。

b. 变量控制阀异常。当变量控制阀异常时,液压泵无法正常变量,从而导致液压泵排量下降。

c. 变量机构卡滞。当变量机构卡滞时,液压泵无法变量,液压泵一直以同一排量进行工作并无法变量。

(2) 液压泵压力异常

液压泵压力异常会导致执行元件无法动作。导致液压泵压力异常的因素有以下几点:

①液压泵吸油不畅或吸空。当液压泵吸油不畅或吸空时,泵的输出压力异常或有大量的气泡。

②液压泵内泄量过大。当液压泵内泄量过大时,液压泵输出压力无法建立。

③变量控制阀异常。当变量控制阀卡滞且使液压泵斜盘处于零位时,液压泵无压力油输出。

④溢流阀异常。当溢流阀弹簧疲劳或卡滞且处于常开状态时,液压泵的输出液压油通过溢流阀溢流,液压泵压力无法正常建立。

(3) 液压泵异响或振动偏大

液压泵异响或振动偏大分为以下两种情况:

①液压泵斜盘在零位时异响。当执行元件不动作时,液压泵处于待机状态(液压泵无流量输出),此时液压泵几乎不吸油,若此时液压泵异响,说明液压泵

的机械结构异常,导致液压泵异响的因素有以下几点：

a. 液压泵内部元件损坏。当液压泵内的轴承、回转体损坏时,液压泵内部元件旋转过程中出现摩擦、磕碰等情况异响或振动。

b. 液压泵或电机紧固螺栓未拧紧。当液压泵或电机紧固螺栓未拧紧时,液压泵运转过程中会导致连接机构发生磕碰、抖动幅度增加的情况。

②液压泵斜盘在非零位时异响。当执行元件不动作时,液压泵无异响,当执行元件动作时,液压泵开始吸油和排油并出现异响和振动偏大的情况。导致液压泵异响的因素有以下几点：

a. 液压泵吸油管吸入空气。当液压泵吸油管路存在裂纹、气孔时,空气进入液压泵导致液压泵运转过程中出现异响和振动偏大。

b. 液压泵吸油管路真空度过大。当液压泵吸油管过细、管路过长、弯管过多、滤芯堵塞、吸油蝶阀未完全开启的情况时,液压泵吸油管路真空度过大,液压泵出现异响和振动偏大。

c. 伺服活塞与变量活塞运动不灵活。当液压泵的伺服活塞与变量活塞运动不灵活时,液压泵排量和压力会出现波动,从而出现异响和振动偏大的情况。

d. 柱塞球头与滑靴松动。当柱塞球头与滑靴松动时,柱塞在吸油和排油的过程中,柱塞球头和柱塞出现反复拉扯和压缩时会产生异响。

2）液压阀故障分析

液压阀主要分为压力控制阀、流量控制阀、方向控制阀。导致各类阀的故障的原因有以下几种：

（1）压力控制阀

压力控制阀主要分为溢流阀、减压阀和顺序阀,此三类阀的故障分为以下几种：

①压力阀阀芯卡滞。当压力阀的阀芯卡滞时,压力阀无法正常控制系统压力,液压系统会出现压力过小、过大或无法调节的情况。

②压力阀弹簧疲劳。压力阀的压力主要通过弹簧的弹力进行控制的,当弹簧疲劳时,压力阀的设定压力达不到原设计要求,系统压力无法正常建立。

③先导压力阀阻尼孔堵塞。先导压力阀通过先导油进行压力控制,当先导油路阻尼孔堵塞时,压力阀无法正常调节压力。

④内泄量过大。当压力控制阀内泄量过大时,系统压力无法正常建立。

（2）流量控制阀

流量控制阀主要分为节流阀、调速阀,此两类阀的故障有以下几种：

①油路堵塞。当有杂质堵塞流量控制阀的油路或阀芯锈蚀严重时,流量控制阀的流量降低或归零。

②阀芯卡滞。当流量控制阀阀芯卡滞时,流量控制阀的流量无法调节。

(3)方向控制阀

方向控制阀主要分为换向阀、单向阀,此两类阀的故障有以下几种:

①阀芯卡滞。当方向控制阀阀芯卡滞时,方向控制阀无法换向。

②内泄量过大。当方向控制阀内泄量过大时,方向控制阀会出现系统压力无法建立、执行元件动作异常的情况。

③弹簧疲劳。当方向控制阀弹簧疲劳时,方向控制阀无法自动回到中位,执行元件动作异常。

④阀芯堵塞。当方向控制阀阀芯堵塞时,主油路流量会出现降低或归零的情况,执行元件动作异常。

3)马达故障分析

马达故障类型与液压泵故障类似,现针对液压马达的故障做如下分析:

(1)管路连接错误

液压系统经常会有多个马达并联的情况,当出现一台或多台马达主管路连接错误时,会出现旋转机构转速降低或不转的情况。

(2)马达排量不一致

部分液压系统马达存在高低速两挡转速,高低速切换主要是通过改变马达排量实现的,当出现一台或多台马达排量与其他马达不一致时,会出现马达转速不同步的情况,从而出现旋转机构转速异常的现象。导致马达排量不一致的因素有以下几点:

①马达变量机构卡滞。马达排量的切换是通过变量机构控制的,当变量机构卡滞时,该马达的排量无法调节,则旋转机构无法实现高低速切换。

②马达变量机构切换压力不一致。当同一系统的多个马达变量机构切换压力不一致时,会出现部分马达处于大排量,部分马达处于小排量,旋转机构的转速异常。

③马达高低速档限位杆长度不一致。当马达高低速档限位杆长度不一致时,所有马达处于同一档位的情况下,各个马达排量不一致。

(3)马达内泄量较大

当马达的内泄量过大时,马达的工作油液流量降低,马达转速降低。

(4)马达异响或振动较大

导致马达异响和振动较大的因素有以下几点:

①油液中有空气。当进入马达的油液中有气泡时,气泡在高压压缩下破裂产生噪声和振动。

②马达内部元件损坏。当马达内的轴承、回转体损坏时,内部元件旋转过程中出现摩擦、磕碰等情况异响或振动。

③马达螺栓未拧紧。当马达螺栓未拧紧时,马达运转过程中会导致连接机构发生磕碰、抖动幅度增加的情况。

6.2 推进液压系统故障诊断案例分析

盾构机推进系统工作模式分推进模式和拼装模式,推进模式用于盾构机向前掘进的过程,拼装模式用于盾构机拼装管片的过程,两种模式都用到推进泵及推进液压缸的动作。

推进系统由 A4VSO125DRG/30R 型斜盘式轴向柱塞泵提供油源,其排量为 125mL/r,液压原理如图 6-1 所示。图中,V1 控制泵的工作压力,V2 和 V3 组成插装溢流阀限制泵的最高压力,V4 控制泵的工作流量。

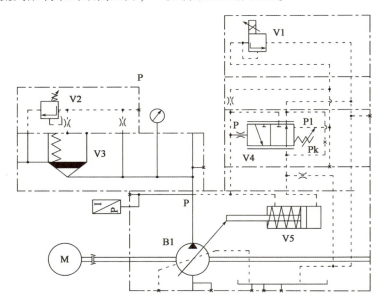

图 6-1 推进泵液压原理图
V1-比例溢流阀;V2-先导溢流阀;V3-插装阀;V4-液控换向阀;V5-伺服缸;B1-推进泵;M-电机

拼装模式时 PLC 给 V1 固定的电流,保证泵恒压工作,推进模式时,测量液压缸无杆腔压力的压力传感器将测得的最大压力信号转化为电信号传递给 PLC,然后 PLC 给 V1 满足负载变化的电流,从而实现泵头压力根据负载变化而变化,并且泵头压力始终要比最大负载压力高 25bar。

推进液压缸控制阀块如图 6-2 所示。V8 和 V9 组成插装换向阀,推进模式下,V8 断电,V9 处于关闭状态,液压油仅从 V6 进入系统;拼装模式下,V8 得电,V9 处于开启状态,液压油从 V6 和 V9 进入系统,V9 为大流量插装阀,能够实现液压缸的快速伸缩。V11 和 V12 组成的插装换向阀能够实现液压缸的快速回收;V13 实现液压缸的泄压,防止液压缸推进模式结束后回收时,管路由于高压大流量液压油冲击导致油管和管接头损坏;V14 限制液压缸的最高压力;V15 将推进模式下该组推进液压缸压力传递到 PLC 从而控制泵头压力;PLC 将五组推进阀组上的压力传感器测得的压力进行对比,从而使泵头压力始终比五组推进液压缸最大压力高 25bar。

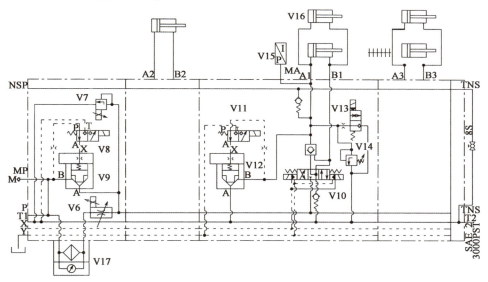

图 6-2 推进阀组原理图

V6-比例调速阀;V7-比例溢流阀;V8-电磁换向阀;V9-插装阀;V10-电液换向阀;V11-电磁换向阀;
V12-插装阀;V13-电磁球阀;V14-安全阀;V15-压力传感器;V16-液压缸;V17-过滤器

6.2.1 盾构机单区推进液压缸压力不受控制且持续上升

1) 故障现象

某台土压平衡盾构机推进液压缸分区如图 6-3 所示,盾构机在刀盘接近掌子面时,推进模式刚刚启动,D 区推进液压缸压力不受控制持续上升,A、B、C、E 区液压缸压力可以线性调节,D 区液压缸压力调节电位计旋到最小时,D 区压力快速升到 170bar 且有持续上涨的趋势,此时由于推力过大导致反力架变形。

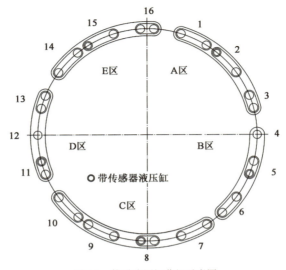

图6-3 推进液压缸分组示意图

注：1~16表示双联液压缸/单液压缸的编号。

2）故障排查

根据推进系统的工作原理，A、B、C、E 区推进压力可线性调节，故推进泵压力调节正常，问题只能出现在 D 区推进阀组上。检查 D 区推进阀组的比例溢流阀、电位计、放大板均正常。

排除了压力阀故障导致的压力持续增高因素，那就要考虑流量因素导致的压力持续增大，因为在容积腔体积不变的情况下液压油体积持续的增加也会导致压力的持续上升。D 区推进阀组控制流量因素的阀有 V6 以及 V8 和 V9 组成的插装换向阀。首先将确定正常的 A 区比例调速阀与 V6 调换，将 D 区压力调节电位计调至 0 位，启动推进模式，D 区压力依然持续上升，而 A 区推进阀组压力可正常调节，说明 V6 比例调速阀正常。

排除了 V6 后，问题极有可能出现在 V8 和 V9 组成的插装换向阀。V9 是大流量插装阀，由于其结构优势，故障率较低；而 V8 是 AS32060b 型换向阀，其弹簧腔会出现锈蚀导致弹簧卡死或者阻尼孔阻塞导致阀块不能正常工作，故 V8 故障的可能性较大。将确定正常的 A 区 AS32060b 型换向阀与 D 区 V8 调换，启动推进模式后 D 区压力可正常调节，A 区压力不受控而持续上升，说明问题出在 V8。

将 V8 进行拆解，发现 V8 内部油孔内橡胶颗粒堵塞（图6-4），经过清洗后将 V8 组装，D 区推进液压缸恢复正常工作。

图 6-4　V8 拆解情况

3) 故障原因分析

由于盾构机推进系统(图 6-2)所用的 V6 阀为 SEH2-3/30FP-G24 型比例调速阀,其流量调节范围 0.2~30L/min,其结构其实就是比例节流阀和定差减压阀,由于定差减压阀的工作特性要求推进模式下的推进泵工作压力要比推进阀组最高压力还要高约 25bar,而拼装模式下,液压油大部分都是从 V9 进入液压缸,所以推进泵保持工作压力恒定。

推进阀组所用的 V7 为 PMVP5-44G24 型比例溢流阀,其压力调节范围为 5~450bar,流量范围为 0~40L/min,其流量正常工作范围包含了比例调速阀的正常工作范围。推进模式下液压油只能从比例调速阀进入液压缸的原因有两个:一是实现推进速度的可调性,二是防止进入系统的液压油流量超过 V7 的最大通流能力而导致压力不可控。由于 V8 阀芯卡死而一直处于右位工作,导致 V9 一直处于常通状态,此时进入 D 区的液压油未经过 V6 减压和限流,而是直接通过 V9 进入 D 区推进阀组。

由于 D 区的比例溢流阀最大通流能力为 40L/min,无法将多余的液压油泄掉,D 区压力增加,泵头比例溢流阀的设定压力也随之增加,从而导致推进泵输出压力增加,泵输出压力增加导致 D 区推进液压缸压力同步增加,与此往复导致 D 区推进液压缸压力不受控持续增加。

6.2.2 盾构机推进泵异响

1)故障现象

某中铁号盾构机刚始发,拼装模式下伸缩推进液压缸时,推进泵有异响且振动偏大,液压缸不动作时,推进泵运转的声音、振动正常。

2)故障分析

推进液压缸不动作的时候,推进泵的输出流量为泵的泄漏量,推进泵无异响,说明推进泵内部元件的机械结构无异常。推进液压缸动作的时候,推进泵异响且振动偏大,说明泵的异响和振动异常是在泵吸油过程中产生的。

通常泵吸油过程产生异响和振动的原因有以下几种:

(1)泵泄漏油压力过高

对于柱塞泵而言,泄漏油压力过高不仅会导致轴封损坏,还会导致柱塞泵运行不平稳产生噪声与振动。柱塞泵在吸油过程中,柱塞滑靴面为泄漏油压力,柱塞另一端为吸油压力,当泄漏油作用到柱塞上的力大于吸油作用在柱塞上的力,滑靴与止推板脱离,当运行到高压区时,在高压油的作用下,柱塞滑靴会与止推板贴合,在泵的高速运转下就会造成脱缸和撞击,从而产生振动和噪声。造成泵泄漏油压力过高的原因有以下两种:

①油箱泄漏油管路装有滤芯。

②泵泄漏油管直径过小,不满足设计要求。

(2)泵吸油口的真空度偏大

柱塞泵的吸油口真空度过高时就会导致泵吸油不畅,柱塞吸油端负压过大,引起柱塞泵脱盘与撞击。造成泵吸油口真空度偏大的原因有以下4种:

①泵与油箱间的吸油滤芯堵塞或过滤精度过高。

②油箱的空气滤清器堵塞。

③泵吸油管、管接头通径偏小或吸油管路过长。

④吸油截止阀未完全打开。

⑤液压油黏度过大。

⑥泵配油盘定位角度有偏差。

(3)泵吸进去的油中混有空气

当气泡随着液压油进入到高压区时,气泡在高压油的作用下破裂,气泡原来所占据的空间形成真空,周围的液压油在填补此空间时相互碰撞产生振动和噪声。造成液压油混入空气的原因有以下3种:

①油箱液位过低。

②回油管未浸入最低液位以下导致大量气泡产生。

③吸油管路密封不严。

3）故障排查

（1）先从泄漏油压力高的角度考虑，经过排查，推进泵的泄漏油管并未装滤芯，且推进泵的泄漏油管并未拆卸，所以泄漏油压力高的因素可以排除。

（2）随后从泵体内液压油进空气角度考虑，经检查油箱液位正常且其他泵工作正常，所以泵体内液压油进空气可能性排除。

（3）最后从吸油口真空度的角度考虑，由于推进泵使用过一段时间并且未拆解过，所以泵配油盘安装因素可以排除，由于其他其泵的工作正常，所以液压油黏度偏高因素和油箱空气滤清器堵塞因素可以排除。检查推进泵吸油截止阀，该截止阀完全打开，故吸油截止阀未完全打开因素可以排除。

经过查阅 A4VSO125DRG/30R 型斜盘式轴向柱塞泵的安装手册，该泵吸油管管径满足泵正常工作的使用要求，所以吸油管管径偏小因素可以排除。

将油箱中的液压油放出，取出推进泵的吸油滤芯，发现该滤芯表面局部变形且颜色偏暗，而其他滤芯色泽偏亮，很明显该滤芯是旧滤芯。换上符合要求精度的滤芯后，启动推进泵并伸缩液压缸，泵声音和振动情况恢复正常。

6.2.3 盾构机单区推进液压缸压力无法升高

1）故障现象

某型号盾构机掘进过程中推进系统 A、B、D 区推进压力可正常调节（分组示意图 6-3），C 区压力可调但最高不能超过 35bar，导致盾构机姿态调整困难，影响盾构机掘进进度。

2）故障分析

盾构机推进阀组（图 6-2）压力无法升高的故障原因可以归结为以下三点：

（1）推进阀组比例溢流阀压力无法建立。

推进阀组比例溢流阀无法建立压力原因分为电气故障和液压元件故障。

①电气故障。推进阀组 V7 的比例线圈无比例信号输入，导致推进阀组比例溢流阀 V7 无法加载，推进阀组压力无法建立。

②液压元件故障。推进阀组 V7 阀芯卡滞且处于常开状态，推进阀组主油路液压油通过 V7 回到油箱，推进阀组压力无法建立。

（2）推进阀组内部的泄压阀、安全阀、插装换向阀存在严重泄压情况。推进模式下，同一分区的推进阀组处于并联状态，一旦有一组推进液压缸的控制阀存在严重泄压情况，主油路液压油就通过液压元件的配合间隙回到油箱，从而导致整个分区的压力无法建立。

(3)推进液压缸存在严重泄压情况

推进模式下,同一分区的推进液压缸处于并联状态,一旦有一根液压缸存在泄压严重的情况,整个分区的压力就无法建立。

该盾构机推进模式下,推进泵压力可达到200bar且压力可根据负载的变化进行调整,说明推进泵及其控制元件功能正常,推进阀组C区液压元件异常。

3)故障诊断

(1)首先判断C区比例溢流阀的比例线圈是否有比例信号输入。将C区和D区的比例线圈插头进行对调,开启推进模式,调节C区和D区的推进压力,发现D区推进压力可正常调节,C区推进压力依然无法升高,说明C区比例溢流阀线圈输入的比例信号正常,电气元件无故障。

(2)排查V7功能是否正常。将C区和D区的比例溢流阀进行对调,开启推进模式,调节C区和D区的推进压力,发现D区推进压力可正常调节,C区推进压力依然无法升高,说明V7功能正常。

(3)根据以上现象可以判断C区推进阀组内部的泄压阀、安全阀、插装换向阀或液压缸存在严重泄压情况。C区一共分为7~10号4组,需要判断出4组中存在严重泄漏的一组或多组液压缸及控制阀组。

(4)依次松开7~10号推进液压缸的伸出电磁换向阀插头,从而实现屏蔽该组推进液压缸;然后启动推进模式,调节C区推进阀组压力。在松开9号推进液压缸的伸出电磁换向阀插头时,C区压力可正常升高,说明9号推进液压缸或控制阀组存在严重内泄导致C区推进压力无法升高。

(5)根据现场情况及液压元件结构判断C区推进液压缸、泄压阀、安全阀、插装换向阀的排查顺序。9号推进液压缸与其他组推进液压缸管路更换难度较大,因此将该液压缸的排查工作放在最后,将泄压阀、安全阀、插装换向阀的排查工作放在前面。依次将9号液压缸泄压阀、安全阀、插装换向阀与11号液压缸对应阀组进行对调,然后启动推进模式,在调换泄压阀后,C区推进压力可正常调节,说明是C区9号推进液压缸泄压阀内泄量过大导致C区压力无法升高。

(6)将泄压阀浸泡在干净的柴油中进行清洗,清洗完成后装配至推进阀底座,如恢复正常则可继续使用,如多次清洗后依然存在泄压现象,则可更换新泄压阀。

6.2.4　盾构机推进泵输出压力无法建立

1)故障现象

某型号盾构机推进泵输出压力无法建立,压力无法调节,推进液压缸无法动作,导致盾构机无法正常掘进,影响盾构机施工进度。

2）故障分析

导致推进泵无压力的原因分为电气故障和液压元件故障。

(1) 电气故障

推进泵比例溢流阀 V1 的比例线圈无比例信号输入，导致推进泵比例溢流阀 V1 无法加载，V4 右侧先导压力 P_1 为 0，当泵出口压力 P 超过 V4 右侧弹簧弹力 P_K 时，V4 处于左位工作，泵出口压力油进入 V5 无杆腔，C1 活塞杆向左移动，泵斜盘角度接近零位，泵的输出流量降低，最终等于泵的泄漏量，从而导致泵出口压力 P 降低，当泵出口压力 P 低于 V4 右侧弹簧弹力 P_K 时，V4 处于右位工作，V5 活塞杆向右移动，泵斜盘摆角增大，排量增加，泵出口压力增加，当泵出口压力 P 超过 V4 右侧弹簧弹力 P_K 时，泵的排量降低。于此反复之后，推进泵的出口压力稳定在 P_K（P_K 约为 10bar）。

(2) 液压元件故障

导致推进泵无压力的液压故障原因分为以下几点：

①推进泵内泄量过大。当推进泵内泄量过大时，推进泵高压口液压油通过液压元件的配合间隙回到油箱，导致液压泵高压口压力无法建立。

②推进泵比例溢流阀阀 V1 芯卡滞。推进泵比例溢流阀阀芯卡滞且处于常开状态时，V4 右侧先导压力 P_1 为 0；V4 处于左位工作时，推进泵斜盘摆角处于中位，泵的出口压力 P 稳定在 P_K（P_K 约为 10bar）。

③推进泵液控换向阀 V4 阀芯卡滞。推进泵液控换向阀 V4 阀芯卡滞且处于左位工作时，泵出口压力油进入 C1 无杆腔，C1 活塞杆向左移动，泵斜盘角度接近零位，泵的输出流量降低，最终等于泵的泄漏量，推进泵高压口无压力。

④推进泵出口插装溢流阀阀芯卡滞。推进泵插装溢流阀阀芯卡滞，推进泵输出液压油通过插装阀阀芯回到液压缸，推进泵高压口无压力。

3）故障诊断

首先判断 V1 的比例线圈是否有比例信号输入，判断方法有以下几种：

(1) 用万用表测量 V1 线圈插头电压，若有 10V 电压说明 V1 有电源输入，但是无法判断输入电流的具体数值。

(2) 直接将 24V 直流插头插在 V1 线圈上，正常情况下 V1 的设定压力会升至 350bar，此时启动推进泵，若推进泵压力升至 350bar，说明是电气故障导致 V1 无信号输入，从而导致 V1 的压力无法建立；若推进泵压力依然没有升高，说明故障点在液压元件的概率较高，电气故障概率较低。

按照第二种方法直接在 V1 线圈插上 24V 直流插头，推进泵压力依然无法升高，因此可以判断液压元件出现故障。根据液压元件的结构确定液压元件故障排查顺序。

①排查 V1。将 V1 进行拆解,用干净的柴油对阀体内部进行清洗,确保阀芯在阀体内部可正常滑动。将比例阀的线圈在通电和断电的情况下进行对比:通电情况下,比例线圈内的顶针可正常伸出;断电情况下,比例线圈内的顶针可正常回收。确保以上两点无异常后,将 V1 装配至推进泵上,启动推进泵并连接 24V 直流插头,推进泵依然压力无法升高,说明故障点不在 V1。

②排查 V4。将 V4 进行拆解,发现阀芯卡在阀体内部无法正常滑动,有明显锈蚀痕迹。通过喷除锈松动剂,反复活动阀芯将阀芯取出,用 1000 目砂纸对阀芯和阀体进行研磨然后用干净的柴油进行清洗,确保阀芯可在阀体内部灵活的滑动。将 V4 装配完成后安装至推进泵上,启动推进泵电机后,推进泵压力为 10bar;将 V1 连接 24V 直流插头后,推进泵压力瞬间提升 350bar。说明液压元件故障已排除。

③将 V1 线圈连接比例插头后,启动推进泵电机,推进泵压力 10bar;启动推进模式后,推进泵压力提升至 90bar 且压力可随负载的变化而变化。说明电气控制正常;该故障现象的故障点在于 V4 阀芯卡滞且处于左位工作状态,推进泵出口液压油与 V5 无杆腔连通,推进泵斜盘摆角处于中位,推进泵无高压输出。

6.2.5　盾构机所有推进液压缸无法动作

1)故障现象

某台中铁号盾构机所有推进液压缸无法动作,无法进行盾构机的掘进和管片拼装工作,影响盾构机施工进度。

2)故障分析

盾构机所有推进液压缸在推进模式和拼装模式下均无法动作,4 组分区推进阀组同时出现故障的概率极低,可暂不考虑四组分区推进阀组同时出现故障的可能性。

根据现象可判断导致所有推进液压缸无动作的原因可分为以下两种:

(1)推进泵无压力

推进泵(图 6-1)无压力的原因分为电气故障和液压元件故障。

①电气故障。推进泵比例溢流阀 V1 的比例线圈无比例信号输入,导致推进泵比例溢流阀 V1 无法加载,推进泵无压力输出(分析过程详见 6.2.4 节)。

②液压元件故障。液压元件故障点主要分为推进泵内泄量过大、推进泵比例溢流阀阀 V1 芯卡滞、推进泵液控换向阀 V4 阀芯卡滞、推进泵出口插装溢流阀阀芯卡滞四点(分析过程详见 6.2.4 节),均会导致推进泵无压力输出。

(2) 控制系统控制回路无压力

控制回路无压力,则会导致各分区所有液控换向阀无驱动阀芯换向的压力,液控换向阀无法换向,则所有液压缸无法动作,控制回路无压力的原因有以下几点。

① 控制泵无压力。导致控制泵无压力的原因如下:

a. 控制泵加载阀未得电;

b. 加载阀或压力切断阀阀芯卡滞;

c. 控制泵内部元件损坏严重导致内泄量过大。

② 控制泵出口球阀关闭。控制泵出口有一球阀,若球阀关闭,则球阀后端的控制回路无压力。

③ 控制回路减压阀出口压力过低或无压力。控制泵输出的液压油通过减压阀进入推进系统各分区的推进阀组液控换向阀,减压阀设定压力过低或无压力,则会导致各分区所有液控换向阀无驱动阀芯换向的压力。

3) 故障诊断

(1) 首先判断控制泵输出压力是否正常,若控制泵出口压力可正常建立(常规控制泵输出压力设置为80bar),则可初步排除控制泵故障的可能性,若控制泵压力无法建立,则先排查控制泵的故障点。

(2) 观察控制泵高压口的压力表,控制泵压力为80bar,断开控制泵加载阀的线圈插头,控制泵压力几乎为零,说明控制泵可提供足够让液控换向阀动作的压力。

(3) 检查控制泵出口球阀,球阀阀芯旋转轴上有"一"字标识,"一"字的方向与管路方向一致,说明球阀正常开启状态。

(4) 用压力表检测推进系统控制油路减压阀的出口压力,减压阀出口为0;调节减压阀的调节螺杆,控制油压依然无法升高;拆解减压阀,发现阀芯内部锈蚀严重,无法短时间内修复;更换新减压阀,调节减压阀调节螺杆,将压力设定在60bar,启动推进泵和拼装模式,推进液压缸可正常伸缩。说明是由于控制油路减压阀的出口压力过低,导致无法使液控换向阀阀芯换向,推进液压缸无法动作。

6.3 主驱动液压系统故障诊断案例分析

主驱动液压系统由3台A4VSG750HD1/30R型斜盘式轴向柱塞泵提供动力,每台柱塞泵额定排量为750mL/r,由额定功率为315kW的电机进行驱动,其液压原理图如图6-5所示。需要SNS 940ER46U12.1-W2型外置补油泵通过补油口补充液压油,同时需要A10VO28DFLR/31R型外置控制泵通过刀盘驱动系统控制阀(图6-6)提供压力可控的控制油,从而实现刀盘旋向调节、转速无极调节、恒功率控制及安全模式与脱困模式切换功能。

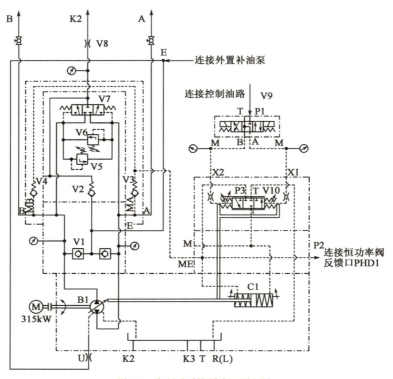

图6-5　主驱动系统泵液压原理图

B1-液压泵;C1-伺服缸;V1-单向阀;V2-单向阀;V3-单向阀;V4-单向阀;V5-主溢流阀;V6-主溢流阀;V7-冲洗阀;V8-节流阀;V9-电磁换向阀;V10-伺服阀

(1)刀盘旋向调节

盾构机刀盘正转时,V9 右位得电,顺时针调节刀盘转速电位计时,V13 升压,X1 口控制压力上升,V10 右位工作,外置补油泵的压力油通过 V3、V4 进入 C1 有杆腔,C1 无杆腔与油箱相通,C1 活塞杆右移,刀盘驱动泵 A 口输出液压油。刀盘反转时,控制阀的工作原理一致。

(2)刀盘转速无级调节

在恒压模式下,刀盘转速的无级调节是通过 V13 的压力调节实现的,V13 控制主驱动泵 P1 口的控制油压力,随着 P1 口压力的变化,V10 产生相应的位移,从而 C1 活塞杆产生相应的位移,主驱动泵的排量产生相应的变化,实现刀盘转速的无级调节。

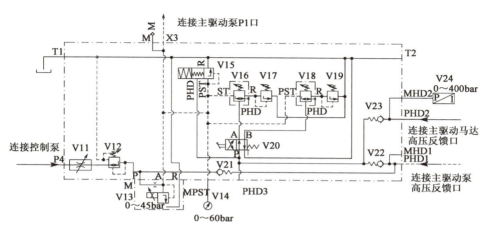

图 6-6 主驱动系统控制阀液压原理图

V11-调速阀；V12-减压阀；V13-比例溢流阀；V14-压力表；V15-恒功率阀；V16-顺序阀；V17-溢流阀；
V18-顺序阀；V19-溢流阀；V20-手动换向阀；V21-单向阀；V22-单向阀；V23-单向阀；V24-压力传感器

(3) 刀盘恒功率控制

刀盘泵高压侧的压力油及刀盘马达的压力油通过 PHD1 口及 PHD2 口作用于 V15 的 PHD 腔,当 PHD 腔压力超过 160bar,V15 大弹簧开始压缩,先导弹簧（小弹簧）弹力降低,溢流阀设定压力降低,PST 口压力下降,从而导致 P1 口压力降低,刀盘驱动泵排量降低,刀盘转速降低,从而实现刀盘的恒功率控制。

(4) 安全模式与恒功率模式切换

安全模式下,刀盘驱动泵或马达高压反馈油作用在 V16PHD 口的压力超过 V16 的设置压力（250bar）,V16 开启,P1 口压力受 V17 限制,系统最大压力时 V17 设置压力为 12bar,刀盘驱动泵有极小的流量输出。

脱困模式下,V20 左位工作时,刀盘驱动泵和马达的高压反馈油作用在 V18 的 PHD 口,当压力超过 V18 的设置压力（280bar）时,单台马达能够为刀盘提供 2.23kN·m 的扭矩,详见公式 4；V18 开启,P1 口压力受 V19 限制,系统最大压力时 V19 设置压力为 12bar,刀盘驱动泵有极小的流量输出,达到短时间提高刀盘输出扭矩的目的。

6.3.1 盾构机刀盘反转转速过低

1) 故障现象

某台中铁号盾构机刀盘正转（A 口高压）转速可在 0～1.6r/min 正常调节,反转（B 口高压）最大转速只有 0.5r/min,长时间正转导致盾体滚动角过大,上位机报警无法掘进,刀盘反转情况下掘进时,由于刀盘转速过慢导致掘进速度过低,严重影响施工进度。

2) 故障分析

主驱动泵(图6-5)正转正常,反转转速过低,说明主驱动马达功能正常,反转转速过低的主要原因是主驱动泵的排量不足导致,而影响主驱动泵的排量主要因素有以下几点:

(1) 液压泵的容积效率过低

当液压泵的缸体、柱塞、配油盘等元件磨损或损坏严重时,液压泵输出的液压油并未做功,而是通过泵内部元件的间隙流失导致泵的容积效率下降,从而导致液压泵的排量不足,刀盘转速无法达到设计值。

(2) 单台主驱动泵无输出或输出方向与其他泵相反

主驱动液压系统有3台主驱动泵,若其中有1台泵未工作或旋向与其他泵旋向不一致就会导致进入主驱动马达的做功液压油减少,从而使得马达转速降低,导致刀盘转速降低。

(3) 控制油压力过低

主驱动泵的排量是通过伺服缸活塞位移控制的,而伺服缸活塞位移的大小是通过控制油的压力控制的,如果控制油压过低,将导致主驱动泵的排量过低,而导致控制油压过低。其原因有以下几种:

①P4口输入压力过低。

②V11流量过低或者V12压力设定过低。

③V13故障导致控制压力无法提升。

④V15内泄量过大导致控制压力无法提升。

⑤V16或V18内泄量过大导致控制压力无法提升。

⑥主驱动泵的V10内泄量过大导致控制压力无法提升。

⑦低压侧V5或V6(主溢流阀)内泄,此时V8(压力设置为15～20bar)限制PHD1口最高控制压力,PHD1口压力过低时导致P1无法上调,三台主驱动泵控制压力较低。

3) 故障排查

由于刀盘正转时转速调节正常,说明P4口输入压力、V11及V12工作正常。

从泵的容积效率过低的角度考虑,由于刀盘正转时转速正常,刀盘正转和反转时,高压液压油所经过的液压泵内部元件是一致的,说明主驱动泵的容积效率是正常的,因此可以排除掉主驱动泵容积效率低的因素。

从单台主驱动泵无输出或输出方向与其他泵相反的角度考虑,在选择刀盘正转且将转速电位计调至最大时,3台主驱动泵斜盘指针方向及摆角一致,且摆角达到15°,控制压力为45bar,选择刀盘反转且将转速电位计调至最大时,3台主驱动泵斜盘指针的方向和摆角一致,但摆角只有5°,控制压力为16bar,说明三台主驱动泵都工作且输出方向一致,刀盘反转时三台泵的斜盘控制压力较低,控制油路存在泄压情况。

刀盘无论在正转还是反转的情况下,控制油路的压力均受V13、V15、V16和V18的控制,由于刀盘在正转的情况下转速正常,说明V13、V15、V16和V18的功能正常,因此可以判断是某台主驱动泵反转(B口高压)时低压侧V6故障或者V10存在泄压情况。

通过依次关闭1号、2号、3号主驱动泵的A、B口球阀并拔掉V9两侧的电磁插头,然后选择刀盘反转并将转速调至最大,发现在屏蔽1号主驱动泵的时候,刀盘转速可达到1.0r/min,说明1号泵的控制油路泄漏严重导致整个系统的控制压力无法建立。

由于V10的故障概率较低,且施工现场条件有限,排查难度较大,因此将刀盘反转低压侧V6和高压侧V5对调;在拆解V6时发现密封破损,如图6-7所示,判断是由于密封破损导致V6内泄。V5和V6调换完成后,选择刀盘反转,提升刀盘转速,发现刀盘转速可提升至1.6r/min,说明导致刀盘泵反转转速无法提升的故障点就是V6内泄,更换V6密封后,刀盘正反转的转速调节恢复正常。

图6-7 V6主溢流阀密封破损

6.3.2 盾构机刀盘自动旋转

1) 故障现象

某台中铁号土压平衡盾构机在长时间停机后恢复掘进时,在未选择刀盘正反转且刀盘转速电位计归零的情况下,启动3号主驱动泵时,刀盘泵以0.5r/min的转速正转,转速不受控制,导致盾构机无法正常掘进。

2）故障分析

在未选择刀盘正反转且刀盘转速电位计归零的情况下，启动 3 号主驱动泵时，刀盘自动正转（A 口高压），说明 3 号主驱动泵斜盘摆角不在零位，而导致主驱动泵（图 6-5）斜盘摆角不在零位的主要因素有以下两点：

（1）主驱动泵变量机构卡死导致斜盘无法归零

主驱动泵变量机构卡死且斜盘一直处于偏置状态时，主驱动泵一旦开始转动就开始输出高压液压油，这种状态的主驱动泵无排量调节，一旦刀盘扭矩过大，该刀盘驱动泵会一直保持高压输出，直到 V5、V6 溢流，使用寿命大大降低。

（2）V10 不在中位

当 V10 不在中位时，主驱动泵启动后，斜盘会自动向单侧偏置导致主驱动泵有高压油输出。导致 V10 不在中位的因素有以下两点。

①V10 两侧调节弹簧弹力不均导致 V10 向单侧偏移，此时需要调节 V10 两侧的调节螺杆来调节弹簧的弹力。

②V10 两侧先导控制腔存在偏压导致 V10 向单侧偏移，导致 V10 两侧先导控制腔存在偏压的因素有以下两点：

a. V9 故障导致 V9 的出油口 A 口和 B 口存在压差，使得 V10 单侧压力偏高，从而使 V10 向单侧偏移。

b. V10 两侧有 2 个阻尼孔，在单侧阻尼孔堵塞的情况下，控制油进入到 V10 的 P3 口，由于 V10 存在内泄，控制油通过 V0 的内部间隙进入到 X1 腔和 X2 腔，单侧腔体的阻尼孔堵塞导致该腔体压力升高，另一侧腔体与油箱接通，压力为 0。当阻尼孔堵塞的腔体压力升高到 12bar 以上时，V10 开始换向。

3）故障排查

（1）在关闭所有液压泵的情况下观察 3 台主驱动泵斜盘指针，3 台主驱动泵斜盘指针为 0°，启动控制泵（3 台主驱动泵电机未启动）后发现 3 号主驱动泵的斜盘指针为 15°，1 号和 2 号主驱动泵斜盘指针为 0°。说明 3 号主驱动泵的变量机构并未卡死，斜盘可正常运转。

（2）将 3 号主驱动泵 V9 A、B 口油管拆解，启动控制泵后 3 号主驱动泵斜盘指针为 15°，说明并非由于 V9 故障导致 V9 A 口压力比 B 口压力高，从而导致 V10 阀芯向左侧移动。

（3）在启动控制泵情况下，将 3 号主驱动泵 V9 A、B 口油管拆解，控制油只能通过 V11、V12、V21、PHD1 口进入 V10，判断故障原因为 V10 的 X1 腔的节流孔堵塞。拆解 V10 的 X1 口对应接头，发现内部节流孔有胶状物堵塞，在清理节流孔后，启动控制泵，3 号泵斜盘指针在中位，然后按照刀盘启动流程启动相关的液压泵并调节刀盘转速电位计,刀盘转速可正常控制。

6.3.3 盾构机主驱动泵自动停止运转

1)故障现象

某台中铁号液驱盾构机各系统组装完主机后调试,在调试主驱动系统时,启动主驱动液压系统的控制泵、补油泵、主驱动泵的功能均正常,旋转刀盘转速电位计时,刀盘转速达到 0.2r/min 时 3 台主驱动泵电机跳停,上位机报警界面显示刀盘补油压力低于设定值。

2)故障分析

导致主驱动泵(图 6-5)补油压力过低的原因有以下几点:

(1)补油泵内泄量过大

补油泵内泄量过大时,补油泵输出的液压油流量会大大减少,刀盘不转的情况下,主驱动泵不吸油,补油回路压力尚可正常建立;刀盘旋转的情况下,3 台主驱动泵同时吸油,补油回路的液压油会进入主驱动泵液压系统主油路,补油回路缺失的液压油得不到及时的补充导致补油压力过低。

(2)补油泵出口溢流阀设定压力过低

补油泵出口的溢流阀压力设定过低时(高于补油压力低压报警设定值),主驱动泵可正常启动,但是刀盘开始旋转时,3 台主驱动泵同时吸油,补油回路的液压油会进入主驱动泵液压系统主油路,补油压力会降低,一旦压力低于设定压力,主驱动泵电机便会跳停。

(3)主驱动泵内泄量过大

主驱动泵内泄量过大时,补油回路的液压油会通过主驱动泵内部缸体、配油盘、柱塞等元件的间隙泄漏到泵壳体,从而通过泄漏油管回到油箱,刀盘不转的情况下,主驱动泵不吸油,补油回路压力尚可正常建立;刀盘旋转的情况下,3 台主驱动泵同时吸油,补油回路的液压油会进入主驱动泵液压系统主油路,补油回路缺失的液压油得不到及时的补充导致补油压力过低。

(4)主驱动泵的冲洗回路背压过低

液压驱动盾构机的 3 台主驱动泵中,1 号主驱动泵和 2 号主驱动泵的冲洗口各有 1 个节流阀 V8,3 号主驱动泵的冲洗口有 1 个溢流阀,这 3 个的阀的作用是为冲洗回路提供 20bar 的背压,从而为补油回路建立压力,一旦冲洗回路的压力过低,补油泵回路的压力也会随之下降。导致主驱动泵冲洗回路背压过低的原因有以下几点:

①1 号主驱动泵或 2 号主驱动泵的 V8(节流阀)未安装。主驱动泵的 V8

(节流阀)与常规管接头外观类似,有可能没有安装,导致冲洗回路背压几乎为零,补油压力无法建立,主驱动泵电机跳停。

②3 号主驱动泵的冲洗溢流阀压力设定过低。主驱动泵的冲洗溢流阀压力设定过低时,补油压力无法建立,主驱动泵电机跳停。

3)故障排查

(1)由于液压泵内泄量过大的发生概率不高且排查难度较大,可暂时不考虑该故障因素,优先从可着手的方面进行排查。首先排查补油泵出口溢流阀。

(2)启动刀盘补油泵,补油泵出口压力为 32bar,属于正常的压力范围,调节补油泵出口溢流阀的调节螺杆,补油泵压力可正常调节,说明补油泵出口溢流阀正常。

(3)近距离观察 3 台主驱动泵的冲洗管路,发现 2 号主驱动泵的冲洗管路振动较 1 号和 3 号主驱动泵的冲洗管路振动大,且伴有明显的油流高速通过的声音,初步判断故障原因是 2 号主驱动泵的 V8(节流阀)未安装。

(4)将 2 号主驱动泵的冲洗油管拆解并拆下 V8,发现 V8 只是 1 个普通的管接头,并没有直径为 5mm 的节流孔。继续将 3 号主驱动泵的冲洗油管拆解,发现 3 号主驱动泵的冲洗溢流阀的出口又接了 1 个节流阀(正常是 1 个管接头),判断是装机工人在装机时不清楚 3 台主驱动泵的区别,随机将节流阀及普通管接头安装错误,从而导致 2 号主驱动泵未安装节流阀和溢流阀。

(5)将 3 号主驱动泵上面的节流阀拆解并安装到 2 号主驱动泵的冲洗口,管路恢复后重新启动主驱动系统相关液压泵,缓慢调节刀盘转速电位计,刀盘转速可缓慢升高,补油压力恢复正常。

6.3.4 主驱动减速机齿轮油液位自动升高

1)故障现象

某台中铁号液压驱动盾构机刚始发,发现 3 号减速机齿轮油液位管中齿轮油的液位有明显升高,为防止引发更严重的不良后果,施工项目决定停机查找故障原因。

2)故障分析

3 号主驱动减速机内齿轮油液位升高,说明有外部液体进入减速机箱体,而能进入减速机箱体的液体有以下几种:

(1)液压油

主驱动减速机的输入端与箱体内部是相通的,当主驱动马达的轴封损坏时,主驱动马达壳体的液压油进入减速机箱体导致液位管液位升高。

(2) 齿轮油

主驱动减速机的输出端与主轴承齿轮箱中间有 2 道唇形密封和 1 道 O 形密封圈,当主轴承齿轮箱压力过大或者主驱动减速机的输出端唇形密封损坏时,主轴承齿轮箱的齿轮油进入主驱动减速机导致箱体液位升高。

(3) 冷却水

主驱动减速机内部有冷却水箱对减速机进行降温,水箱的密封面采用平面密封,密封一旦失效,冷却水进入主驱动减速机齿轮箱导致箱体液位升高。

3) 故障诊断

(1) 根据各项因素排查的复杂程度及概率大小,优先排查是否由于主驱动马达的轴封损坏导致液压油进入主驱动减速机的箱体。

(2) 在 3 号主驱动马达的正上方寻找固定起吊点位,确保安全的情况下将 3 号马达固定,取下 3 号马达和减速机的连接螺栓后将 3 号马达与减速机分离,发现大量油液从马达与减速机中间的空腔流出,通过流出油液的味道和黏度进行分析,得出该油液为齿轮油和液压油的混合物,由此可以判断是 3 号马达轴封位置渗油。

(3) 取下 3 号马达轴端的卡簧及轴封压板,发现轴封的表面老化变形,表面有明显裂纹,更换了 3 号马达轴封后,将 3 号马达安装至 3 号减速机,同时将 3 号减速机内的油液排尽并加入干净的 220 号齿轮油。

(4) 管路恢复后,重新启动主驱动系统,观察 3 号主驱动减速机的液位管,并未发现液位上升的情况,但是 2 号减速机的液位管短时间内出现液位明显上升的情况。将 2 号主驱动马达的轴封更换并恢复后,为防止其他减速机出现类似的情况,对 8 台主驱动马达的泄漏油管进行检查,发现主驱动马达的泄漏油管并联后的总管路并没有连接到总泄油管,而是用金属堵头封堵。

(5) 将管路恢复正常后,重新启动主驱动系统,8 台主驱动减速机的液位未出现升高的情况。

4) 故障点剖析

(1) 液压泵/马达内部元件之间存在间隙,同时为了保证各配合元件间能形成刚性油膜,会不断地有液压油从液压泵/马达的缸体、柱塞、配油盘等内部元件的配合间隙、阻尼孔流入壳体并通过泄漏油口回到油箱。

(2) 盾构机的液压系统总泄油管是不允许安装滤芯的,因为液压元件的泄油口不允许有背压,一旦背压超过一定值后,液压泵/马达的轴封承受不住高压而失去密封性能,更严重的情况会导致液压泵/马达的壳体产生裂纹。

(3) 主驱动马达的排量为 500mL/r,一旦 8 台马达的泄油管堵塞,马达壳体压力迅速升高,液压油优先将最脆弱的马达轴封击穿,液压油直接进入减速机箱体。

6.4 螺旋输送机液压系统故障诊断案例

盾构机的螺旋输送机液压系统为闭式液压系统,通过闭式柱塞泵及控制阀块实现螺旋输送机的正反转调节、转速无级调节、恒功率控制及压力切断控制(限制最高工作压力),通过调节马达的排量实现螺旋输送机的高低速切换,以上几种控制模式可以极大地提高盾构机在不同地层中的出渣效率,从而达到理想掘进速度和掘进安全的目的。

螺旋输送机液压系统由 A4CSG500HD1DU/30R 型闭式液压泵提供油源,该闭式液压泵由排量为 500mL/r 的轴向柱塞泵及排量为 98mL/r 的齿轮泵组成,同时集成了恒功率阀、比例溢流阀、压力切断阀于一体,具备较高的集成度,其液压原理图如图 6-8 所示。

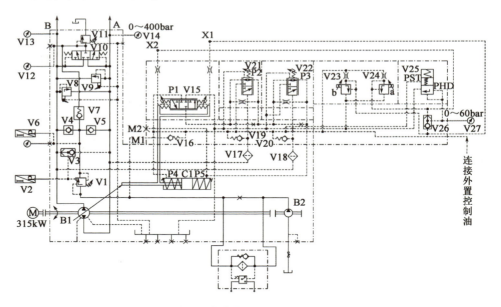

图 6-8 螺旋输送机泵液压原理图

B1-柱塞泵;B2-补油泵;C1-伺服缸;V1-控制压力溢流阀;V2-压力传感器;V3-梭阀;V4-单向阀;V5-单向阀;V6-压力传感器;V7-旁通阀;V8-溢流阀;V9-溢流阀;V10-冲洗阀;V11-冲洗溢流阀;V12-压力表;V13-压力表;V14-压力表;V15-伺服阀;V16-单向阀;V17-滤芯;V18-滤芯;V19-单向阀;V20-单向阀;V21-压力切断阀;V22-压力切断阀;V23-比例溢流阀;V24-比例溢流阀;V25-恒功率阀;V26-梭阀;V27-压力表

1）补油控制回路

（1）B1 柱塞泵排量为 500mL/r 的斜盘式轴向柱塞泵，通过先导压力控制柱塞泵斜盘摆角的变化，斜盘摆角可在 $-15°\sim+15°$ 之间无级调节。当 X1 口压力在 $10\sim40$bar 之间时，柱塞泵摆角为 $-15°\sim0°$，A 腔为高压腔；当 X2 口压力在 $10\sim40$bar 之间时，柱塞泵摆角在 $0°\sim15°$，B 腔为高压腔。

（2）B2 补油泵为排量为 98mL/r 内啮合齿轮泵，该齿轮泵吸油口未设置滤芯，因此要确保油箱内液压油的清洁度。齿轮泵输出液压油须经过过滤精度为 10μm 的滤芯后进入补油回路和控制回路，防止变量机构卡滞和内部元件的异常磨损。

（3）V11 的压力调节范围为 $10\sim20$bar，标准设定压力 $P_{K4}=16$bar，为补油回路提供背压，防止补油压力过低从而导致 B1 吸空损坏。

（4）V7 为单向阀，背压 $\Delta P_{V7}=10$bar，使 V1 出口液压油优先补充到 B1 的低压侧，多余的液压油通过 V7 回到油箱，E3 点标准设定压力 $P_{E3}=P_{K4}+10=26$bar。

（5）V1 为先导式溢流阀，压力调节范围为 $10\sim20$bar，标准设定 $P_{V1}=10$bar，$P_{E2}=P_{E3}+P_{V1}=36$bar。在 B1 斜盘处于中位时，E2 点压力为 36bar，该压力旨在 V15 换向时，控制压力可推动 C1 活塞杆位移，B1 斜盘摆角增大。

2）先导控制回路

盾构机螺旋输送机液压系统先导控制回路由 A10VSO28DFLR/31R 型柱塞泵提供控制油，控制油经过 V23/V24 后分别作用于 V15 的 X1 腔和 X2 腔，同时通过 V26 作用于 V25 的 PHD 腔。

C1 伺服缸活塞杆与 V15 阀芯连接工字形反馈机构，C1 活塞杆的位移由 V15 的 X1 腔与 X2 腔的压差及 K2 与 K4 弹簧的弹性系数决定，即通过调节 X1/X2 先导压力实现 B1 排量的无级调节，从而实现刀盘转速的无级调节。

3）恒功率控制回路

当螺旋输送机泵的输出压力超过 200bar 时，螺旋输送机泵处于恒功率控制模式，在此模式下，V15 的 X1/X2 腔压力同时受 V23/V24 及 V25（以低压为准）限制，螺旋输送机转速根据负载压力的升高而降低。调节过程如下：

（1）V25 恒功率阀由高压腔、先导弹簧腔及溢流阀三部分组成，高压腔的大弹簧顶住顶杆，顶杆顶住先导弹簧腔的先导弹簧，先导弹簧限制溢流阀的压力。

（2）螺旋输送机泵 A/B 口压力油通过 V17 及 V19 或 V18 及 V20 作用于 V25 PST 腔，当 PST 腔压力超过 200bar 后，高压弹簧开始收缩，顶杆作用在先导弹簧的压力下降，先导弹簧压缩量减小，溢流阀设定压力降低，PHD 口压力下降，从而使得 V15 X1/X2 腔压力下降、B1 排量减小、螺旋输送机转速降低，实现恒功率控制。

A/B 口压力油通过 V17/V18 作用于 V21/V22 下腔，当 B1 的 A/B 口压力超过 300bar 时，V21/V22 阀芯向上位移，C1 左右两腔压力改变导致 C1 活塞杆位移量减小，B1 输出流量等于泵的泄漏量，泵处于高压待机状态，一旦 B1 输出压力低于 300bar，V21/V22 阀芯向下位移，C1 活塞杆位移量增加，B1 排量增加。

6.4.1 螺旋输送机不受控制自动旋转

1）故障现象

某台中铁号盾构螺旋输送机泵电机启动后，在未选择螺旋输送机正反转且转速电位计归零的情况下，螺旋输送机自动正转且转速无法控制，螺旋输送机故障，盾构无法正常施工，给项目造成较大经济损失和安全风险。

2）故障分析

在不选择螺旋输送机旋向及转速电位计归零的情况下，螺旋输送机泵（图 6-8）有液压油输出，说明螺旋输送机泵的斜盘不处于中位，而导致螺旋输送机泵斜盘不在中位的因素有以下几点：

（1）螺旋输送机泵的斜盘卡死

螺旋输送机泵的输出流量由斜盘摆角决定，当斜盘卡死且不在中位时，螺旋输送机泵的排量将不受控制且持续有液压油输出，从而导致螺旋输送机单向旋转且不受控制。

（2）V15 不在中位

螺旋输送机泵的排量由 V15 阀芯的行程决定，当 V15 的阀芯向单侧偏置时，则会使 C1 活塞杆产生响应的位移，从而导致螺旋输送机泵持续有液压油输出。当 V15 不在中位时同时会导致螺旋输送机泵在不选择旋向和转速电位计归零的情况下，螺旋输送机泵的 A 口和 B 口压力不一致或产生较大压差。导致 V15 阀芯不在中位的原因有以下两点。

①V15 的 X1 腔和 X2 腔的弹簧弹力不均。V15 的 X1 腔和 X2 腔各有 1 套可调弹簧和固定弹簧，在无先导压力作用的情况下，通过弹簧的弹力保证 V15 阀芯处于中位，当 V15 两腔弹簧弹力不均时则会导致 V15 阀芯向单侧偏置。

②V15 的 X1 腔和 X2 腔的先导压力压差过大。在 V15 两腔弹簧弹力均匀的情况下，X1 腔和 X2 腔的压差超过 10bar 时，V15 阀芯产生的偏置位移会使 C1 的活塞杆产生响应的位移，从而导致螺旋输送机泵有液压油输出。导致 V15 的 X1 腔和 X2 腔先导压力压差过大的原因有以下两点：

a. V23/V24 阀芯卡滞。V23/V24 控制 V15 的 X1 腔和 X2 腔的先导压力，当 V23/V24 阀芯卡滞，导致 X1/X2 腔始终存在压差。

b. V15 的 X1/X2 腔节流孔堵塞。螺旋输送机泵启动后，螺旋输送机补油泵的输出液压油作用于 V15 的 X2 腔,由于 V15 自身存在一定的泄漏量,当 V15 的 X1/X2 腔一侧的阻尼孔堵塞时,V15 内泄的液压油进入阻尼孔堵塞的一腔后无法回到油箱导致该腔压力逐渐升高从而推动 V15 阀芯移动。

(3)阀故障

V21/V22 阀芯卡滞并处于下位工作状态。

3)故障点 1 诊断

(1)在关闭螺旋输送机泵电机的情况下,螺旋输送机泵的斜盘指示器摆角为 0°;启动电机后,螺旋输送机泵的斜盘指示器摆角为 15°,说明螺旋输送机泵的斜盘可正常动作。

(2)将螺旋输送机泵 V15 的 A/B 口油管拆解,启动螺旋输送机泵电机,螺旋输送机泵斜盘指示器摆角为 15°,说明 V15 阀芯在无外部控制油作用的情况下不在中位。

(3)拆解 V15 的 X1/X2 腔节流阀,发现 X1 腔的节流孔内橡胶质颗粒堵塞;将 X1 腔节流阀清理干净并将 2 个节流阀安装至原位后,恢复液压管路,启动螺旋输送机泵电机,螺旋输送机未旋转;启动控制泵,选择螺旋输送机正/反转并调节螺旋输送机转速电位计,螺旋输送机转速可正常调节。说明是 X1 腔节流孔堵塞导致 V15 阀芯不在中位,从而使得螺旋输送机泵斜盘不在中位。

4)故障点 2 诊断

(1)在不启动螺旋输送机泵的情况下,螺旋输送机泵的斜盘摆角指针在 0°,启动螺旋输送机泵后,斜盘摆角指针在 15°,关闭螺旋输送机泵电机后,斜盘摆角指针回到零位,说明螺旋输送机泵变量机构正常。

(2)启动螺旋输送机泵后,在不选择螺旋输送机正反转和转速的情况下,观察 V15 的 X1、X2 口测压点压力表显示 0,选择螺旋输送机反转,调节转速电位计,X2 测压点压力可正常调节,但是螺旋输送机一直匀速反转且不受控制。选择螺旋输送机正转,调节转速电位计,X1 测压点压力可正常调节,但是螺旋输送机一直匀速反转且不受控制,说明 V23/V24 工作正常。

(3)将 V21/V22 位置调换后,启动螺旋输送机泵,在不选择螺旋输送机旋向和螺旋输送机转速的情况,螺旋输送机自动正转且不受控制,说明是由于 V21 故障导致 V21 一直处于下位工作状态。

(4)拆解 V21,发现阀体内部锈蚀,阀座局部变形,用 1000 目砂纸研磨阀芯和阀座后,装配 V21 并将 V21 安装至原位,启动螺旋输送机泵后,螺旋输送机泵斜盘摆角指针在零位,螺旋输送机不旋转,选择螺旋输送机正/反转并调节转速电位计,螺旋输送机旋向和转速可正常调节。

6.4.2 螺旋输送机泵自动停止运转

1）故障现象

某台中铁号盾构始发调试,螺旋输送机泵启动正常,旋转螺旋输送机转速电位计,螺旋输送机转速到达 0.1r/min 时,螺旋输送机泵补油压力低于系统设定值,螺旋输送机泵受程序保护自动停止运转,盾构机长时间无法出渣,严重影响施工进度。

2）故障分析

补油压力传感器采集的是 E3 点的压力,导致螺旋输送机泵(图 6-8)E3 点补油压力过低的因素有以下几点:

(1) 补油泵旋向错误

中铁号盾构机液压泵旋转为右旋,若螺旋输送机泵的补油泵旋向为左旋,则补油压力无法建立,长时间运转会使补油泵损坏。

(2) 补油泵内泄量过大

补油泵内泄量过大时,补油泵输出的液压油大部分通过补油泵的间隙回到油箱,当螺旋输送机泵开始吸油时,补油回路的液压油快速进入主油路,补油回路的液压油得不到及时补充,则补油压力下降。

(3) B1 内泄量过大

补油泵输出液压油通过 V4/V5 进入 B1 的柱塞及缸体孔内部,若 B1 的泄漏量过大,补油泵输出液压油通过 B1 的缸体、配油盘、柱塞的间隙进入壳体,然后通过泄油口回到油箱,当螺旋输送机泵开始吸油时,补油回路的液压油快速进入主油路,补油回路的液压油得不到及时的补充,则补油压力下降。

(4) V11 故障

当螺旋输送机泵处于中位时(螺旋输送机不旋转),E3 压力 $P_{E3} = P_{K4} + 10$,当螺旋输送机泵中位向一侧偏置时,E3 点与 K4 点通过 V11 连通,$P_{E3} = P_{K4} + 2$,V11 设定 K4 点的压力,当 V11 的设定压力过低或者故障,K4 口压力过低从而导致 E3 点补油压力过低,当 E3 点的压力低于系统设定值时,螺旋输送机泵电机停止运转。

3）故障诊断

(1) 旋转 V11(冲洗溢流阀)调节螺杆,K4 口压力可在 0~8bar 调节,说明 V11 可正常调节,但是无法达到理想压力,初步排除 V11 阀芯卡滞的因素。

在补油泵的出油口 E1 口并联一测压点,E1 口压力显示 26bar,顺时针旋转 V1 调节螺杆,E1 口压力可调节至 40bar(补油泵正常工作压力 35bar,最大工作压力不得超过 50bar,长时间超载易使补油泵损坏),说明 V1 工作正常,补油泵出口压力可正常建立。

拆解 B1 壳体堵头,用干净容器取适量壳体内液压油,观察容器内液压油无金属杂质,排除 B1 异常损坏情况。在 B1 没有异常损坏的情况下,补油泵提供的液压油通过 B1 的内部间隙泄漏至油箱的可能性较小,初步排除 B1 内泄量过大的因素。

(2)拆解 V11,阀芯动作灵活,内部无杂质,但是调压弹簧的预紧力过小,将厚度为 2mm 的垫片安装至调压弹簧底部,然后将 V11 安装至原位,逆时针旋转 V1 及 V11 调节螺杆(防止启动时压力过高对补油泵造成冲击),启动螺旋输送机泵,E1 口压力显示 16bar,E3 口压力显示 14bar,K4 口压力显示 2bar,顺时针调节 V11(冲洗溢流阀)调节螺杆,K4 口压力显示 18bar,E3 口压力显示 30bar,E1 口压力显示 32bar,螺旋输送机泵可正常运转,顺时针旋转 V1 调节螺杆,E1 口压力显示 35bar,各项参数正常,说明是由于 V11 调压弹簧弹力不足导致 E3 点补油压力无法建立。

6.4.3　螺旋输送机转速过低

1)故障现象

某台中铁号盾构机始发调试,螺旋输送机转速较正常转速低,后续将影响盾构机出渣速度和掘进速度。

2)故障分析

影响螺旋输送机转速的因素有以下两点:

(1)螺旋输送机泵(图 6-8)的输出流量偏小

在同一螺旋输送机转速挡位下,螺旋输送机泵的输出流量偏大,则螺旋输送机的转速偏高;若螺旋输送机泵的输出流量偏小,螺旋输送机的转速则相应的偏小。螺旋输送机泵的输出流量偏小的因素有以下几点:

①V23/V24 设定压力过低。当 V23/V24 设定压力过低时,V15 阀芯产生的位移较小,螺旋输送机泵的排量较小,V23/V24 设定压力过低的因素有以下几点:

a. V23/V24 线圈的输入电流较小;

b. V23/V24 阀芯卡滞;

c. V23/V24 阻尼孔堵塞。

②C1 卡滞。当 C1 卡滞,活塞杆无法达到最大行程,螺旋输送机泵的斜盘摆角达不到设定值,螺旋输送机泵的排量降低。

③螺旋输送机泵的内泄量过大。螺旋输送机泵的内泄量过大时,螺旋输送机泵的输出工作液压油流量减小,螺旋输送机转速降低。

(2)螺旋输送机泵和马达之间存在节流

螺旋输送机泵和马达之间导致液压油节流的因素有以下两点：

①螺旋输送机泵出口球阀未完全开启。

②螺旋输送机泵和螺旋输送机马达之间的管路或接头内径不满足要求。

(3)管路连接错误

当螺旋输送机由多个马达并联驱动时，若存在单个或多个马达 A/B 与其他马达相反，则该马达在螺旋输送机旋转过程中起反作用，螺旋输送机转速达不到设定值。

3) 故障点 1 诊断

选择螺旋输送机正转，将转速电位计旋至最大值，观察螺旋输送机泵的斜盘指针角度为 15°，说明螺旋输送机泵可以以最大排量输出，螺旋输送机泵故障因素可以初步排除。

检查螺旋输送机泵输出口球阀的开启状态，2 个球阀均完全开启，检查螺旋输送机泵和螺旋输送机马达之间的管路和接头的尺寸，管路和接头的尺寸均满足设计要求，主油路节流因素可以排除。

梳理螺旋输送机马达的管路，发现 2 台马达的 A/B 口连接方式与其他马达的 A/B 口连接方式相反，重新连接螺旋输送机马达的管路，确保所有螺旋输送机马达 A/B 口的连接方式一致后，启动螺旋输送机泵并调节转速电位计，螺旋输送机转速恢复正常。

4) 故障点 2 诊断

(1)选择螺旋输送机正转，将转速电位计旋至最大值，观察螺旋输送机泵的斜盘指针角度约为 10°，说明螺旋输送机泵不可以以最大排量输出，观察 V27 压力表的压力显示 25bar，该压力无法使得螺旋输送机泵的排量达到最大值。

(2)将 V23 与 V24 的线圈插头调换，选择螺旋输送机正转按钮并将转速电位计调至最大值，螺旋输送机反转转速达到 30r/min，观察 V27 的压力显示 45bar。说明 V24、V25 及 V23 电信号正常，V23 存在异常。

(3)将 V23 拆解，发现 V23 阻尼孔有锈蚀杂质，阀芯及壳体锈蚀。将阻尼孔、阀芯及阀体进行拆解、修磨、清洗，重新安装后，螺旋输送机的转速恢复正常。

6.5　管片拼装机液压系统故障案例

管片拼装机液压系统由拼装机双联泵、红蓝缸、平移液压缸、旋转马达、抓举液压缸、俯仰液压缸、横摇液压缸组成,具有旋转、平移、伸缩、俯仰、横摇、锁紧6个动作,主要作用是实现管片的拼装功能。

1) 拼装机泵工作原理简介

拼装机液压系统由 A10VO140DFLR/31R 型和 A10VO28DFLR/31R 型双联柱塞泵提供油源,A10VO140DFLR/31R 型柱塞泵排量为 140mL/r,工作压力设定为 180bar,A10VO28DFLR/31R 型柱塞泵排量为 28mL/r,工作压力设定为 200bar,双联泵工作原理图如图 6-9 所示。

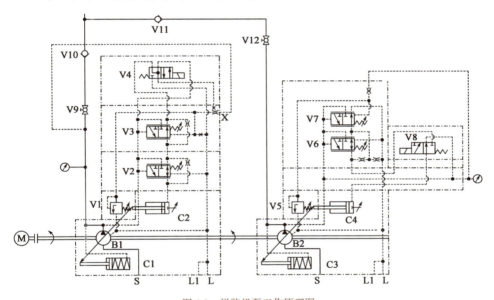

图 6-9　拼装机泵工作原理图

M-电机;B1-柱塞泵;B2-柱塞泵;C1-伺服缸;C2-伺服缸;C3-伺服缸;C4-伺服缸;V1-恒功率阀;V2-压力切断阀;V3-负载敏感阀;V4-加载阀;V5-恒功率阀;V6-压力切断阀;V7-负载敏感阀;V8-加载阀;V9-球阀;V10-单向阀;V11-单向阀;V12-球阀

拼装机双联泵的工作原理与辅助泵的工作原理一致,V2 与 V6 分别设定工作压力,V2 压力设定为 180bar,V6 压力设定为 200bar。当 B1 的输出压力超过 180bar 时,V2 换向,B1 斜盘回到中位,B1 无液压油输出,处于高压待机状态;一旦泵的输出压力低于 180bar,V2 右位工作,B1 排量增加。当 B2 的输出压力超过 200bar 时,V6 换向,B2 斜盘回到中位,B2 无液压油输出,处于高压待机状态;一旦泵的输出压力低于 200bar,V6 右位工作,B2 排量增加。

B1 和 B2 的输出液压油合流后为拼装机的执行元件提供液压油。当拼装机的动作需要微调时(所需液压油流量少于 42L/min),B2 输出的液压油满足拼装机执行元件动作且输出压力高于 B1 的输出压力,则 B1 处于高压待机状态,V2 左位工作,B1 无液压油输出;当拼装机执行元件需要快速动作时(所需液压油流量大于 42L/min),B2 输出的液压油无法满足拼装机执行元件动作,则主回路的压力降低,当压力低于 180bar 时,B1 开始输出大流量液压油为执行元件提供动力源。

2)拼装机多路阀原理简介

拼装机执行元件的动作分拼装机红蓝缸伸缩、马达旋转、行走液压缸伸缩、抓举头液压缸伸缩、俯仰液压缸伸缩、横摇液压缸伸缩,拼装机红蓝缸伸缩、马达旋转及行走液压缸伸缩都是通过多路阀进行控制,可实现执行元件的动作速度不受负载变化的影响保持匀速运动,大大提高了拼装机拼装管片时的精度和易操作性,多路阀的工作原理图如图 6-10 所示。

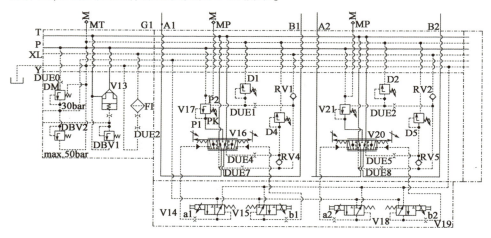

图 6-10　多路阀原理图

V13-插装阀;V14-比例换向阀;V15-比例换向阀;V16-伺服阀;V17-减压阀;V18-比例换向阀;V19-比例换向阀;V20-伺服阀;V21-减压阀;DM-减压阀;DBV2-溢流阀;DBV1-溢流阀;D1-溢流阀;D2-溢流阀;D4-溢流阀;D5-溢流阀;DUE0-节流阀;DUE1-节流阀;DUE2-节流阀;DUE4-节流阀;DUE5-节流阀;DUE7-节流阀;DUE8-节流阀;RV1-单向阀;RV2-单向阀;RV4-单向阀;RV5-单向阀

拼装机旋转与行走多路阀与红蓝缸伸缩多路阀控制原理一致,拼装机泵输出液压油通过多路阀 P 口进入主油路,主油路液压油通过 V17/V21 减压后抵达 V16/V20。主油路分出一条控制油路经过 DUE0,DM 减压后以 30bar 的控制压力作用于 V14/V15/V18/V19,V14/V15/V18/V19 比例线圈接收比例信号后,比例换向阀的阀芯产生相应的位移,控制油通过比例换向阀作用于 V16/V17 的两侧控制 V16/V17 的换向并阀芯开度的大小,V14/V15/V18/V19 的比例线圈电流越大,V16/V17 的阀芯开度越大,通流能力越强,执行元件动作越快。

DBV2 限制控制油路的最高压力(控制油路的压力不超过 50bar),V13 与 DBV1 组合成插装溢流阀,限制主油路的最高工作压力。

V17/V21 为三通减压阀,当 V14 有输入比例信号时,V16 左侧先导腔压力升高,阀芯左移,V16 左位工作,B1 口输出液压油,同时 V16 出口有一路先导油经过 DUE4 节流后作用于 V17 的先导腔,减压阀出口压力为 P_1,减压阀先导腔压力为 P_2,减压阀弹簧压力为 P_K,V17 的先导腔与 V16 的出口相同,即 V16 的出口压力为 P_2。

在 V17 的作用下,$P_1 = P_2 + P_K$,P_1 与 P_2 的压差为 P_K,即 V16 的进出口压差为 P_K。在通流面积不变的情况下,V16(伺服阀)的进出口压差恒定,则通过 V16 的液压油流量恒定,从而实现执行元件的动作速度不受负载变化的影响而保持不变,执行元件的动作速度只受 V16/V17 的阀芯开度影响,阀芯开度越大,执行元件速度越快。

3)拼装机马达平衡阀原理简介

拼装机马达由 4 个平衡阀进行控制,并且每个马达减速机有一套制动装置,确保拼装机旋转支架可停在任意角度且不会出现溜车现象,拼装机马达平衡阀原理图如图 6-11 所示。

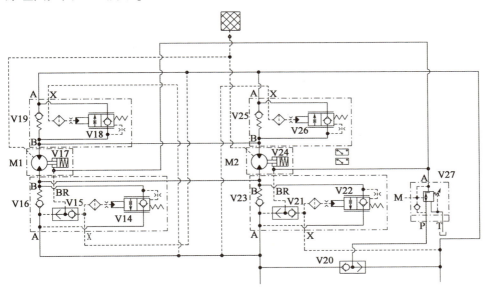

图 6-11 拼装机马达平衡阀原理图

M1-马达;M2-马达;V14-液控换向阀;V15-梭阀;V16-单向阀;V17-制动装置;V18-液控换向阀;V19-单向阀;V20-梭阀;V21-梭阀;V22-液控换向阀;V23-单向阀;V24-制动装置;V25-单向阀;V26-液控换向阀;V27-减压阀

多路阀出口液压油一路进入 2 台并联的回转马达，另外一路通过 V27 减压后进入 V17/V24 有杆腔，将制动盘松开，V27 旁边的单向阀在拼装机马达停止旋转时起到泄压作用。

主油路液压油经过 V16 进入马达 A/B 口，主油路分出一条控制油路通过 X 口作用于 V18 的左腔，当控制油路将 V18 阀芯顶到左位工作时，马达出口液压油通过 V18 左位回到油箱。V18 必须在主油路压力能够克服弹簧力的情况下才能换向，V18 的左位有 1 个节流孔可起到背压作用，避免马达因惯性吸空，当马达旋转惯性过大时，V18 右腔的压力升高，V18 阀芯左移，V18 阀芯开度减小，回油流量降低，马达转速降低。

4) 拼装机抓举板液压缸控制原理简介

拼装机抓举板由 1 根抓举液压缸、1 根俯仰液压缸、1 根横摇液压缸组成，实现管片的抓紧和角度调节功能，帮助管片拼装操作手更好地进行精细化操作，提高管片拼装质量和效率。拼装机抓举板液压缸控制原理图如图 6-12 所示。

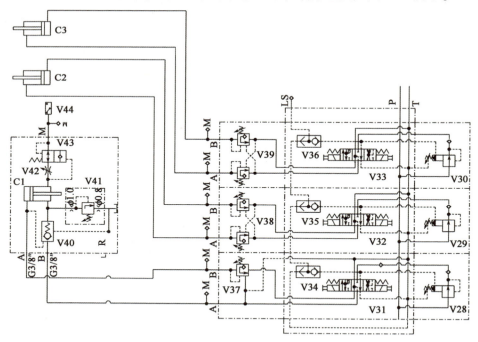

图 6-12　拼装机抓举板液压缸控制阀

V28-减压阀；V29-减压阀；V30-减压阀；V31-电磁换向阀；V32-电磁换向阀；V33-电磁换向阀；V34-梭阀；V35-梭阀；V36-梭阀；V37-平衡阀；V38-平衡阀；V39-平衡阀；V40-液控单向阀；V41-溢流阀；V42-节流阀；V43-液控换向阀；V44-压力开关；C1-抓举液压缸；C2-俯仰液压缸；C3-横摇液压缸

3 根液压缸的伸缩控制原理基本一致,主油路液压油经过减压阀、电磁换向阀、平衡阀进入液压缸,平衡阀的控制原理基本一致且均是采用 1∶3 的先导比,即当平衡阀的正向开启压力为 300bar 时,先导开启压力为 100bar,从而实现液压缸低压换向和高压自锁的功能。

抓举液压缸的无杆腔联通 V43、V41 和 V44,V44 的设定压力为 120bar,V43 的换向压力为 150bar,V41 压力设定为 250bar,起到安全保护作用。当 C1 的抓紧压力(有杆腔压力)低于 120bar 时,V44 处于断开状态,拼装机不允许旋转,防止拼装机在未抓紧管片的情况下旋转造成安全风险;当 C1 的抓紧压力(有杆腔压力)高于 120bar 且低于 150bar 时,V44 处于闭合状态,拼装机允许旋转;当 C1 的抓紧压力(有杆腔压力)高于 150bar 时,V43 右位工作,V44 与 C1 有杆腔断开,V44 处于断开状态,拼装机不允许旋转,防止拼装机在负载过大的情况下旋转造成安全风险。

6.5.1 拼装机无法旋转

1)故障现象

某台盾构机在拼装管片时,当拼装机抓紧管片且红蓝缸完全伸出时,拼装机在 3 点和 9 点钟位置无法旋转,在其他位置可正常旋转,导致拼装机无法拼装该区域的管片,严重影响施工进度。

2)故障分析

拼装机无法旋转的故障因素有以下几种:

(1)V14、V15(图 6-10)故障

V14、V15 控制 V16 的方向及开度,V14、V15 故障则会导致 V16 无法换向,拼装机旋转马达无动作,V14、V15 故障分为电气故障和液压故障。

①电气故障。V14、V15 线圈无比例信号输入,V14、15 无动作,V16 无法换向,拼装机马达无法旋转。

②液压故障。V14、V15 阀芯卡滞,先导油无法抵达 V16 先导腔使 V16 换向。

(2)拼装机泵(图 6-9)无压力油输出

拼装机泵无压力油输出时,拼装机旋转马达无法旋转,导致拼装机泵无压力油输出的因素有以下几种:

①V4 无法加载。当 V4 无法加载时,拼装机泵输出液压油经过 V4 左位、V3 右位、V2 右位进入 C2 无杆腔,拼装机主泵斜盘处于中位,拼装机泵无液压油输出。

②V2 阀芯卡滞。当 V2 阀芯卡滞且处于左位工作时，拼装机泵输出液压油经过 V2 左位进入 C2 无杆腔，拼装机主泵斜盘处于中位，拼装机泵无液压油输出。

③V3 阀芯卡滞。当 V3 阀芯卡滞且处于左位工作时，拼装机泵输出液压油经过 V3 左位进入 C2 无杆腔，拼装机主泵斜盘处于中位，拼装机泵无液压油输出。

（3）DBV1（图 6-10）设定压力过低

DBV1 和 V13 组成插装溢流阀，实现大流量溢流功能，当 DBV1 设定压力过低时，则拼装机旋转控制回路的压力过低，系统压力达不到克服负载需要的压力，拼装机旋转马达在负载较大时无法旋转。

（4）D1、D4 设定压力过低

D1、D4 限定的是 V16 和 V20 的出口反馈油最大压力（P_2 的最大压力），在 V17 的作用下，主油路压力 P_1 与 P_2 的压差恒定为 P_K，当 D1、D4 的设定压力过低时，反馈油路压力 P_2 压力过低，则主油路压力 P_1 压力过低，系统压力达不到克服负载需要的压力，拼装机旋转马达在负载较大时无法旋转。

（5）拼装机泵的 V1 设定值较低

根据拼装机泵的工作原理，当拼装机泵工作进入恒功率模式时，泵的负载压力越高，泵的输出流量越小，当 V1 的设定压力过低时，拼装机泵在大负载压力下无流量输出，拼装机旋转马达虽然有驱动压力，但是无输入液压油，无法旋转。

3）故障分析

（1）拼装机旋转马达在抓举头抓紧管片且红蓝缸完全伸出的情况下，在 3 点钟和 9 点钟位置无法旋转，在其他位置可正常旋转，说明以上（1）、（2）种故障可以排除。

（2）拼装机旋转马达在抓举头抓紧管片且红蓝缸完全伸出的情况下，在 3 点钟和 9 点钟位置需要克服的旋转扭矩最大，也就是系统需要的压力最大，用压力表测量拼装机马达 A/B 口的压力，马达 A/B 口压力为 180bar，该压力正常情况下完全满足拼装机马达在该工况下的旋转驱动，说明 DBV1、D1 及 D4 功能正常。

（3）初步判断是拼装机泵的恒功率阀压力设定过低导致拼装机泵的工作功率过低，松开 V1 调节螺杆的锁紧螺母，用内六角扳手顺时针旋转 V1 的调节螺杆半圈，再次尝试拼装机在该位置旋转，拼装机可实现低速旋转但是速度较慢。再次用内六角扳手顺时针旋转 V1 的调节螺杆半圈，拼装机的旋转速度恢复正常，说明是由于拼装机泵的恒功率阀压力设定过低导致拼装机泵的工作功率过低，拼装机泵在负载压力过高时，拼装机泵输出流量过小甚至无流量，由于液压元件存在内泄的情况,从而导致拼装机系统无足够驱动拼装机马达旋转的液压油流量。

6.5.2 拼装机马达及红蓝缸速度异常

1)故障现象

某台盾构机拼装机马达、红蓝液压缸可正常动作,但是马达旋转速度和红蓝液压缸伸缩速度相对正常速度较慢,影响管片拼装效率和施工进度。

2)故障分析

拼装机马达和红蓝液压缸动作速度慢,说明进入马达和液压缸等执行元件的液压油流量较正常流量少,而导致进入拼装机旋转马达和红蓝液压缸的液压油流量降低的原因有以下几种:

(1)拼装机主泵无流量输出

拼装机主泵无流量输出且拼装机串泵功能正常时,只有拼装机串泵为系统提供液压油,拼装机需要大流量液压油的执行元件动作速度会大大降低。导致拼装机泵无流量输出的因素有以下几点:

①V4 无法加载。当 V4 无法加载时,V4 一直处于左位工作状态,拼装机主泵输出液压油经过 V4 左位、V3 右位、V2 右位进入 C2 无杆腔,拼装机主泵斜盘处于中位,拼装机泵无液压油输出。V4 无法加载的原因有以下两点:

a. V4 线圈无电信号输入。V4 线圈无电信号输入时,V4 处于左位工作状态,拼装机主泵输出液压油经过 V4 左位、V3 右位、V2 右位进入 C2 无杆腔,拼装机主泵斜盘处于中位,拼装机泵无液压油输出。

b. V4 阀芯卡滞且处于左位工作状态。当 V4 阀芯卡滞且处于左位工作状态,线圈的磁力无法推动 V4 阀芯换向,则 V4 一直处于左位工作状态,V3 右位、V2 右位进入 C2 无杆腔,拼装机主泵斜盘处于中位,拼装机泵无液压油输出。

②V2 阀芯卡滞。当 V2 阀芯卡滞且处于左位工作时,拼装机泵输出液压油经过 V2 左位进入 C2 无杆腔,拼装机主泵斜盘处于中位,拼装机泵无液压油输出。

③V3 阀芯卡滞。当 V3 阀芯卡滞且处于左位工作时,装机泵输出液压油经过 V3 左位进入 C2 无杆腔,拼装机主泵斜盘处于中位,拼装机泵无液压油输出。

④V9 处于关闭状态。当 V9 处于关闭状态时,拼装机主泵一直处于高压待机状态(泵输出压力为 180bar,输出流量等于泵的泄漏量),不能为系统提供液压油,只有拼装机串泵为系统提供高压液压油。

⑤V10 安装方向错误。V10 安装方向错误时,拼装机主泵一直处于高压待机状态(泵输出压力为 180bar,输出流量等于泵的泄漏量),不能为系统提供液

压油,只有拼装机串泵为系统提供高压液压油。

(2)管路连接错误

当拼装机主回路的球阀未完全开启、接头和油管的内径过小时,拼装机主油路被节流,节流后的主油路液压油流量大幅降低,拼装机的所有执行元件动作速度降低。

3)故障排查

测量拼装机主泵及拼装机串泵的输出压力,拼装机主泵的输出压力为10bar,拼装机串泵的输出压力为200bar,说明拼装机主泵不能正常加载。

首先将拼装机主泵的 V4 插头和拼装机串泵的 V8 插头进行对调,启动拼装机泵后,拼装机串泵可正常加载,拼装机主泵无法加载,说明拼装机双联泵加载阀的电气系统正常。

依此拆解 V4、V3、V2,发现 3 个阀的内部有不同程度的锈蚀,且 V3 的阀芯和弹簧锈蚀严重。用除锈剂对阀芯和阀体内部进行清洗,并用 1000 目砂纸对阀芯、阀体内部进行研磨,然后用干净的柴油进行清洗,组装后阀芯可在阀体内灵活滑动。

将 V4、V3、V2 清洗干净并装配完成后安装至拼装机主泵,启动拼装机泵,拼装主泵压力升值 180bar,拼装机马达、红蓝缸等执行元件动作速度恢复正常。

6.5.3 拼装机旋转速度异常

1)故障现象

某台盾构机始发调试,拼装机红蓝缸伸缩、行走液压缸伸缩速度正常,拼装机旋转速度缓慢,影响管片拼装效率。

2)故障分析

拼装机旋转速度缓慢,红蓝缸伸缩、行走液压缸伸缩速度正常,但是由于拼装机旋转马达高速运转需求的流量较大,不能完全排除拼装机双联泵输出流量不足的可能性。导致拼装机马达旋转速度缓慢的原因有以下几点:

(1)拼装机双联泵(图 6-9)输出液压油流量不足

拼装机旋转马达高速运转需求的流量较大,当拼装机双联泵输出液压油流量不足时,会导致拼装机红蓝缸伸缩、行走液压缸伸缩速度正常,拼装机旋转速度缓慢。导致拼装机双联泵输出液压油流量不足的因素有以下两点:

①V9 未完全开启。当 V9 未完全开启时,拼装机主泵输出液压油被节流,进入执行元件的液压油流量降低,由于拼装机红蓝缸伸缩、行走液压缸的高速运转所需的流量较拼装机旋转马达高速运转所需的流量少,会出现拼装机红蓝缸伸缩、行走液压缸伸缩速度正常,拼装机旋转速度缓慢的情况。

②管路连接错误。当拼装机主回路的接头和油管的内径过小时,拼装机主油路被节流,节流后的主油路液压油流量大幅降低,拼装机的所有执行元件动作速度降低;拼装机旋转与行走多路阀和拼装机红蓝缸多路阀的流量是不一样的,拼装机旋转多路阀的最大流量设定为250L/min,拼装机行走多路阀的无杆腔最大流量设定为85L/min,有杆腔最大流量为55L/min,拼装机两路红蓝缸伸缩多路阀的无杆腔最大流量为105L/min,有杆腔最大流量为65L/min,拼装机旋转与行走多路阀集成到一个阀组,拼装机两路红蓝缸多路阀集成到一个阀组。若拼装机旋转和行走多路阀与拼装机红蓝缸伸缩多路阀装反,则会出现拼装机旋转速度较正常速度慢的情况。

(2) V16 阀芯卡滞不能完全开启

拼装机马达旋转的速度与通过 V16 的液压油流量油管,V16 阀芯开度越大,拼装机马达的旋转速度越快。当 V16 的阀芯最大开度被限制住时,通过 V16 的液压油流量减低,拼装机马达旋转速度降低。

(3) V14、V15(图 6-10)不能完全开启

V14、V15 的开度直接影响 V16 的开度,当 V14、V15 的不能完全开启时,V16 的开度也会相应地影响而不能完全开启。导致通过 V16 的液压油流量减低,拼装机马达旋转速度降低。致使 V14、V15 比例换向阀不能完全开启的因素有以下两点:

①V14、V15 的比例线圈输入电流较小。当 V14、V15 的放大板输出电流时较小时,V14、V15 不能完全开启,V16 的开度也会相应地影响而不能完全开启,通过 V16 的液压油流量减低,拼装机马达旋转速度降低。

②V14、V15 的阀芯卡滞不能完全开启。当 V14、V15 的阀芯卡滞不能完全开启时,V16 的开度也会相应地影响而不能完全开启,通过 V16 的液压油流量减低,拼装机马达旋转速度降低。

(4) V17(图 6-10)的弹簧力设定较低

V17 的弹簧压力为 V16 的进口压力 P_1 和出口压力 P_2 的压差值,当 V17 的弹簧压力 P_K 设定较低时,V16 的进出口压差降低,当 V16 阀芯开度不变的情况下,V16 的进出口压差越小,通过 V16 的流量越小,拼装机马达旋转速度越低。

(5) D1、D4(图 6-10)设定压力较低

当 D1、D4 的设定压力较低时,V16 的进出口压差变小;在 V16 的阀芯开度越大时,V16 进出口压差越小,通过 V16 伺服阀的流量越小,拼装机转速越慢。

3）故障排查

（1）首先检查拼装机系统主油路的球阀是否正常开启,球阀的旋转轴上有"一"字标识,"一"字标识与管路方向一致,说明球阀完全开启。

（2）检查拼装机管路,管路并未出现接头或管径异常的情况。

（3）检查多路阀的管路连接情况,拼装机旋转与行走多路阀体积较拼装机红蓝缸多路阀体积大,并且拼装机旋转多路阀的油口较拼装机行走多路阀的油口大,检查管路并未连接错误。

（4）检查 V14、V15 能否正常完全开启。将拼装机红蓝缸伸缩多路阀上面的对应比例换向阀拆解下来并与 V14/V15 对调,操作拼装机遥控器,发现拼装机旋转速度依然缓慢,拼装机红蓝缸伸缩动作速度正常,说明 V14、V15 正常。

（5）根据 V16 的结构特性,V16 故障的概率较低并且排查的难度较大,可将 V16 的排查工作放最后,优先排查 D1、D4。顺时针调节 D1、D4 的调节螺杆一周,操作拼装机遥控器,发现拼装机旋转速度明显加快,说明正是由于 D1、D4 的设定压力过低导致 V16 的进出口压差减小,通过 V16 的液压油流量减少,拼装机旋转速度减慢。

6.5.4　拼装机红蓝缸伸缩时抖动

1）故障现象

某台盾构机拼装机在空载情况下,拼装机旋转、平移、红蓝缸伸缩等动作均正常,但是在抓举头抓紧管片的情况下,红缸伸缩时出现明显抖动的现象,影响管片拼装质量和拼装效率。

2）故障分析

拼装机空载情况下所有动作正常,在有负载的情况下,拼装机马达、行走液压缸、抓举板液压缸、蓝缸动作正常,拼装机红缸伸缩时出现明显抖动,说明拼装机系统主油路的压力和流量正常。拼装红蓝缸多路阀的控制原理与拼装机旋转行走多路阀原理相同（图 6-10）。导致拼装机红缸伸缩时抖动的因素有以下几点：

（1）DBV1 压力设定过低

当 DBV1 压力设定过低时,DBV1 与 V13 组成的插装溢流阀的溢流压力过低,拼装机红蓝缸带着管片伸缩时,主油路压力与拼装机红蓝缸克服负载所需压力接近,红蓝缸伸缩过程中,主油路频繁出现溢流的情况,导致主油路流量不连续、红蓝缸出现抖动现象。

(2) 控制红缸的 V18、V19 阀芯抖动

当 V18、V19 阀芯抖动时,V20 的阀芯会出现相应的抖动现象,V20 的阀芯开度一直变化,从而导致通过 V20 的流量不稳定,红缸伸缩时出现抖动现象。

(3) 控制红缸的 V20 阀芯抖动

V20 的阀芯抖动,阀芯开度一直变化,从而导致通过 V20 的流量不稳定,使红缸伸缩时出现抖动现象。

(4) 红缸平衡阀的设定压力过高

当拼装机红缸的平衡阀设定压力过高时,由于主油路的压力存在波动,平衡阀先导控制油使得平衡阀主阀频繁开启和关闭,导致红缸动作时流量不连续,红缸出现抖动现象。

3) 故障排查

(1) 用压力表检测拼装机红蓝缸 A/B 口压力,红缸和蓝缸的压力为 150bar,说明红缸和蓝缸伸缩多路阀的压力控制阀功能正常。

(2) 将红缸的 V18、V19 和蓝缸的 V14、V15 对调后,拼装机红缸带管片伸缩依然存在抖动现象,蓝缸带管片伸缩动作正常,说明 V18、V19 及其电气控制正常。

(3) 根据 V20 的结构分析,V20 的故障概率较低且排查难度较大,V20 的排查工作放到最后。松开平衡阀调节螺杆的锁紧螺母,用内六角扳手逆时针旋转平衡阀调节螺杆半圈,红缸带管片伸缩动作正常,抖动现象消失。

平衡阀和溢流阀的调节方向相反,溢流阀的调节螺杆顺时针旋转,溢流阀设定压力增加,逆时针旋转,溢流阀设定压力减小,平衡阀的调节螺杆顺时针旋转,平衡阀设定压力降低,逆时针旋转,平衡阀设定压力增加。

6.6 铰接液压系统故障案例

铰接液压系统根据盾构机的结构不同分为主动铰接和被动铰接,本文主要介绍被动铰接。盾构机的铰接系统由铰接泵、铰接阀组及 14 根铰接液压缸组成,铰接液压缸连接中盾和尾盾,便于盾构机姿态的调整。

1) 铰接系统工况

铰接系统有三种工作状态,分别为浮动状态、锁紧状态和回收状态。

(1) 浮动状态

在转弯时(即由直线段进入弯段时)，铰接液压缸处于中间位置，铰接液压缸的控制换向阀处于使铰接液压缸有杆腔和回油管路相通的位置，铰接液压缸浮动，在盾体转弯力矩的作用下，盾体转弯，且与盾尾逐渐形成转弯角度。由于铰接液压缸处于浮动，无法拖动盾尾和后配套产生跟进运动，所以铰接缸将不断伸出(在产生转弯角度的同时)，在铰接液压缸(某一个或某几个)的行程达到极限位置时，转弯将无法进行，且产生机械干涉，严重时将损坏设备。这种工作情况是不允许出现的，在 PLC 程序中必须具有实时监测铰接液压缸行程的模块，提前给出报警信号，操作人员应调整铰接缸的控制换向阀，使铰接液压缸在压力油的驱动下收回到大约中间位置，然后再返回到浮动状态，继续转弯操作过程。以上操作需反复多次，方能完成由直线段到弯道的过渡控制过程。如这一过程由计算机实时监测和控制，将使转弯操作大大简化(建议采用自动控制)。

(2) 锁紧状态

在转弯过渡段完成以后，进入弯道掘进过程，铰接缸处于锁紧状态，这同直线掘进过程一样。

(3) 回收状态

当铰接液压缸的行程达到程序设定报警值时须收回液压缸，使铰接液压缸处于中间位置(回收状态)。

2) 铰接液压系统原理简介

铰接液压系统由一台定量泵提供油源，海瑞克盾构机主要采用 A2F016/61R 型定量柱塞泵作为铰接泵，通过与推进泵串联组成双联泵。中铁号盾构机主要采用 A4F016/32R 型定量柱塞泵作为铰接泵，单独连接电机，两种泵的排量均为 16mL/r，液压原理图如图 6-13 所示。

铰接泵为定量泵，运转过程中持续以 16mL/r 的排量进行输出液压油。V1 为铰接泵溢流阀，限制铰接泵的最高工作压力；V2 为铰接泵加载阀，V2 不得电时，铰接泵输出液压油通过 V2 下位回到液压缸，铰接系统无压力；当 V2 得电时，V2 上位工作，铰接泵压力升高。

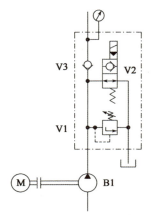

图 6-13 铰接泵液压原理图
M-电机；B1-铰接泵；V1-溢流阀；V2-电磁换向阀；V3-单向阀

铰接阀组液压原理图如图 6-14 所示。

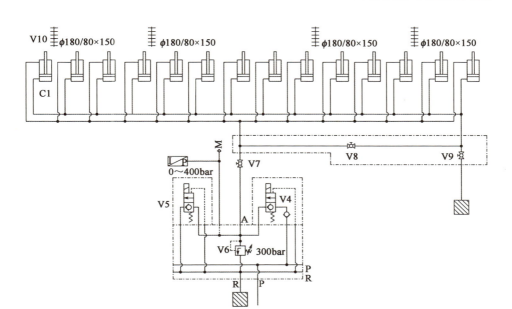

图 6-14 铰接阀组原理图

V4-电磁换向阀；V5-电磁换向阀；V6-溢流阀；V7-球阀；V8-球阀；V9-球阀；V10-行程传感器；C1-铰接液压缸

盾构机掘进过程中，V7 处于开启状态，V8 处于关闭状态，V9 处于开启状态，V4 得电、V5 断电的情况下，铰接液压缸回收；在 V4 断电、V5 得电的情况下，盾构前进过程中，铰接液压缸在盾尾的拖动下伸出。

盾构机在车间调试或者在始发调试过程中，开启 V7、V8，关闭 V9，V4 得电，V5 断电，主油路液压油通过 V7、V8 分别进入铰接液压缸的有杆腔和无杆腔，铰接液压缸有杆腔和无杆腔的压力相同，但是由于铰接液压缸无杆腔的作用面积大，无杆腔液压油对铰接液压缸活塞的作用力大于有杆腔液压油对活塞的作用力，铰接液压缸活塞杆伸出。

6.6.1 铰接液压缸无法回收

1) 故障现象

某台盾构机推进过程中，由于铰接液压缸的行程达到 140mm，上位机报警并关闭推进模式，选择回收铰接液压缸旋钮，铰接液压缸无回收动作，铰接液压缸行程持续超过 140mm，盾构机无法掘进，影响盾构机的施工进度和施工安全。

2）故障分析

导致铰接液压缸无法回收的因素有以下几点：

（1）铰接泵加载阀 V2（图 6-13）故障

当铰接泵加载阀 V2 一直处于下位工作时，铰接泵输出液压油通过 V2 下位回到油箱，铰接系统无压力。导致 V2 电磁换向阀一直处于下位工作的因素有以下两点：

①V2 线圈无输入信号。当 V2 线圈无输入信号时，V2 阀芯无法换向，铰接泵无法加载。

②V2 阀芯卡滞。当 V2 阀芯卡滞且处于下位工作状态时，线圈磁力无法推动阀芯换向，V2 一直处于下位工作，铰接泵无法加载。

（2）V1（图 6-13）故障

当 V1 设定压力过低时，铰接泵输出压力无法驱动铰接液压缸回收。

（3）V4（图 6-14）故障

当 V4 处于下位工作时，铰接泵输出液压油无法通过 V4 进入铰接液压缸有杆腔。导致 V4 一致处于下位的因素有以下两点：

①V4 的线圈无输入信号。V4 阀线圈无输入信号时，V4 阀芯无法换向，压力油无法通过 V4 进入铰接液压缸有杆腔。

②V4 阀芯卡滞。当 V4 阀芯卡滞且处于下位工作状态时，线圈磁力无法推动阀芯换向，V4 一直处于下位工作，压力油无法通过 V4 进入铰接液压缸有杆腔。

（4）V7（图 6-14）未开启

当 V7 未开启时，压力油无法进入铰接液压缸有杆腔，液压缸无法回收。

（5）V8（图 6-14）开启

盾构机正常掘进时，V7 处于开启状态、V8 处于关闭状态、V9 处于开启状态，若 V8 处于开启状态，压力油直接通过 V8 回到油箱，系统压力无法建立，铰接液压缸无法动作。

（6）铰接液压缸内泄严重

当铰接液压缸内泄严重时，压力油通过液压缸活塞与缸筒的间隙回到油箱，系统压力无法建立，铰接液压缸无法回收。

3）故障排查

（1）旋转铰接液压缸回收旋钮，铰接泵泵头压力表显示为 0bar，铰接液压缸有杆腔压力传感器压力 0bar，说明整个铰接系统无压力。

（2）排查铰接泵工作是否正常，关闭铰接泵出口球阀，铰接泵压力 250bar，说明铰接泵压力可正常建立，铰接泵及泵头阀组工作正常。

(3) 关闭 V7，V4 得电，V5 断电，铰接液压缸有杆腔压力传感器压力显示 250bar，V5 得电，压力传感器压力显示为 0bar，说明 V7、V4、V5 功能正常。

(4) 在排查过程中发现 V8 无手柄，阀芯旋转轴上有"一"字标识，"一"字的方向与管路方向一致，说明 V8 正常开启状态。用扳手将 V8 的转轴旋转 90°，旋转铰接液压缸回收旋钮，铰接液压缸有杆腔压力传感器压力显示 200bar 且铰接液压缸回收。说明是 V8 开启导致压力油直接通过 V8 回到油箱，系统压力无法建立，铰接液压缸无法动作。

6.6.2 铰接液压缸短时间内快速伸出

1) 故障现象

某台盾构机在掘进过程中，铰接液压缸在锁紧状态时，铰接液压缸在短时间内快速伸出，当铰接液压缸的行程超过 140mm 时，推进模式自动关闭，需要频繁回收铰接液压缸才能保证正常掘进，影响盾构机施工进度。

2) 故障分析

铰接液压缸在锁紧状态时，液压缸伸出速度较快，说明回路存在严重泄压情况，导致泄压的原因有以下几点：

(1) 铰接液压缸内泄量较大

当铰接液压缸内泄量较大时，铰接液压缸无杆腔液压油通过液压缸活塞和缸筒之间的间隙回到油箱，液压缸活塞杆伸出。

(2) V4 内单向阀无法自锁

V4 内有 2 个单向阀，当 V4 内单向阀无法自锁时，铰接液压缸有杆腔液压油通过 V4 的下位直接回到油箱。

(3) V5 内单向阀内泄量较大

当 V5 内泄量较大时，铰接液压缸有杆腔液压油通过 V5 的间隙回到液压缸。

(4) V6 设定压力过低或内泄量较大

当 V6 设定压力过低或内泄量较大，铰接液压缸有杆腔液压油通过 V6 回到油箱。

3) 故障诊断

(1) 将铰接液压缸收回后，关闭 V7、V8，启动推进模式，推进过程中，铰接液压缸无明显伸出动作，说明液压缸内泄量正常，不影响正常使用。

(2) 将 V7 关闭，断开铰接阀组总回油管，将铰接阀组的总回路口液压油排干净后，在 V5 断电的情况下，手动顶开 V4 阀芯，压力传感器显示压力升高，观察总回油口无液压油流出,说明 V5 和 V6 正常。

(3)将 V4 拆解,发现该换向阀内部无单向阀;观察 V4 的铭牌,发现 V4 阀的机能与图纸不一致,无反向自锁功能;更换新购的 V4 后,铰接液压缸在正常推进过程中无明显伸出动作。说明是由于原 V4 内无反向自锁单向阀导致铰接液压缸有杆腔液压油通过 V4 回到油箱。

6.7 注浆液压系统故障案例

注浆液压系统通过注浆泵为注浆机提供油源,注浆机阀组通过电器元件及液压元件的控制实现自动吸浆和排浆动作。注浆系统通过调节注浆机主液压缸、吸浆缸、排浆缸的动作顺序实现注浆功能和冲洗功能,同时通过调节调速阀的流量实现注浆速度调节功能。

注浆系统由 A10VO100DFLR/31R 型轴向柱塞泵提供油源,其工作原理与辅助泵、拼装机泵、控制泵的工作原理相同,液压原理图如图 6-15 所示(原理解析详见 6.8)。

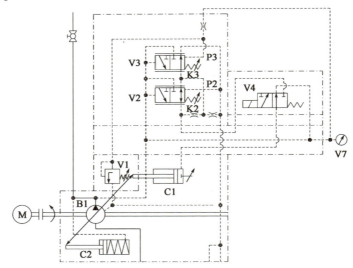

图 6-15 注浆泵原理图

B1-辅助泵;M-电机;C1-伺服缸;C2-伺服缸;V1-恒功率阀;V2-压力切断阀;V3-负载敏感阀;V4-加载阀

常规 6m 级盾构机配置 2 台 KSP-12 型注浆机,每台注浆机有 2 套控制回路,可实现 4 条注浆回路的速度调节,注浆控制回路原理图如图 6-16 所示。

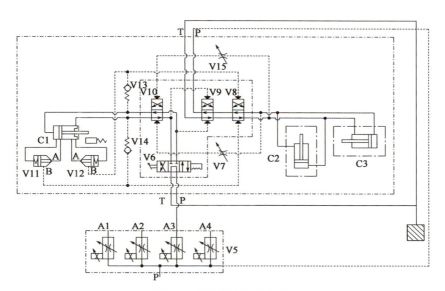

图 6-16 注浆控制回路原理图

V5-比例调速阀；V6-手动换向阀；V7-节流阀；V8-液控换向阀；V9-液控换向阀；V10-液控换向阀；V11-插装阀；V12-插装阀；V13-单向阀；V14-单向阀；V15-节流阀；C1-主液压缸；C2-吸浆缸；C3-排浆缸

  注浆泵输出液压油经过 V5 后进入注浆机控制阀，通过调节 V5 电流的大小调节通过 V5 的流量，从而实现注浆速度的调节。同时主油路分出一条控制回路控制 C2 和 C3 换向。

  V6 右位工作、V10 下位工作时，V9 下位工作，主油路液压油进入 C1 无杆腔，C1 活塞杆伸出，当 C1 活塞超过 V12 A 腔油口时，V12 阀芯右移，V12 的 A、B 腔相通，无杆腔压力油通过 V12 作用于 V8 上的先导腔，V8 上位工作，控制油路经过 V9 下位、V8 上位后作用于 C2 无杆腔、C3 有杆腔、V10 上先导腔，C2 吸浆缸伸出，吸浆口关闭，C3 排浆缸收回，排浆口开启，V10 液控换向阀上位工作，C1 回收。当 C1 回收过程中活塞超过 V11 的 A 腔油口时，V11 阀芯左移，V11 的 A、B 腔相通，有杆腔压力油通过 V11 作用于 V8 下先导腔，V8 下位工作，控制油路经过 V9 下位、V8 下位后作用于 C2 有杆腔、C3 无杆腔、V10 下先导腔，C2 收回，吸浆口开启，C3 伸出，排浆口关闭，V10 下位工作，C1 伸出，从而实现注浆管路冲洗功能。

  当 V6 左位工作、V10 下位工作时，V9 上位工作，主油路液压油进入 C1 有杆腔，C1 活塞杆收回；当 C1 活塞超过 V11 的 A 腔油口时，V11 阀芯左移，V11 的 A、B 腔相通，有杆腔压力油通过 V11 作用于 V8 下先导腔，V8 液控换向阀下位工作，控制油路经过 V9 上位、V8 下位后作用于 C2 无杆腔、C3 有杆腔、V10 上先导腔，C2 伸出，吸浆口关闭；C3 收回，排浆口开启，V10 上位工作，C1 回收。当

C1 回收过程中活塞超过 V11 的 A 腔油口时,V11 阀芯左移,V11 的 A、B 腔相通,有杆腔压力油通过 V11 作用于 V8 下先导腔,V8 液控换向阀下位工作;控制油路经过 V9 上位、V8 下位后作用于 C2 无杆腔、C3 有杆腔、V10 上先导腔,C2 伸出,吸浆口关闭;C3 收回,排浆口开启,V10 上位工作,C1 伸出,从而实现循环注浆功能。

6.7.1 注浆机主液压缸无法自动回收

1)故障现象

某台盾构机液压系统组装完成准备调试,调试过程中发现:1 路注浆机刚启动时,主液压缸可以正常伸出,主液压缸伸出到最大位置时无法自动回收;其他 3 路动作正常。

2)故障分析

2、3、4 路注浆机动作正常,说明注浆泵的功能正常,1 路注浆机在刚启动时主液压缸可伸出,说明 V5 功能正常,那么可以判断故障点在 1 路注浆机阀组上。导致注浆机无法循环动作的因素有以下几点:

(1)V10 无法换向

C1 的换向动作主要是通过 V10 换向实现的,若 V10 无法换向,则 C1 只能完成进行伸出或者回收一个动作,不能进行往复循环动作。导致 V10 液控换向阀无法换向的因素有以下几点:

①V10 卡滞。当 V10 卡滞且处于下位工作状态时,V6 左位工作时,C1 只能回收,V6 右位工作时,C1 只能伸出,不能自动进行换向。

②V10 先导腔存有空气。当 V10 先导腔存有空气时,V10 无法换向。

③V10 先导腔无压力油。当 V10 先导腔无压力油,V10 无法换向。

(2)V8 无法换向

V10 的换向是通过 V8 的换向实现的,当 V8 无法换向时,V10 无法换向。导致 V8 液控换向阀无法换向阀的因素有以下几点:

①V8 卡滞。当 V8 卡滞且处于下位工作状态时,V6 左位工作时,V10 上位工作,C1 只能伸出;V6 右位工作时,V10 下位工作,C1 只能伸出。当 V8 卡滞且处于上位工作状态、V6 左位工作时,V10 下位工作,C1 只能回收;V6 右位工作时,V10 上位工作,C1 只能回收。因此只要 V8 无法换向时,C1 只有伸出动作或只有回收动作,V6 的换向不会使 C1 换向。

②V8 先导腔存有空气。当 V8 先导腔存有空气时,V8 无法换向,C1 只有伸出动作或只有回收动作,V6 换向阀的换向不会使 C1 换向。

③V8 先导腔无压力油。当 V8 先导腔无压力油,V8 无法换向,C1 只有伸出动作或只有回收动作,V6 的换向不会使 C1 换向。

(3) V7 关闭

当 V7 关闭时,V8 出口液压油无法作用到 V10 下先导腔,V10 无法换向,C1 无法回收。

(4) V12 卡滞

当 V12 卡滞时,C1 无杆腔的液压油无法将 V12 阀芯顶开,V12 A、B 口不连通,V8 上先导腔无控制油使得 V8 换向,V8 一直处于下位工作状态。根据上述分析可知,当 V8 一直处于下位工作状态时,C1 只有伸出动作,对 V6 进行换向操作也无法实现 C1 的回收。

3) 故障点 1 诊断

(1) 启动 1 路注浆机,首先对 V6 进行换向操作,无论 V6 是左位工作还是右位工作,C1 主液压缸均无法回收。由此可以判断是 V8 阀芯卡滞且处于下位工作状态。

(2) V8 阀芯处于下位工作状态的因素有两点:一是 V8 液控换向阀卡滞,二是 V12 插装阀阀芯卡滞。根据 V8 和 V12 的机构,V12 的故障排查难度较低。将 3 路注浆机的 V12 与 1 路注浆机的 V12 的位置进行对调,1 路注浆机主液压缸依然无法伸出,3 路注浆机动作正常,说明 1 路注浆机的 V12 功能正常。

(3) V8 的结构如图 6-17 所示。将 V8 的两边端盖进行拆解,用铜棒轻轻敲击阀芯,发现阀芯卡滞无法活动;用向阀芯内喷清洗剂并反复敲击 V8 阀芯的方法,将阀芯取出来;之后,用 1000 目砂纸研磨 V8 的阀芯和阀体,然后用清洗剂对阀体进行清洗。将阀芯安装至阀体内后,安装阀芯两端的端盖,让端盖和阀体间留有间隙,点动注浆泵,待液压油填充 V8 两端并排除空气后迅速将端盖拧紧。重新启动 1 路注浆机,1 路注浆机主液压缸收回并可进行自动换向。

图 6-17　V8(液控换向阀)结构图

4）故障点 2 诊断

（1）启动 2 路注浆机，首先对 V6 进行换向。当 V6 左位工作时，注浆机主液压缸无法回收；当 V6 右位工作时，注浆机主液压缸可正常回收，回收到最大位置时无法自动伸出；当 V6 左位工作时，注浆机主液压缸可正常伸出，伸到最大位置时无法自动回收。当 V11、V12、V8 故障时，注浆机主液压缸只有伸出或回收动作，V6 换向无法改变主液压缸的动作，因此可以判断 V11、V12、V8 功能正常，故障点在 V10、V7 和 V15 上。

（2）根据 V10、V7 和 V15 的结构和排查难度，由于排查 V10 的排查难度较大且过程烦琐，V7、V15 的排查难度较低，应优先排查 V7 和 V15。

（3）启动 2 号注浆机并选择注浆挡，依次逆时针调节 V7 和 V15 的调节旋钮，V7 和 V15 的调节旋钮从最小调到最大的过程中，2 号注浆机主液压缸依然无法循环动作。关闭注浆泵，依此将 V7 和 V15 进行拆解，发现 V7 和 V15 阀芯锈蚀严重，用除锈剂及砂纸对阀芯和阀体进行清洗和研磨后安装至原位。启动注浆泵并将 2 号注浆机选择注浆挡，注浆机主液压缸动作恢复正常，可自动换向。说明由于 V7 和 V15 油路堵塞导致 V10 无法自动换向，注浆机主液压缸无法自动换向。

6.7.2　注浆机主液压缸无法伸出

1）故障现象

某台盾构机液压系统刚组装完成准备调试，调试过程中发现 2 路注浆机刚启动且 V6 换向阀处于左位时，主液压缸处于完全回收状态且无法伸出，其他 3 路注浆机液压缸动作正常。

2）故障分析

1、3、4 路注浆机动作正常，说明注浆泵的功能正常，2 路注浆机在刚启动时主液压缸可伸出，说明 V5 功能正常，那么可以判断故障点在 2 路注浆机阀组阀组上，而导致注浆机无法伸出的原因有以下几种：

（1）V6 无法换向且处于中位

当 V6 无法换向且处于中位时，主油路无液压油进入回路。

（2）V8 卡滞且处于上位工作状态

当 V8 卡滞且处于上位工作状态时，V6 左位工作时，V10 下位工作，C1 只能回收；当 V6 右位工作时，V10 上位工作，C1 只能回收。因此导致 V8 卡滞且处于上位工作状态时，注浆机主液压缸无法伸出。

（3）V11 插装阀卡滞

当 V11 卡滞时，C1 有杆腔的液压油无法将 V11 阀芯顶开，V11 的 A、B 口不连通,V8 下先导腔无控制油使得 V8 换向,V8 一直处于上位工作状态。根据上述分析可知,当 V8 一直处于上位工作状态,C1 只有回收动作,对 V6 进行换向也无法使得 C1 伸出。

3)故障排查

(1)首先将 2 路注浆机阀组上的 V6 与 4 路注浆机阀组上的 V6 进行对调,启动注浆泵并旋转注浆速度旋钮,4 路注浆机液压缸可正常动作,2 路注浆机液压缸依然无法伸出,说明 2 路注浆机阀组上的 V6 正常。

(2)将 2 路注浆机阀组的 V11 与 4 路注浆机阀组的 V11 进行对调,启动注浆泵并旋转注浆速度旋钮,2 路注浆机主液压缸伸出并且可自动换向,4 路注浆机主液压缸无法伸出;切换 V6 后,4 路注浆机主液压缸可回收,回收到最大位置后主液压缸无法伸出,切换 V6 后依然无法动作,说明 V11 异常、V8 正常。

(3)将 V11 进行拆解。阀芯 V11 阀芯无法动作,用铜棒反复敲击阀芯使其松动拆解;拆解后用 1000 目砂纸研磨阀芯和阀体,用干净的柴油清洗干净后安装至原位。

(4)启动注浆泵并旋转注浆速度旋钮,2 路注浆机液压缸可正常伸缩且可自动换向。

6.8 辅助液压系统故障案例

辅助系统主要包括后配套拖拉液压缸控制系统、管片车控制系统、螺旋输送机仓门控制系统、螺旋输送机伸缩控制系统等,这些系统特点为压力低、流量小、动作单一、结构简单等特点,后配套拖拉液压缸阀组、螺旋输送机前仓门阀组、螺旋输送机伸缩阀组原理较简单,在其他系统介绍是均有涉及,本节不做讲解。本节主要讲解辅助泵、管片车控制系统、螺旋输送机后仓门控制系统的工作原理及故障案例分析。

1)辅助泵工作原理简介

根据盾构输送机的液压系统配置不同,辅助泵的排量有 45mL/r、71mL/r、100mL/r 三种,A10VO45 DFLR/31R 型恒压变量柱塞泵作为辅助泵最为常见。常规盾构机的辅助泵、注浆泵、拼装机泵和控制泵控制原理是一致的,只是排量和功率上有所差异,辅助泵液压原理图如图 6-18 所示。

B1 在没有任何外部因素控制下,C2 活塞杆在弹簧的作用下完全伸出,泵的斜盘处于最大摆角,即泵的排量处于最大。辅助泵电机启动瞬间,B1 以最大排量输出液压油。在 V4 不得电的情况下,B1 输出液压油通过 V4 的右位进入 C1

的无杆腔,C1 活塞杆伸出,B1 泵的斜盘回到中位,辅助泵无输出(输出流量等于泵的泄漏量),处于不加载状态。

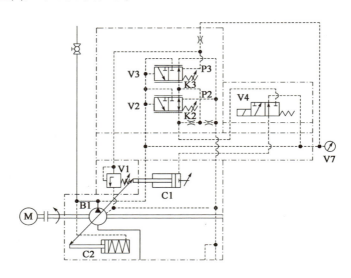

图 6-18 辅助泵液压原理图

B1-辅助泵；M-电机；C1-伺服缸；C2-伺服缸；V1-恒功率阀；V2-压力切断阀；V3-负载敏感阀；V4-加载阀

在 V4 得电的情况下,B1 的压力开始升高,当 B1 的输出压力大于 V2 右腔弹簧的压力时,V2 左位工作,B1 输出压力油通过 V2 左位、V4 左位进入 C1 的无杆腔,C1 活塞杆伸出,B1 的斜盘回到中位,辅助泵无输出(输出流量等于泵的泄漏量),辅助泵处于高压待机状态。

执行元件动作需要液压油流量为 Q_1,泵的输出液压油流量为 Q_B,泵的输出压力为 P。

当 $Q_B < Q_1$ 时,$P < P_{K3} + P_3$,V3 处于右位工作,B1 排量增加。

当 $Q_B > Q_1$ 时,在容积腔体积不变的情况下,随着液压油的增多,容积腔内压力升高,$P > P_{K3} + P_3$,V3 处于左位工作,B1 输出液压油通过 V3 的左位、V4 的左位进入 C1 的无杆腔,C1 活塞杆伸出,B1 斜盘摆角减小、排量降低。

B1 的排量降低后,回到 $Q_B < Q_1$ 时的情况,B1 的排量又会增加,于此反复之后,B1 的输出流量将稳定在一定值(即执行元件动作需要的液压油流量)。

C1 活塞杆在伸出和回收的过程中会顶到 V1 的调节弹簧,C1 活塞杆伸出时,B1 的排量降低,V1 的设定压力升高,C1 活塞杆回收时,B1 的排量增加,V1 的设定压力降低,从而实现恒功率控制。

2)管片车阀组控制原理简介

管片车的同步举升及行走动作控制原理图如图 6-19 所示。

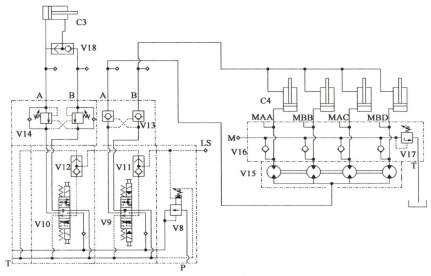

图 6-19　管片车控制液压原理图

V8-减压阀;V9-电磁换向阀;V10-电磁换向阀;V11-梭阀;V12-梭阀;V13-液压锁;V14-平衡阀;V15-同步分流阀;V16-单向阀;V17-安全阀;V18-梭阀;C3-行走液压缸;C4-举升液压缸

(1) 管片车平移原理

主油路经过 V8 减压后通过 V10、V14 进入管片车 C3,C3 在伸出时,有杆腔的液压油通过 V18 进入 C3 的无杆腔,从实现差动控制(低压大流量),即 C3 可高速低负载伸出。当 V10 下位工作时,液压油通过 V10 下位、V14 中的单向阀、V18 进入 C3 有杆腔,同时先导油将 V14 左侧开启,C3 无杆腔的液压油通过 V14 左侧回到油箱,实现 C3 回收。

(2) 管片车同步举升原理

主油路经过 V8 减压后通过 V9、V13、V15、V16 进入 C4。V15 可将油液进行平均分配从而实现 4 根液压缸升降速度一致。

3)螺旋输送机后仓门阀组控制原理简介

螺旋输送机后仓门是控制螺旋输送机土压和出渣速度的关键装置,因此螺旋输送机仓门液压缸配置行程传感器来实时监测螺旋输送机仓门的开度,同时螺旋输送机后仓门设置了紧急关闭功能,在盾构机突然断电的情况下,螺旋输送机后仓门可自动关闭,防止盾构机土仓压力降低,螺旋输送机后仓门控制阀组工作原理如图 6-20 所示。

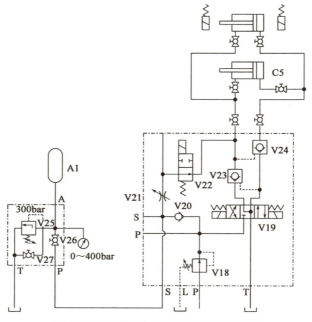

图 6-20　螺旋输送机后仓门阀组液压原理图

A1-蓄能器；V18-减压阀；V19-电磁换向阀；V20-单向阀；V21-节流阀；V22-电磁换向阀；V23-液控单向阀；V24-液控单向阀；V25-溢流阀；V26-球阀；V27-球阀；C5-液压缸

盾构机在通电情况下，V22 一直处于得电状态，V19 处于中位时，P 口液压油经过 V18 减压后经过 V20 作用于 A1 油腔，A1 为气囊式蓄能器，当 A1 油腔压力升高时，气囊开始压缩，A1 油腔存储大量高压液压油。当 V19 左位得电时，压力油经过 V19 左位、V24 进入 C5 后仓门液压缸无杆腔，同时先导油将 V23 开启，C5 有杆腔液压油通过 V23、V19 回到油箱；当 V19 右位得电时，压力油经过 V19 右位、V23 进入 C5 有杆腔，同时先导油将 V24 开启，C5 有杆腔液压油通过 V24、V19 回到油箱。

当盾构机断电时，V22 断电，A1 油腔存储的高压液压油经过 V21、V22 进入 C5 的有杆腔，C5 活塞杆回收，后仓门关闭。

6.8.1　辅助泵驱动电机温度异常

辅助泵液压原理图参见图 6-18。

1）故障现象

某台盾构机在车间调试，辅助泵启动加载后，辅助泵电机温度迅速升高并且自动停止运转。再次启动辅助泵电机,电机可正常启动,但是电机依然快速升温并自动关闭,盾构机辅助系统无法工作,影响盾构机施工进度。

2) 故障分析

辅助泵电机温度快速升高并且自动调停,说明辅助泵工作功率大于辅助泵电机的额定功率。导致出现这一现象的因素有以下两点:

(1) 电机选型错误

辅助泵电机的额定功率小于辅助泵的设定功率,电机负载过大导致发热且自动关闭。

(2) 辅助泵功率过高

辅助泵电机的额定功率小于辅助泵的功率,电机负载过大导致发热且自动关闭。导致辅助泵功率高的因素有以下两点:

① V2 设定压力过高。当 V2 设定压力过高时,辅助泵的输出功率越高,辅助泵的输出功率大于电机的额定功率时,电机温度迅速升高且自动关闭。

② V1 设定压力过高。当 V1 的设定压力过高时,辅助泵的输出压力恒定的情况下,泵的输出流量保持最大,辅助泵的输出功率超过电机额定功率。

3) 故障排查

由于辅助泵的电机和辅助泵在上一个区间工作正常且没有进行调节和更换,则电机选型错误的因素可以排除,辅助泵出口压力为 180bar,属于正常设定值,则 V2 设定压力过高因素可以排除。

(1) 用内六角扳手逆时针调节 V1 调节螺杆 2 圈,启动辅助泵电机并加载后,辅助泵电机可正常运转,说明是由于辅助泵输出功率大于电机额定功率导致电机自动停止。

(2) 辅助泵正常运转后对螺旋输送机仓门系统、管片车系统、螺旋输送机伸缩系统进行调试,发现所有液压缸的动作速度较正常液压缸动作速度慢很多,判断系统存在大流量泄压情况。对辅助系统进行逐一排查,在排查到螺旋输送机后仓门阀组是,发现蓄能器泄压管路有明显液压油流动的声音和振动,经过排查发现 V27 未关闭,辅助泵输出液压油大部分流量通过 V27 回到液压油箱。

(3) 关闭蓄能器 V27 后,辅助系统液压缸动作速度恢复正常,将 V1 调节螺杆顺时针旋转 2 圈后,辅助泵电机工作正常。说明:V27 开启状态时,辅助泵持续以大流量高压力工作,辅助泵输出功率过高;V27 关闭后,执行元件动作所需的流量较小,辅助泵的输出功率相应降低;当低于辅助泵电机额定功率时,辅助泵电机可正常运转。

6.8.2 螺旋输送机后仓门无法紧急关闭

1）故障现象

某台盾构机在工厂调试,螺旋输送机后仓门可正常开启和关闭,在测试螺旋输送机后仓门紧急关闭功能时,断开螺旋输送机后仓门紧急关闭阀线圈插头,螺旋输送机后仓门不能自动关闭。

2）故障分析

螺旋输送机后仓门可正常开启和关闭,但是不能在断电情况下进行紧急自动关闭,说明辅助泵的功能正常,故障点在螺旋输送机后仓门控制阀快上。导致螺旋输送机后仓门不能紧急关闭的因素有以下几点：

（1）V22 阀芯卡滞且处于上位工作状态

当 V22 阀芯卡滞且处于上位工作状态时,V22 将蓄能器和螺旋输送机后仓门液压缸断开,螺旋输送机后仓门液压缸无法紧急关闭。

（2）V21 堵塞或者完全关闭

当 V21 堵塞或者完全关闭,V21 将蓄能器和螺旋输送机后仓门液压缸断开,螺旋输送机后仓门液压缸无法紧急关闭。

（3）V19 选型错误

图纸中 V19 中位机能为 Y 型,若 V19 中位机能选型错误,选用 H 型或者 M 型,则 V19 在中位时,V19P 口与 T 口连通,无法为蓄能器油腔补充液压油。

（4）A1 蓄能器压力过高

A1 蓄能器气压设置为 80bar,若 A1 蓄能器气囊压力过高,液压油进入蓄能器油腔后气囊不压缩或者压缩量较小,则蓄能器油腔的容积较小,V22 断电时,蓄能器油腔不能为螺旋输送机后仓门液压缸提供液压油,螺旋输送机后仓门无法紧急关闭。

（5）V27 存在泄压情况

当 V27 存在泄压情况时,蓄能器油腔的液压油从 V27 回到油箱,蓄能器油腔压力降低。

3）故障排查

（1）首先查看 V19 铭牌,V19 铭牌显示中位为 Y 型,初步排除 V19 选型错误因素。

（2）启动辅助泵,V19 左位得电,螺旋输送机后仓门液压缸完全伸出,然后将 V19 和 V22 断电,螺旋输送机后仓门液压缸回收,V22 得电,螺旋输送机后仓门液压缸停止回收。说明 V21 开度正常,V22 可正常换向,V21 和 V22 功能正常。

(3)启动辅助泵,观察蓄能器油腔压力表,压力显示为 120bar,然后关闭 V26,等待 5min 后,A1 蓄能器油腔压力下降为 6bar,属于正常掉压范围。说明 V25 和 V27 功能正常。

(4)在 A1 蓄能器阀门连接气压表,气囊压力为 120bar,远超出正常气囊设定压力,通过氮气阀将蓄能器压力降低至 80bar,开启 V26,V22 得电,V19 左位得电,将螺旋输送机后仓门液压缸完全伸出后,V19 和 V22 断电,螺旋输送机后仓门可自动关闭。说明由于蓄能器压力过高导致油腔无法存储液压油,从而使 V22 在断电的情况下,A1 蓄能器油腔无法为螺旋输送机后仓门有杆腔提供足够的液压油,螺旋输送机后仓门无法紧急关闭。

6.8.3 管片车无动作

1)故障现象

某台盾构机在调试管片车系统时,管片车无法行走和升降。

2)故障分析

导致管片车无法行走和升降的因素有以下几点:

(1)V8 出口压力设定过低

V8 出口压力设定过低时,主油路压力油无法将回油路的平衡阀开启,液压缸无动作。

(2)辅助泵故障

当辅助泵故障时,辅助泵控制的所有执行元件均无动作,辅助泵的故障点有以下几点:

①V4 无法加载。当 V4 无法加载时,辅助泵输出液压油经过 V4 左位、V3 右位、V2 右位进入 C1 无杆腔,辅助泵斜盘处于中位,辅助泵无液压油输出。

②V2 阀芯卡滞。当 V2 阀芯卡滞且处于左位工作时,辅助泵输出液压油经过 V2 左位进入 C2 无杆腔,辅助泵斜盘处于中位,拼装机泵无液压油输出。

③V3 阀芯卡滞。当 V3 阀芯卡滞且处于左位工作时,辅助泵输出液压油经过 V3 左位进入 C2 无杆腔,辅助泵斜盘处于中位,辅助泵无液压油输出。

④辅助泵内泄量过大。当辅助泵的缸体、配油盘、柱塞等元件间隙过大或损坏时,辅助泵输出液压油经过缸体、配油盘、柱塞等元件间隙进入壳体然后回到油箱,辅助泵无高压油输出。

⑤辅助泵电机与辅助泵间的联轴器无法有效连接。当辅助泵与电机的联轴器间隙过大或辅助泵与联轴器的连接键损坏时,电机旋转并不会带动辅助泵做

功,辅助泵无压力油输出。

⑥辅助泵出口球阀未开启。当辅助泵出口球阀未开启时,辅助泵输出液压油无法抵达执行元件,辅助泵处于高压待机状态,即辅助泵输出压力为180bar,但辅助泵并无液压油输出。

3)故障排查

(1)启动辅助泵,辅助泵出口压力表显示为10bar,说明辅助泵未正常加载。将辅助泵头V4线圈插头与控制泵加载阀线圈插头对调,控制泵可正常加载,辅助泵压力表依然显示10bar,说明电气元件正常,辅助泵液压元件异常。

(2)依次将辅助泵的V4、V2和V3(V2和V3为一体阀)与控制泵的V4、V2和V3进行逐一对调,发现控制泵在更换V4、V2和V3后均可正常加载,而辅助泵依然无法加载到正常压力。说明辅助泵V4、V2和V3功能正常。

(3)通过辅助泵与电机连接法兰罩观察孔观察辅助泵联轴器的连接情况,两个联轴器的间隙约3mm左右,在正常范围内,辅助泵电机运转起来后,辅助泵驱动轴正常旋转。说明辅助泵联轴器连接情况正常。

(4)取下辅助泵壳体正下方的堵头,用干净的容器接收辅助泵壳体内流出来的液压油,静置一段时间后,用手电筒照容器内液压油,发现容器内存在铜屑。说明辅助泵内部存在异常磨损。

(5)将辅助泵送到专业厂家进行拆解,发现辅助泵缸体、配油盘、柱塞、斜盘磨损严重,且各个配合面之间存在烧黑现象,说明辅助泵的液压元件间润滑不良,液压元件配合面间的刚性油膜失效,液压元件间出现干磨现象。

辅助泵修复后装配至辅助泵电机,在安装辅助泵时须注意以下几点:

①在连接辅助泵吸油管时,不要直接将吸油管接头螺栓拧紧,要使油管和吸油口有排气口,打开油箱底部辅助泵吸油管阀门,液压油从油箱底部进入辅助泵吸油口,将管路中的空气排出,然后立刻拧紧吸油管紧固螺栓,防止吸油管路中存在空气排不出去导致液压元件出现气蚀和干磨现象;

②在连接辅助泵泄油管时,要先向辅助泵的泄油口灌入干净的液压油,待液压油淹没辅助泵内部元件后静置一段时间再观察辅助泵壳体内液压油位,若泵壳体内液压油未淹没泵内元件,则需补充液压油,液压油淹没辅助泵内部元件后连接辅助泵泄漏油管;

③检查辅助泵联轴器须与辅助泵驱动轴连接紧固,辅助泵联轴器和电机联轴器的保持合理间隙。

严格遵照以上三个要求安装辅助泵后,点动辅助泵电机,循环3次后正式启动辅助泵,在对辅助泵控制的执行元件进行动作时,各系统动作正常。

6.9 液压系统污染案例

液压系统是封闭运行的系统,隐蔽性较高,一旦液压系统出现污染,液压元件工作会出现异常甚至损坏,对整个液压系统正常运转和使用寿命造成较大的影响。

盾构机各液压系统的关联性较高,主要的几个液压系统共用一个油箱和一根主泄油管,当有一个液压系统出现污染的情况,其他液压系统可能会受到相应的影响,在污染严重的情况下可能会导致整个液压系统瘫痪。

6.9.1 液压油箱中加入水玻璃导致液压系统污染

1)案例现象

某台盾构机在掘进过程中发现推进液压缸、刀盘、注浆机无动作,推进泵、主驱动泵、注浆泵运转时有明显异响,盾构机无法掘进。

2)原因排查

询问维保人员盾构机出现液压故障前对盾构机液压系统进行的维修保养记录,发现在液压系统出现故障前,夜班维保人员有向油箱添加 3 桶液压油,对此 3 个油桶进行检查,发现有一个油桶外观较旧且油桶内部有乳白色絮状物附着在筒壁,询问库房管理员该油桶的相关事项,发现该油桶内部所装液体为水玻璃溶液,体积大约为 150L。

用干净透明的容器取油箱、液压泵壳体内部的液压油,发现液压油中有明显白色絮状物和白色颗粒。取下液压泵的泄油管接头,观察液压泵内部情况及管路内壁情况,发现液压泵壳体内壁及油管内壁有白色附着物,判断整个液压系统已经被水玻璃污染。

3)原因分析

(1)库房未将装有水玻璃的液压油桶与装有新液压油的液压油桶分类摆放且未做标识,加油人员误将水玻璃溶液加入液压油箱中。

(2)水玻璃溶液在接触空气前处于液体状态,因此水玻璃溶液可通过吸油滤芯的缝隙进入液压泵及液压回路中,液压系统前期可正常运转。当水玻璃溶液长时间流动后接触的空气越来越多便会慢慢凝固,从而导致液压元件内部元件的间隙被水玻璃固体填充,液压元件内部元件卡滞无法正常运转。

当发现液压系统故障时,禁止反复启动液压泵,因为液压泵内液压元件阻尼孔及表面附着水玻璃固体后,各配合元件之间会发生干磨的情况,液压元件损伤加剧。

4)处理措施

液压系统被水玻璃污染后,需要分别对液压系统的液压泵、马达、阀组、管路、过滤器、冷却器、油箱、传感器、压力表进行检查和清洗,处理步骤如下:

(1)安排人员将所有的液压管路做标识。

(2)安排人员先将液压泵、马达、阀组、过滤器、冷却器等维修周期较长的液压元件从盾构机上拆下来,委托专业的液压元件维修厂家进行拆解并用专业的化学试剂进行清洗,确保液压元件每个表面、油道、阻尼孔清洗干净。液压元件清洗干净后须进行检测、修复或更换,待所有元件达到标准后便可进行装配并上试验台进行检测。要求委外厂家分两批运回现场,第一批将马达维修完成并运回现场,第二批将液压泵、阀组过滤器、冷却器维修完成并运回现场,确保现场工作有效衔接。

(3)安排人员将所有的液压软管进行拆解,由于液压软管为橡胶材质,不宜采用去除水玻璃的化学试剂进行清洗,建议更换。联系专业的油管扣压厂家现场扣压液压油管,并按照旧油管的标识为新油管做标识。对于两头有弯头的油管须注意两弯头的相对角度,一旦油管两侧接头角度不对将影响后续的管路安装。

(4)安排人员将所有的液压硬管进行拆解,由于液压硬管的采购成本较高,可采用去除水玻璃的化学试剂进行清洗。将液压硬管的一头进行封堵,从另外一头倒入化学试剂进行浸泡 15 分钟,随后用管道清洁球反复清洗油管内壁,确保管路内壁无附着物。若硬管上有堵头,需将堵头拆卸下来,对堵头及油管拐角处进行清洗。

(5)将油箱中的旧液压油排干净,工作人员做好防护后进入油箱,取出油箱内的滤芯,然后用沾有化学试剂的清洁工具对油箱内壁进行清洗,注意将油箱上的蝶阀、滤芯安装位置清洁干净,油箱内壁处理干净后更换油箱内的滤芯。

(6)第一批委外维修完成的主驱动马达、拼装机马达及螺旋输送机马达运回现场并安排人员进行安装,注意马达的安装角度及 A/B 口的方向。

(7)在安装马达的同时按照管路标识进行设备桥及拖车顶部液压硬管安装,在安装硬管前需对油管内壁的情况进一步检查,确保管路内部无杂质附着。

（8）第二批委外维修完成的液压泵、阀组、过滤器、冷却器运回现场并安排人员进行安装,过程中注意防护传感器、接头及电磁阀。

（9）按照油管标识连接软管,软管连接前须进行清洗,避免橡胶管路内壁有杂质污染液压系统。由于软管数量较多,软管堆在一起时寻找困难,安装前应提前按照系统或者尺寸进行分类,缩短管路寻找的时间;在安装液压泵的吸油管时先不要将法兰螺栓拧紧,以便后续排除液压管内的空气。

（10）向油箱中加入干净的液压油,在加油前需对新添加的液压油进行检查,避免出现油液污染的情况。

（11）打开油箱下方液压泵吸油管的蝶阀,液压油从液压泵吸油口油管处流出后便可拧紧油管法兰螺栓,通过此方法可排除液压泵吸油管的大部分空气。

（12）通过液压泵的泄漏油口向液压泵的壳体内注满液压油,可以防止液压泵刚启动时液压元件之间无液压油润滑出现干磨现象。

（13）液压系统调试。

6.9.2 液压泵损坏产生的金属杂质导致液压系统污染

1）案例现象

某台盾构机掘进过程中1号刀盘泵突然出现异响,刀盘转速及刀盘泵压力急剧下降,盾构机无法正常掘进。

2）原因排查

（1）1号主驱动泵运转过程中出现明显异响,则1号主驱动泵内部元件损坏的可能性较大。取下主驱动泵壳体正下方的堵头,有干净容器盛主驱动泵壳体流出来的液压油,发现液压油中有大量铜块和铜屑,判断1号主驱动泵损坏,须委托专业的液压元件维修厂家维修。

（2）拆解1号主驱动泵的泄漏油管,用干净的容器接收泄漏油管流出的液压油,发现液压油中有大量铜屑,初步判断铜屑可能通过泄漏油管进入其他泵。

（3）依此取下2号刀盘泵、3号主驱动泵、推进泵、注浆泵、拼装机泵、辅助泵壳体正下方的堵头并用干净的容器接收壳体流出的液压油,发现2号主驱动泵、3号主驱动泵、注浆泵、辅助泵四台泵壳体流出的液压油中有铜块和铜屑,推进泵和拼装机泵壳体流出的液压油中存在少量的铜屑,说明该盾构机泵站系统已被铜屑污染,须将所有液压泵拆解并送到专业液压元件维修厂家拆解、检查、清洗、维修。随机抽取两台主驱动马达送到液压元件维修厂家拆解、检查。

（4）液压泵、马达拆解完成后，各液压元件的拆解情况如下：

①1号主驱动泵缸体、柱塞、配油盘、止推板等核心元件全部损坏，柱塞滑靴磨损严重，柱塞与滑靴脱离，缸体铜层磨损严重，止推板磨损严重，拆解情况如图6-21～图6-24所示，该批配件须更换。

图6-21　主驱动泵柱塞

图6-22　主驱动泵柱塞滑靴

图6-23　主驱动泵止推板

图6-24　主驱动泵缸体

②2号主驱动泵及3号主驱动泵磨损情况相对1号泵较好，但是缸体、柱塞、配油盘、止推板等核心配件损坏程度依然达到报废标准，亦须更换。

③推进泵、辅助泵、注浆泵、拼装机泵等泵配件磨损情况属于正常磨损，虽然壳体内部有少量铜屑，但是由于发现并处理及时，液压泵内部元件尚未异常磨损或损伤，稍做修复即可使用。

在对主驱动泵损坏的配件进行研究时，发现部分柱塞的阻尼孔内有橡胶颗粒，同时在现场检查盾构机液压系统时发现盾构机液压系统的主回油管及主泄油管接反，一号台车至盾体的主回油管接到二号拖车的主泄油管，一号台车至盾体的主泄油管接到二号拖车的主回油管。

3)原因分析

通过上述排查过程可判断该盾构机液压系统污染是由1号主驱动泵内部柱塞、缸体等铜质配件损坏产生的铜块和铜屑导致。导致1号主驱动泵内部元件损坏的原因有以下两点:

(1)橡胶颗粒堵塞柱塞阻尼孔

柱塞泵运转过程中,柱塞滑靴在止推板上滑动,压力油通过柱塞球头内的阻尼孔进入滑靴和止推板之间,因滑靴和止推板之间的间隙约0.01mm左右,压力油在滑靴和止推板之间产生一个流体压力场,形成的油膜刚度有效支撑柱塞滑靴和止推板摩擦面达到压力平衡,以保证滑靴和止推板的摩擦为液体摩擦。压力油对止推板产生的推力要推开止推板,但是因为止推板被斜盘机械限位固定,压力油只能从0.01mm的间隙中喷出从而形成静压油膜,这个压力油膜使滑靴和止推板两金属间在摩擦时没有产生直接接触,使泵可以正常运转。当柱塞球头的阻尼孔堵塞时,无足够的液压油通过阻尼孔进入滑靴和止推板之间的间隙,导致柱塞和滑靴间刚性油膜失效。当柱塞滑靴和止推板相对运动时产生干摩擦,产生铜屑;当磨损加剧时会使得滑靴脱落,柱塞球头与止推板产生干摩擦,致使止推板迅速破坏。

(2)总泄油管与总回油管接反

柱塞泵在吸油过程中,低压侧柱塞滑靴面为泄漏油压力,柱塞另一端为吸油压力。当泄漏油作用到柱塞上的力大于吸油腔作用在柱塞上的力时,滑靴与止推板脱离;当柱塞运行到高压区时,在高压油的作用下,柱塞滑靴会与止推板贴合,在泵的高速运转下就会造成柱塞滑靴脱盘和撞击。长时间高速运转会使泵柱塞滑靴磨损加剧,甚至造成损坏。液压系统设计要求泄漏油路不允许有背压,因此泄油回路不安装滤芯;而回油管是允许有背压,并且由于液压系统长时间运转,液压元件存在老化或者进入杂质,因此回油管路需要装滤芯。当总泄油管与总回油管接反时,盾构机推进液压缸的回油流量较大,以及回油滤芯的背压导致主驱动泵壳体压力增高,滑靴与止推板长时间反复撞击导致滑靴损坏。

4)处理措施

液压泵损坏导致的液压系统污染的处理措施与液压系统水玻璃污染的处理措施流程类似,但是可以根据现场工期进度及成本考虑相对简化。

液压系统被水玻璃污染后,需要分别对液压系统的液压泵、马达、阀组、管路、过滤器、冷却器、油箱、传感器、压力表进行检查和清洗。具体处理步骤如下:

(1)安排人员将所有的液压管路做标识。

（2）安排人员先将液压泵、马达、阀组、过滤器、冷却器等维修周期较长的液压元件从盾构机上拆下来，委托专业的液压元件维修厂家进行拆检。液压元件清洗干净后须进行检测、修复或更换，待所有元件达到标准后便可进行装配并上试验台进行检测。要求委外厂家分两批运回现场，第一批将马达维修完成并运回现场，第二批将液压泵、阀组过滤器、冷却器维修完成并运回现场，确保现场工作有效衔接。

（3）安排人员将所有的液压软管和硬管进行拆解，并用管路清洗设备对液压管路进行清洗。

（4）将油箱中的旧液压油排干净，工作人员做好防护后进入油箱，取出油箱内的滤芯，然后对油箱内部进行清洗，注意将油箱上的蝶阀、滤芯安装位置清洁干净，油箱内壁处理干净后更换油箱内的滤芯。

（5）第一批委外维修完成的主驱动马达、拼装机马达及螺旋输送机马达运回现场并安排人员进行安装，注意马达的安装角度及 A、B 口方向。

（6）在安装马达的同时按照管路标识进行设备桥及拖车顶部液压硬管安装，在安装硬管前需对油管内壁的情况进一步检查，确保管路内部无杂质附着。

（7）第二批委外维修完成的液压泵、阀组、过滤器、冷却器运回现场并安排人员进行安装，过程中注意防护传感器、接头及电磁阀。

（8）按照油管标识连接软管，软管连接前须进行清洗，避免橡胶管路内壁有杂质污染液压系统。由于软管数量较多，软管堆在一起时寻找困难，安装前应提前按照系统或者尺寸进行分类，缩短管路寻找的时间；在安装液压泵的吸油管时先不要将法兰螺栓拧紧，以便后续排除液压管内的空气。

（9）向油箱中加入干净的液压油，在加油前需对新添加的液压油进行检查，避免出现油液污染的情况。

（10）打开油箱下方液压泵吸油管的蝶阀，液压油从液压泵吸油口油管处流出后便可拧紧油管法兰螺栓，通过此方法可排除液压泵吸油管的大部分空气。

（11）通过液压泵的泄漏油口向液压泵的壳体内注满液压油，可以防止液压泵初启动时液压元件之间无液压油润滑出现干磨现象。

（12）调试液压系统。

第7章 盾构机液压技术发展趋势及展望

随着经济和社会的发展,人们对人类赖以生存的环境有了一个更高的要求,希望有一个安全无污染、环保舒适的生存环境。尽管近年来液压技术有了快速发展,但液压传动效率低、噪声大、成本高、泄漏污染环境等缺陷严重削弱了它的竞争力。而这些缺陷明显与人们的期望和现代化工业的发展潮流相违背。为此,必须充分发挥液压技术的优势,改善其不足,注重与计算机及电子技术相结合,逐步扩大其应用领域。降低能耗、提高效率、适应环保需求、提高可靠性是液压传动技术发展的永恒目标,也是液压产品参与市场竞争是否取胜的关键。

液压技术的发展是多方面动力综合作用的结果,既有经济社会发展方面的要求,也有市场需求方面的要求,同时还有汲取与其相关技术并与替代性技术竞争的要求。

展望未来,液压元件将向高性能、高质量、高可靠性、系统成套方向发展;向低能耗、低噪声、低振动、无泄漏;以及污染控制、应用水基介质等适应环保要求方向发展;行业将努力开发高集成化、高功率密度、智能化、机电一体化以及轻小型、微型液压元件;积极采用新工艺、新材料和电子、传感等高新技术。纵观行业发展,智能化、节能、绿色、可靠性是未来行业技术发展的主要趋势。

1) 盾构机液压核心部件国产化

我国从 2000 年开始对盾构机进行技术吸收和创新,通过引进外资企业和合作研发,逐步提高盾构机生产的质量和性能。这个阶段取得了一些成就,如国产化率逐步提高、外销市场增加、盾构机在大型工程中的应用不断扩大等。近年来,我国盾构机制造业进入了自主创新、品牌提升的阶段,通过投入大量研发资源,我国盾构机制造业在各个方面都有了大幅提升,如技术、创新、品质、服务等。同时,国家也出台了一系列政策支持和鼓励民营企业参与,加速了盾构机行业的自主创新。我国盾构机制造所取得的成果也逐渐得到国内外客户的认可,并逐渐实现了品牌提升。

同时在其发展过程中也存在一些问题,如核心关键技术及部件依然受限于进口、大型盾构机生产能力不足等。在液压系统方面,除了液压缸完全实现了国产化,其他核心部件如泵、马达、阀组等依然使用进口产品,如德国博世力士乐、哈威、阿尔维勒、美国派克汉尼汾、伊顿、法国波克兰、日本川崎重工、意大利阿托斯等。

(1)国家政策支持

从国家战略层面来看,中国工业发展目标为到2025年建设成世界制造强国,液压件作为核心基础零部件,目前还无法实现自主保障,高端液压件受制于外资厂商,中国液压件行业资深专家指出,进口替代将是未来行业发展的重要趋势之一,中低端液压件市场较小且利润偏低,市场已明显过剩。出于生存考虑,未来具备一定技术能力与资金实力的国产液压件厂商要继续攻克高端液压技术,向高利润的高端液压件市场延伸。

作为装备制造业的重要支撑产业,国家高度重视液压产业的发展。近年来,国家先后出台了《中国制造2025》《中国国民经济和社会发展第十四个五年规划和2035年远景目标纲要》《液压、液压与气动密封行业第十四个五年发展规划纲要》等政策性文件,在集中优势资源攻关关键零部件、基础材料等领域提出了关键核心技术。实施产业基地再造工程,加快补齐基础零部件、基础软件、基础材料、基础技术、产业技术基础等瓶颈和短板;深入实施智能制造和绿色制造工程,发展新型服务型制造模式,推进高端智能和绿色制造;深入实施提升制造业核心竞争力和技术改造专项,鼓励企业应用先进适用技术,加强设备更新和新产品规模化应用;培育先进制造业集群,促进工程机械等行业创新发展。国家和地方政府部门在政策支持、产业项目等方面给予了大力帮助,为行业发展创造了有利条件。

国家部署推进新型基础建设,加快推进5G基站、特高压、城际高速铁路和城际轨道交通、新能源汽车充电桩、大数据中心、人工智能、工业互联网等新型基础设施建设,拉动经济增长、扩大内需。在"内循环"大背景下,新基建投资将持续提振液压元件的需求,国内液压龙头企业不断提升技术水平和产品竞争力。在此背景下国产高端液压件产品的替代进口产品的进程进一步加快。

(2)国内液压企业追求技术创新

近年来,国内一些液压制造企业根据国内盾构机市场应用的特点,不断追求技术创新,研发适用于盾构机液压系统的各类产品。其中以江苏恒立液压股份有限公司、黄山工业泵制造有限公司、广东科达液压技术有限公司等为代表的企业,为盾构机配套了油缸、高压柱塞泵、螺杆泵、大排量马达等液压系统核心零部件,已经能够满足地下施工过程中高频率、高负载、震动、污染等复杂工况需求。

(3)国产化发展趋势

①制造业转型升级、技术聚合,促进产业结构优化

近年来,我国陆续出台了相关政策及措施,从核心基础零部件的强化攻坚着手,并结合新工艺技术、新材料的推动,致力于提高液压件的配套件及原材料质量、检验检测、测试评价与标准研究等完整产业链。中国高端液压件产业将迎来快速、健康发展的机遇。在此期间,充分利用各种行业资源,升级制造瓶颈,进一步优化液压产品结构,加快高端液压件的创新和产业化进程。

②下游行业发展强势聚拢,市场需求个性化、多元化

液压产品作为制造业的通用基础零部件,其下游行业分布较广,随着液压元件加工处理技术的不断升级,应用范围也在不断拓展。过去液压产品仅用于机床行业到工程机械,液压产品的使用几乎遍布所有制造业。我国液压产品的下游行业以工程机械、汽车、重型机械、机床工具等为主。数据显示,其中占国内液压产品销售额46%的工程机械移动液压为液压行业最主要的下游行业。

③行业绿色化、产品数智化

下游产业技术升级改造与日趋完善的环保法律法规使得液压元件必须向着智能化、节能化、绿色化,特别是向着高效、高功率密度、低噪声、低振动、零泄漏以及抗污染控制、多基介质等适应环保要求方向发展。

④协同发展,齐步迈向"工业4.0"与"互联网+"时代

中国在全球领先的互联网技术为液压产业的"工业4.0"与"互联网+"打下了坚实基础。液压行业"工业4.0"与"互联网+"的关键是通过对各液压元件的控制来实现主机装备的整体自动控制。未来随着5G通信技术的推广,液压泵、马达、液压缸、阀等元器件中可直接设置通信地址,大大缩短控制响应时间,让主机产品呈现更强的实时性。同时主机装备大量实时运转产生的大数据快速存储运算,详细记录液压元件的工作状况与性能状态,诸如故障的积累分析与数据的搜集,为不断改进产品设计提供有力的数据支撑。

⑤多方举措,提升可靠性,为进口替代夯实基础

高效、高标准、高可靠性系统集成发展是液压元件的目标。我国液压产品长期因可靠性差、使用寿命低的问题导致盾构机厂商和终端用户长期不敢用、不愿

意用国内液压品牌,以致液压产品长期依赖进口。经过多年的积累和发展,我国目前液压产品企业整体制造工艺水平已初具规模。同时,行业通过技术研究建立起行之有效的、较为全面的可靠性评估技术将为产品的进口替代打下坚实基础。

2) 自动化控制技术

目前盾构机液压控制技术水平较低,仍停留在 PLC 之类的控制水平上,而线控技术或网控技术几乎是空白的。

现场总线是一种新型的网络自动化系统。它以现场总线为纽带,把挂接在总线上相关的网络节点组成自动化系统,实现基本控制、补偿计算、参数修改、报警、显示、综合自动化等多项功能。是一项以智能传感器、控制、计算机、数字通信、网络为主要内容的综合技术。现场总线的种类很多,如基金会现场总线 FF(Fieldbus Foundation)、LonWorks 总线(Lucal Operating Netwok)、CAN 现场总线(Controller Area Network)、CEBUS 消费电子总线(Consumer Electronic Bus)等。以 CEBUS 标准为例,说明现场总线的特点及其在液压监控系统中的适应性。CEBUS 是英文 Consumer Electronics Bus 的缩写,是美国电子工业协会开放标准 EIA-600 的一个重要组成部分。因其具有协议构成简单、易于实现、抗干扰、性能好、全数字传输和良好的扩展性和开放性,已被广泛应用到许多分散控制系统和监控系统中。CEBUS 标准是挂于国际标准化组织的开放系统互联参考模型的,和该模型相比,CEBUS 标准中省略了其中的表示层、会话层和传输层,以降低产品开发的成本和复杂度,同时这种简化的协议模型也更适合于生产现场的实时控制。CEBUS 标准定义了所有必需的网络和通信功能,并专门针对电力线媒介提供了规范。可实现总线供电,并且由于采用电力线作为通信媒介,其带载能力得到保证。该标准采用载波侦听多路访问和冲突检测解决机制(CSMA/CDCR),可以在低压电力线上实现无连接的点对点的通信。CEBUS 标准在物理层采用了基于扫频波(chirp 波)的扩频通信技术,且其信息包发送采用短帧结构,具有很强的抗干扰和抗衰减能力。其传输速率为 10k/bps。CEBUS 现场总线是专为现场而设,具有本征安全性,它可工作于易燃易爆环境中。由以上分析可以看到 CEBUS 标准特别适合于液压系统的状态监控。

对精确度要求较高的,例如切削加工机床,使用分散控制式的液压监控软件,它采用了液压阀、液压缸和位置测量系统复合的液压伺服机构,使得计算机(PC)控制软件可以像控制电气元件一样来控制调节各个液压元件。可编程逻辑控制器(PLC)数据库使得液压定位的控制和自动化工作过程的同步运行更加方便。其控制电路与电气自动化控制基本没有什么区别,它同时也对操作与监控进行调节。另外,液压控制软件也可在 PLC 的标准环境中工作,而且是全透明的运行。利用这种液压控制软件可以对内部数据进行读写,最大限度地满足了操作监控和自动化控制的需要。所有液压系统的控制信号均可在工业控制局域网的接线柱中测得。可以被检测的信号包括:实际位置信号、实际压力信号和控制阀的状态、设置参数。利用液压控制技术可以满足各种要求,新的适时以太网解决方案以及与新以太网方案配套的连接元器件可以满足高新技术领域中高精度切削加工机床液压控制系统的所有需要。

现代化的液压自动化控制软件使得自动化工程技术人员可以像使用电气控制软件一样方便自如地进行操作因为在解除了技术壁垒的封锁之后,各种专项控制技术之间有了很大的融合与统一。在液压控制技术中不断创新的目标是:为用户提供更全面、更可靠、更物美价廉的自动化控制解决方案。

3)工作介质的发展新方向

工作介质的发展新方向是水液压。水液压是以水为工作介质,具有无污染、安全、清洁卫生等优点,符合低碳环保这一要求。而以水为介质的水压传动技术具有结构简单、效率高、经济等优点,在众多领域有着广泛的应用前景。除此之外,新兴的电流变液、磁流变液研究与发展,将会是液压技术的一大创新与改革。磁流变液是一种机敏材料,在外加磁场的作用,液体的黏度发生很大的变化,具有很强的抗剪切性能,易于控制并且连续可控。

(1)水压传动技术概述

用水作为介质的液压元件古而有之,最早的液压设备就是用水为介质的。但后来所谓"水压机"的介质中也添加了许多东西以满足方方面面的性能要求,其实是一种乳化液。后来发展的"难燃液压液"有几种也是水基的。在某种意义上,液压技术是以元件与工作介质互相适应和协调而发展的技术。液压介质性能水平的提高对于现代液压技术的发展功不可没。现在所谓的水液压元件企图采用普通水或天然海水作为介质,所有技术难点就都集中到了元件本身。液压元件的发展越来越依赖于材料科学和制造技术的进步,这在水液压元件中体现得尤为突出。在现代技术条件下,制造出能在密封、自润滑、抗蚀等性能方面适应纯水甚至海水介质的液压元件是可能的。水上和水下作业的船只和装置上,以及用高压水工作的设备中(如高压水清洗、切割设备、消防设备和艺术喷泉等),使用直接从外界吸水和向外排水的开式循环水液压系统有其必要性和合理性。水压传动技术是基于绿色设计和清洁生产技术而重新崛起的一门新技术。由于水具有清洁、无污染、廉价、安全、取之方便、再利用率高、处理简单等突出优点，用其取代矿物油作为液压系统工作介质时不仅能够解决未来因石油枯竭带来的能源危机，而且能够最大限度地解决因矿物油泄漏和排放而带来的污染与安全问题，最符合环境保护以及可持续发展的要求。这使得人们开始重新考虑和认识到将这一清洁能源作为液压系统工作介质的重要性，并已引起人们的普遍关注，成为现代水压传动技术发展的最直接动力。

（2）水压传动技术特点

①资源丰富，来源广泛，再利用率高。水是地球上最为丰富且与世共生的资源，在水压传动系统应用的整个周期内，可多次回收，重复使用，且不易变质。

②水是一种无毒无污染资源，对人体和环境无害。有利于提高工作环境的舒适性和安全性，排出的液体不需作任何处理即可直接排放，从根本上消除油压传动系统因泄漏和排放而造成的环境污染。

③阻燃性好，安全性高。特别适合高温、核辐射和明火等场合下的应用，有效地解决油压传动所带来的易燃、易爆、油蒸汽对人体的危害等安全问题以及核辐射造成的液压变质和放射性污染等问题。

④处理技术与工艺简单，系统的运行与维修费用低。水长时间使用不会变质，使用前后的水处理简单而且不需要使用冷却装置，大大简化了系统组成。

（3）水压传动技术的应用及展望

随着科学技术的进步，水压产品及技术取得了较大的进展。目前不仅水压泵形式增多了，符合国际化标准组织（ISO）及欧洲流体传动委员会（CETOP）等标准连接尺寸规格的各种阀，甚至叠加阀、比例阀和连续可调的流量控制阀都形成了产品系列，配套使用的液压缸、油箱、接头零件、密封件等也一应俱全，而且在专家的指导下，用户可以根据自己的需求进行系统配组。在欧、美水压传动开始广泛进入食品工业、医药、化学、造纸木材加工、海上作业、核能工业、消防工程、地质钻探、环境工程等一些对安全、清洁、环境无害要求较高的行业。一些量大面广的街道和路面清洗车以及新的铁路机械中的应用，加上传统的钢厂轧机和水压机等应用正在扩大。可见水液压作为一种更符合环保要求的传动技术，将会使流体技术在与电传动技术的竞争中得到新的支持。随着新材料、新技术的不断涌现，必将推动水压技术的发展，逐步地取代现有的油压传动系统。

4) 液压系统故障智能诊断技术应用

智能诊断是人工智能技术在设备故障诊断领域中的应用,它是计算机技术和故障诊断技术相互结合与发展进步的结果。智能诊断的本质特点是模拟人脑的机能,可有效地获取、传递、处理、再生和利用故障信息,成功地识别和预测诊断对象的状态。在液压技术领域,智能诊断的对象主要是构成与控制机理复杂的液压系统、连续运行的液压系统、高精度与高可靠性的液压系统等,其故障的多样性、突发性、成因的复杂性、危害的严重性等使得仅靠人工诊断难以及时顺利地完成。液压泵与伺服阀等关键元件因其重要性和复杂的故障机理也是智能诊断的主要对象。

(1) 液压系统故障智能诊断的意义

液压装置对污染等干扰因素敏感,易产生故障。设备故障或劣化直接影响或威胁正常生产,它往往造成全线停机。液压系统是结构复杂的机、电、液综合一体的系统,具有机液耦合、时变和非线性等特点。液压系统故障的发生具有一定的随机性。故障的多样性、因果关系的复杂性、故障诊断对领域专家经验的依赖性等是液压故障的重要特点,智能诊断系统日益显示出它的重要性和不可替代性。

在当代科技条件下,液压故障诊断智能系统具有以下优越性:能根据现有的和可测得的液压件有关参数与症状得出故障原因(找出症状可能原因中的真正原因并指出其存在可能性的大小)、故障性质、严重程度,解释故障机理。做到定性分析与定量分析相结合。能提示出液压件故障对应的特征信息。能根据历史数据及液压件现状预测其磨损劣化趋势与使用寿命。具有友好的人机界面,能与诊断人员顺利进行信息交流。具有良好的知识获取与自学习能力,便于维护和扩充,并能根据诊断误差自动修改诊断模型。

总而言之,智能诊断可在故障诊断过程中起提示、引导、参考、咨询、解释、纠正错误、数据统计、资料整理等作用。

(2) 液压系统故障智能诊断的主要方式

专家系统和神经网络是当前研究人工智能的两种主要方法。

① 专家系统

专家系统以其知识的永久性、共享性和易于编辑等特点得到人们的普遍重视和利用。20世纪80年代以来,专家系统的研究和应用迅猛发展,是人工智能走向实际应用的重大突破。特别是在产生式专家系统中,知识是用规则显式地表达的,这种知识通常是系统性、理论性较强的逻辑知识,因此求解结果可靠性高。由于知识是显式的,具有很好的解释能力。然而专家系统的发展遇到了知识获取的"瓶颈""窄台阶"等困难,其支持能力受到较大的限制。

以非线性大规模连续时间模拟并行分布处理为主流的神经网络理论为人工智能的发展开辟了一条崭新的途径。人工神经网络利用神经网络所具有的容错能力、学习功能、联想记忆功能、分布式并行信息处理,较好地解决了传统方法在知识表示、获取和并行推理等问题上的"瓶颈"问题。特别人工神经网络不需要事先组织大量产生式规则,也不需要进行树搜索,使系统开发周期大大减少并提高了求解速度。

②模糊诊断

智能诊断还与系统辨识、模式识别、模糊理论、灰色系统理论等密切相关。

系统辨识是用系统的输入输出数据所提供的信息来建立系统的数学模型。液压系统的动态特性都反映在其输入输出数据中,所以用系统辨识方法所获得的模型能较准确地反映系统的实际状况。

模式识别是指识别出给定物体所模仿的标本。人工智能所研究的模式识别是指用计算机 代替人类或帮助人类感知模式,是对人类感知外界功能的模拟。计算机模式识别系统具有接受外界信息识别和理解对象的能力。模式识别是常用的故障诊断方式。

模糊诊断一般采用的诊断原则有最大隶属度原则、阈值原则、择近原则等。模糊逻辑理论和神经网络技术在知识表示、知识存储、推理速度及克服知识窄台效应等方面起到了很大的作用,其中模糊逻辑主要模仿人脑的逻辑思维,具有较强的结构性知识表达能力,神经网络模仿人脑神经元的功能,具有强大的自学习能力和数据的直接处理能力。因此有必要将两者结合起来形成模糊神经网络。

液压故障的灰色诊断可通过灰色关联度分析的途径来实现,这是一种整体的比较方法,它是灰色系统理论分析和随机量处理的一种方法,也是一种从数据到数据的映射。

(3)智能诊断的发展前景展望

①诊断系统的不断完善

智能诊断系统存在一些局限性,人们正积极寻找解决这些局限性的方法,包括采取机器学习的方法解决知识获取的瓶颈问题;在浅层知识的基础上增加深层知识,以增强系统的适应性和强壮性;采取多种知识表示方法及多种求解策略来改进系统的灵活性;采取并行处理和分布式系统结构来改进其实时性等。神经网络的改进主要是在神经网络模型本身的改进和采用模块化的神经网络诊断策略这两方面展开。

机器学习已成为人工智能的核心,人们正着力于提高智能系统的学习能力,并期望由此克服知识获取瓶颈、知识脆弱性、知识库过于庞大和非结构性、求解方法单一、系统直觉判断能力差的问题等。机器学习经历过神经元模型的研究、符号学习的研究、连接学习的研究三个阶段,目前已进入到符号学习与连接学习相结合的研究阶段。学习的方法主要是机械学习、示例学习和解释学习等。人工智能的努力方向是实现系统的开放性、结构性、有效性、工作机构与学习机构的正反馈性、系统的相互作用性等。

②通过组合化改进系统

智能诊断的各种方法本身存在这样或那样的缺点,各种方法相互融合、取长补短将是一个非常重要的发展方向。专家系统的知识处理模拟的是人的逻辑思维,人工神经网络的知识处理所模拟的是人的经验思维(即模式类比,也叫形象思维)机制。在人类智能活动中,最常发生的是经验思维,当经验思维解决不了问题时,通常要转向更深一层次的逻辑思维,如果问题更加复杂,就需要转向创造性思维。

组合化的研究方向主要是组合智能系统的集成模型的研究;组合系统中各种神经网络知识获取方法的研究;各种神经网络知识表示能力的探讨;基于神经网络推理方法研究;组合智能系统开发工具的研究;以及解决复杂实际问题的应用研究等。

③虚拟化

虚拟化则是指监测与诊断仪器的虚拟化。传统仪器是由工厂制造的,其功能和技术指标都是由厂家定义好的,用户只能操作使用,仪器的功能和技术指标一般是不可更改的。随着计算机技术、微电子技术和软件技术的迅速发展和不断更新,在国际上出现了在测试领域挑战整个传统测试测量仪器的新技术,这就是虚拟仪器技术。

"软件就是仪器",反映了虚拟仪器技术的本质特征。一般来说,基于计算机的虚拟仪器系统主要是由计算机、软面板及插在计算机内外扩槽中的板卡或标准机箱中的模块等硬件组成,有些虚拟仪器还包括有传统的仪器。由于其具有开发环境友善,具有开放性和柔性,若增加新的功能可方便地由用户根据自己的需要对软件作适当的改变即可实现,用户可以不必懂得总线技术和掌握面向对象的语言等特点,使得将其应用于液压系统乃至整个机械设备监测与诊断仪器及系统是一个新的发展方向。

④高精度化

对于高精度化,是指在信号处理技术方面提高信号分析的信噪比。不同类型的信号具有不同的特点,即使是同一类型的信号也可以从不同的角度进行描述和分析,以揭示事物不同侧面之间的内在规律和固有特性。对于液压系统而言,其信号、系数通常是瞬态的、非线性的、突变的,而传统的时域和频域分析只适用于稳态信号的分析,因此往往不能揭示其中隐含的故障信息,这就需要寻找一种能够同时表现信号时域和频域信息的方法,时频分析就应运而生。小波分析就是这种分析的一种典型应用,将小波理论应用于这些信号的处理上,可以大大提高其分辨率。可以预见,信号分析处理技术的发展必将带动故障诊断技术的高精度。

⑤状态化

状态化是对监测与诊断而言的。据美国设备维修专家分析,有将近1/3的维修费用属于"维修过剩"造成的费用,原因在于:目前普遍采用的预防性定期检修的间隔周期是根据统计结果确定,在这个周期内仅有2%的设备可能出现故障,而98%的设备还有剩余的运行寿命,这种谨慎的定期大修反而增加了停机率。美国航空公司对235套设备普查的结果表明,66%的设备由于人的干预破坏了原来的良好配合,降低了其可靠性,造成故障率上升。因此,将预防性定期维修逐步过渡到"状态维修"已经成为提高生产率的一条重要途径,也是现代设备管理的需要。随着科技的发展,可以利用传感技术、电子技术、计算机技术、红外测温技术和超声波技术,跟踪液体流经管路时的流速、压力、噪声的综合载体信号产生的时差流量信号和压力信号,并结合现场的各种传感器,对液压系统动态参数(压力、流量、温度、转速、密封性能)进行"在线"实时检测。这就能从根本上克服目前对液压系统"解体体检"的弊端,并能实现监测与诊断的状态化,解决"维修不足"与"维修过剩"的矛盾。

⑥智能化

随着人工智能技术的迅速发展,特别是知识工程、专家系统和人工神经网络在诊断领域中的进一步应用,人们已经意识到其所能产生的巨大经济和社会效益。同时由于液压系统故障所呈现的隐蔽性、多样性,以及成因的复杂性和进行故障诊断所需要的知识对领域专家实践经验和诊断策略的依赖性,使得研制智能化的液压故障诊断系统成为当前的趋势。以数据处理为核心的过程将被以知识处理为核心的过程所替代;同时,由于实现了信号检测、数据处理与知识处理的统一,使得先进技术不再是少数专业人员才能掌握的技术,而是一般设备操作工人所使用的工具。

⑦网络化

随着社会的进步,现代大型液压系统非常复杂、十分专业,需要设备供应商的参与才能对它的故障进行快速有效的诊断,而设备供应商和其他专家往往身处异地,这就使建立基于 Internet 的远程在线监测与故障诊断成为开发液压系统故障诊断的必然趋势。远程分布式设备状态监测和故障诊断系统的典型结构如图 7-1 所示。

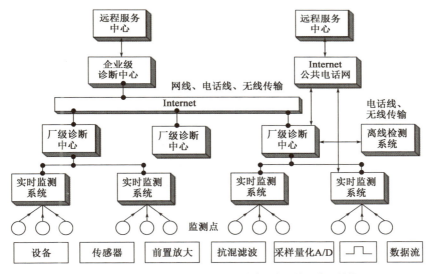

图 7-1 远程分布式设备状态监测和故障诊断系统的典型结构

首先在企业的各个分厂的关键液压设备上建立实时监测点,实时监测系统进行在线监测并采集故障诊断所需的设备状态数据,并上传到厂级诊断中心;同时在企业内部建立企业级诊断中心,在技术力量较强的科研单位和设备生产厂家建立远程诊断中心。当然,并不是所有的诊断系统都需要建立企业级诊断中心。一般来说,对于生产规模比较大和分散的企业(如跨国企业等)可以构建企业级诊断中心,而对于小型的企业通常不需要。此外,数据传输时是采用专用网线、电话线,还是无线传输,这要根据企业的实际情况决定。

当液压设备出现异常时,实时监测系统首先做出反应,实行报警并采取一些应急措施,并在厂级诊断中心进行备案和初步的诊断;厂级诊断中心不能自行处理的,则开始进入企业级诊断(没有企业级诊断中心的,则直接进入远程诊断中心);而对于企业级诊断中心也不能解决的故障,则由企业级诊断中心通过计算机网络或卫星将获得的故障信息送到远程的诊断中心,远程诊断中心的领域专家或专家系统软件通过对传过来的数据进行分析,得出故障诊断结论和解决方案,并通过网络反馈给用户。

当前,在构建远程故障诊断系统时,很少把设备制造厂家列为主要角色之一。这就意味着在进行设备的故障诊断时,不能充分利用到设备设计制造的有关数据资料。无论是从设备使用方,还是从设备生产方来说,这都会造成一种无形的损失。对设备使用方来说,他们无法充分享受设备的售后服务;而对于设备生产方,则难以从大量的设备运行历史记录中发现有价值的知识用于设备的优化设计和制造,同时丧失树立企业良好形象的机会。因此,在构建远程故障诊断系统时,为了充分发挥设备生产厂家在远程诊断中的作用,需要各分布式的设备生产厂家的积极参与,实现更大范围的资源共享。

⑧交叉化

交叉化是指设备的故障诊断技术与人体医学诊断技术的发展交叉化。从广义上看,机械设备的故障诊断与人体的医学诊断一样,他们之间应该具有相通之处。特别是液压系统更是如此。因为液压系统的组成与人体的构成具有许多可比性:液压油如同人的血液;液压泵如同人的心脏;压力表如同人的眼睛;执行元件如同人的四肢;而控制系统和传感器就如同人的大脑和神经,不断根据执行元件的反馈信息发出各种控制指令。

同整个机械设备的故障诊断技术相比,人体的医学诊断发展至今,已经发展得相当完美。机械设备的故障诊断技术自20世纪60年代开始至今,其发展史只是人体医学发展历史长河中的一滴,借鉴人体的医学诊断技术,可以使我们在设备诊断技术上取得突破,少走许多弯路。远程故障诊断从医学领域成功向机械设备领域的扩展就是一个很好的例子。此外,油液分析就可以说是液压系统的抽血化验,所以笔者为了引起使用者对液压油清洁度的重视,在给相关液压控制系统的用户进行培训和解决现场系统故障时,经常做出这样的比喻"油液被污染的液压系统就相当于人患了白血病"。目前虽说油液分析已应用得比较广泛,但从人体的血检所能获得的信息来看,油液中所能获取的设备故障信息远远不止目前的这些,应该进行深入的研究。随着科学技术的进一步发展,这必然为人们所认识。

综上所述，液压设备往往是结构复杂而且是高精度的机、电、液一体化的综合系统，系统具有机液耦合、非线性、时变性等特点，引起液压故障的原因较多，加大了故障诊断的难度。但是液压系统故障有着自身的特点与规律，正确把握液压系统故障诊断技术的发展方向，深入研究液压系统的故障诊断技术不仅具有很强的实用性，而且具有很重要的理论意义。

附录A 液压元件图形符号

液压元件图形符号见附表 A-1～附表 A-10。

附表 A-1 液压泵、液压马达和液压缸

类型	名称	符号	说明	类型	名称	符号	说明
液压泵	液压泵		一般符号	双作用液压缸	不可调单向缓冲液压缸		详细符号
	单向定量液压泵		单向旋转、单向流动、定排量				简化符号
	双向定量液压泵		双向旋转，双向流动，定排量		可调单向缓冲液压缸		详细符号
	单向变量液压泵		单向旋转，单向流动，变排量				简化符号
	双向变量液压泵		双向旋转，双向流动，变排量		不可调双向缓冲液压缸		详细符号
液压马达	液压马达		一般符号				简化符号
	单向定量液压马达		单向流动，单向旋转，定排量		可调双向缓冲液压缸		详细符号
	双向定量液压马达		双向流动，双向旋转，定排量				简化符号

续上表

类型	名称	符号	说明	类型	名称	符号	说明
液压马达	单向变量液压马达		单向流动,单向旋转,变排量	双作用缸	伸缩缸		
	双向变量液压马达		双向流动,双向旋转,变排量	压力转换器	气-液转换器		单程作用
	摆动马达		双向摆动,定角度				连续作用
泵-马达	定量液压泵-马达		单向流动,单向旋转,定排量		增压器		单程作用
	变量液压泵-马达		双向流动,双向旋转,变排量,外部泄油				连续作用
	液压整体式传动装置		单向旋转,变排量泵,定排量马达	蓄能器	蓄能器		一般符号
单作用液压缸	单活塞杆液压缸		详细符号		气体隔离式		
			简化符号		重锤式		
	单活塞杆液压缸(带弹簧复位)		详细符号		弹簧式		
			简化符号		辅助气瓶		

类型	名称	符号	说明	类型	名称	符号	说明
单作用液压缸	柱塞液压缸				气罐		
	伸缩液压缸			能量源	液压源		一般符号
双作用液压缸	单活塞杆液压缸		详细符号		气压源		一般符号
			简化符号		电动机		
	双活塞杆液压缸		详细符号		原动机		电动机除外
			简化符号				

机械控制装置和控制方法 附表 A-2

类型	名称	符号	说明	类型	名称	符号	说明
机械控制件	直线运动的杆		箭头可省略	先导压力控制方法	液压先导加压控制		内部压力控制
	旋转运动的轴		箭头可省略		液压先导加压控制		外部压力控制
	定位装置				液压二级先导加压控制		内部压力控制,内部泄油
	锁定装置		*为开锁的控制方法		气-液先导加压控制		气压外部控制;液压内部控制,外部泄油
	弹跳机构				电-液先导加压控制		液压外部控制,内部泄油
机械控制方法	顶杆式				液压先导卸压控制		内部压力控制,内部泄油

附录A 液压元件图形符号

续上表

类型	名称	符号	说明	类型	名称	符号	说明
机械控制方法	可变行程控制式			先导压力控制方法	液压先导卸压控制		外部压力控制(带遥控泄放口)
	弹簧控制式				电-液先导控制		电磁铁控制、外部压力控制,外部泄油
	滚轮式		两个方向操作		先导型压力控制阀		带压力调节弹簧,外部泄油,带遥控泄放口
	单向滚轮式		仅在一个方向上操作,箭头可省略		先导型比例电磁式压力控制阀		先导级由比例电磁铁控制,内部泄油
人力控制方法	人力控制		一般符号	电气控制方法	单作用电磁铁		电气引线可省略,斜线也可向右下方
	按钮式				双作用电磁铁		
	拉钮式				单作用可调电磁操作(比例电磁铁,力矩马达等)		
	按-拉式				双作用可调电磁操作(力矩马达等)		
	手柄式				旋转运动电气控制装置		
	单向踏板式			反馈控制方法	反馈控制		一般符号
	双向踏板式				电反馈		由电位器、差动变压器等检测位置

211

续上表

类型	名称	符号	说明	类型	名称	符号	说明
直接压力控制方法	加压或卸压控制			反馈控制方法	内部机械反馈		如随动阀仿形控制回路等
	差动控制						
	内部压力控制		控制通路夺元件内部				
	外部压力控制		控制通路在元件外部				

压力控制阀　　　附表 A-3

类型	名称	符号	说明	类型	名称	符号	说明
溢流阀	溢流阀		一般符号或直动型溢流阀	减压阀	先导型比例电磁式溢流减压阀		
	先导型溢流阀				定比减压阀		减压比 1/3
	先导型电磁溢流阀		（常闭）		定差减压阀		
	直动式比例溢流阀			顺序阀	顺序阀		一般符号或睦动型顺序阀
	先导比例溢流阀				先导型顺序阀		
	卸荷溢流阀		$p_2 > p_1$ 时卸荷		单向顺序阀（平衡阀）		

附录A 液压元件图形符号

续上表

类型	名称	符号	说明	类型	名称	符号	说明
溢流阀	双向溢流阀		直动式，外部泄油	卸荷阀	卸荷阀		一般符号或直动型卸荷阀
减压阀	减压阀		一般符号或直动型减压阀		先导型电磁卸荷阀		$p_1 > p_2$
	先导型减压阀			制动阀	双溢流制动阀		
	溢流减压阀				溢流油桥制动阀		

方向控制阀　　　　　附表 A-4

类型	名称	符号	说明	类型	名称	符号	说明
单向阀	单向阀		详细符号		二位五通液动阀		
			简化符号（弹簧可省略）		二位四通机动阀		
液压单向阀	液控单向阀		详细符号（控制压力关闭阀）	换向阀	三位四通电磁阀		
			简化符号		三位四通电液阀		简化符号（内控外泄）
			详细符号（控制压力打开阀）		三位六通手动阀		

213

续上表

类型	名称	符号	说明	类型	名称	符号	说明
液压单向阀			简化符号（弹簧可省略）	换向阀	三位五通电磁阀		
	双液控单向阀				三位四通电液阀		外控内泄（带手动应急控制装置）
梭阀	或门型		详细符号		三位四通比例阀		节流型，中位正遮盖
			简化符号		三位四通比例阀		中位负遮盖
换向阀	二位二通电磁阀		常断		二位四通比例阀		
			常通		四通伺服		
	二位三通电磁阀				四通电液伺服阀		二级
	二位三通电磁球阀						带电反馈三级
	二位四通电磁阀						

流量控制阀　　　　　　　　　　　　　　　附表 A-5

类型	名称	符号	说明	类型	名称	符号	说明
节流阀	可调节流阀		详细符号	调速阀	调速阀		简化符号

续上表

类型	名称	符号	说明	类型	名称	符号	说明
节流阀	可调节流阀		简化符号	调速阀	旁通型调速阀		简化符号
	不可调节流阀		一般符号		温度补偿型调速阀		简化符号
	单向节流阀				单向调速阀		简化符号
	双单向节流阀			同步阀	分流阀		
	截止阀				单向分流阀		
	滚轮控制节流阀（减速阀）				集流阀		
调速阀	调速阀		详细符号		分流集流阀		

油箱　　　　　附表 A-6

类型	名称	符号	说明	类型	名称	符号	说明
通大气式	管端在液面上			油箱	管端在油箱底部		
	管端在液面下		带空气过滤器		局部泄油或回油		
					加压油箱或密闭油箱		三条油路

流体调节器　　　　　附表 A-7

类型	名称	符号	说明	类型	名称	符号	说明
过滤器	过滤器		一般符号		空气过滤器		
	带污染指示器的过滤器				温度调节器		
	磁性过滤器			冷却器	冷却器		一般符号
	带旁通阀的过滤器				带冷却剂管路的冷却器		
	双筒过滤器		p_1：进油　p_2：回油		加热器		一般符号

检测器、指示器　　　　　附表 A-8

类型	名称	符号	说明	类型	名称	符号	说明
压力检测仪	压力指示器			流量检测仪	检流计（液流指示器）		
	压力表（计）				流量计		
	电接点压力表（压力显控器）				累计流量计		
	压差控制表				温度计		

续上表

类型	名称	符号	说明	类型	名称	符号	说明
压力检测仪	液位计				转速仪		
					转矩仪		

其他辅助元器件   附表 A-9

类型	名称	符号	说明	类型	名称	符号	说明
继电器	压力继电器（压力开关）		详细符号		压差开关		
			一般符号	传感器	传感器		一般符号
开关	行程开关		详细符号		压力传感器		
			一般符号		温度传感器		
联轴器	一般联轴器		一般符号		放大器		
	弹性联轴器						

管路、管路接口和接头   附表 A-10

类型	名称	符号	说明	类型	名称	符号	说明
管路	管路		压力管路回油管路	管路	单向放气装置（测压接头）		
	连接管路		两管路相交连接	快换接头	不带单向阀的快换接头		
	控制管路		可表示泄油管路		带单向阀的快换接头		
管路	交叉管路		两管路交叉不连接	旋转接头	单通路旋转接头		
	柔性管路				三通路旋转接头		

附录B 液压系统中常见故障现象及消除方法

液压系统中常见故障现象及消除方法见附表 B-1～附表 B-16。

系统噪声、振动大的消除方法　　　　　　　　附表 B-1

序号	故障现象及原因	消除方法
1	泵中噪声、振动，引起管路、油箱共振	(1) 在泵的进出油口用软管； (2) 泵不装在油箱上； (3) 加大液压泵，降低电机转速； (4) 泵底座和油箱下塞进防振材料； (5) 选低噪声泵，采用立式电动机将液压泵浸在油液中
2	阀弹簧引起的系统共振	(1) 改变弹簧安装位置； (2) 改变弹簧刚度； (3) 溢流阀改成外泄油； (4) 采用遥控溢流阀； (5) 完全排出回路中的空气
3	空气进入液压缸引起的振动	(1) 排出空气； (2) 对液压缸活塞、密封衬垫涂上二硫化钼润滑脂即可
4	管道内油液激烈流动的噪声	(1) 加粗管道，使流速转速； (2) 少用弯头，多采用曲率小的弯管； (3) 采用胶管； (4) 油流紊乱处不采用直角弯头或三通； (5) 采用消声器、蓄能器等
5	油箱有共鸣声	(1) 增厚箱板； (2) 在侧板、底板上增设筋板； (3) 改变回油管末端的形状或位置

续上表

序号	故障现象及原因	消除方法
6	阀换向产生的冲击噪声	(1)降低电液阀换向的控制压力； (2)控制管路或回油管路增节流阀； (3)选用带先导卸荷功能的元件； (4)采用电气控制方法，使两个以上的阀不能同时换向
7	压力阀、液控单向阀等工作不良,引起管道振动噪声	(1)适当处装上节流阀； (2)改变外泄形式； (3)对回路进行改造,增设管夹

系统压力不正常的消除方法   附表 B-2

序号	故障现象	故障原因	消除方法
1	压力不足	溢流阀旁通阀损坏	修理或更换
		减压阀设定值太低	重新设定
		集成通道块设计有误	重新设计
		减压阀损坏	修理或更换
		泵、马达或液压缸损坏、内泄大	修理或更换
2	压力不稳定	油中混有空气	堵漏、加油、排气
		溢流阀磨损、弹簧刚性差	修理或更换
		油液污染、堵塞阀阻尼孔	清洗、换油
		蓄能器或充气阀失效	修理或更换
		泵、马达或液压缸磨损	修理或更换
3	压力过高	减压阀、溢流阀或卸荷阀设定值不对	重新设定
		变量机构不工作	修理或更换
		减压阀、溢流阀或卸荷阀堵塞或损坏	清洗或更换

系统动作不正常的消除方法   附表 B-3

序号	故障现象	故障原因	消除方法
1	系统压力正常执行元件无动作	电磁阀中电磁铁有故障	排除或更换
		限位或顺序装置不工作或调得不对	调整、修复或更换
		机械故障	排除
		没有指令信号	查找、修复
		放大器不工作或调得不对	调整、修复或更换
		阀不工作	调整、修复或更换
		液压缸或液压马达损坏	修复或更换

续上表

序号	故障现象	故障原因	消除方法
2	执行元件动作太慢	泵输出流量不足或系统泄漏太大	检查、修复或更换
		油液黏度太高或太低	检查、调整或更换
		阀的控制压力不够或阀内阻尼孔堵塞	清洗、调整
		外负载过大	检查、调整
		放大器失灵或调得不对	调整修复或更换
		阀芯卡涩	清洗、过滤或换油
		液压缸或液压马达磨损严重	修理或更换
3	动作不规则	压力不正常	查找、修复
		油中混有空气	加油、排气
		指令信号不稳定	查找、修复
		放大器失灵或调得不对	调整、修复或更换
		传感器反馈失灵	修理或更换
		阀芯卡涩	清洗、滤油
		液压缸、液压马达磨损或损坏	修理或更换

系统液压冲击大的消除方法　　　　　　　　　　　附表 B-4

序号	故障现象	故障原因	消除方法
1	换向时产生冲击	换向时瞬时关闭、开启,造成动能或势能相互转换时产生的液压冲击	(1)延长换向时间; (2)设计带缓冲的阀芯; (3)加粗管径、缩短管路
2	液压缸在运动中突然被制动所产生的液压冲击	液压缸运动时,具有很大的动量和惯性,突然被制动,引起较大的压力增值故产生液压冲击	(1)液压缸进出油口处分别设置,反应快、灵敏度高的小型安全阀; (2)在满足驱动力时尽量减少系统工作压力,或适当提高系统背压; (3)液压缸附近安装囊式蓄能器
3	液压缸到达终点时产生的液压冲击	液压缸运动时产生的动量和惯性与缸体发生碰撞,引起的冲击	(1)在液压缸两端设缓冲装置; (2)液压缸进出油口处分别设置反应快、灵敏度高的小型溢流阀; (3)设置行程(开关)阀

系统油温过高的消除方法 附表 B-5

序号	故障现象及原因	消除方法
1	设定压力过高	适当调整压力
2	溢流阀、卸荷阀、压力继电器等卸荷回路的元件工作不良	改正各元件工作不正常状况
3	卸荷回路的元件调定值不适当,卸压时间短	重新调定,延长卸压时间
4	阀的漏损大,卸荷时间短	修理漏损大的阀,考虑不采用大规格阀
5	高压小流量、低压大流量时不要由溢流阀溢流	变更回路,采用卸荷阀、变量泵
6	因黏度低或泵故障,增大泵内泄漏使泵壳温度升高	换油、修理、更换液压泵
7	油箱内油量不足	加油,加大油箱
8	油箱结构不合理	改进结构,使油箱周围温升均匀
9	蓄能器容量不足或有故障	换大蓄能器,修理蓄能器
10	需安装冷却器,冷却器容量不足,冷却器有故障,进水阀门工作不良,水量不足,油温自调装置有故障	安装冷却器,加大冷却器,修理冷却器的故障,修理阀门,增加水量,修理调温装置
11	溢流阀遥控口节流过量,卸荷的剩余压力高	进行适当调整
12	管路的阻力大	采用适当的管径
13	附近热源影响,辐射热大	采用隔热材料反射板或变更布置场所;设置通风、冷却装置等,选用合适的工作油液

液压泵常见故障及处理 附表 B-6

序号	故障现象		原因分析	消除方法
1	泵不输油	泵不转	电动机轴未转动 — 未接通电源	检查电气并排除故障
			电动机轴未转动 — 电气线路及元件故障	检查电气并排除故障
			电动机发热跳闸 — 溢流阀调压过高,超载荷后闷泵	调节溢流阀压力值
			电动机发热跳闸 — 溢流阀芯卡死或阻尼孔堵塞	检修阀芯
			电动机发热跳闸 — 泵出口单向阀装反或阀芯卡死而闷泵	检修单向阀
			电动机发热跳闸 — 电机故障	检修或更换电机

续上表

序号	故障现象		原因分析	消除方法
1	泵不输油	泵不转	泵轴或电动机轴上无连接键 — 键折断	更换键
			泵轴或电动机轴上无连接键 — 键漏装	补装键
			泵内部滑动副卡死 — 配合间隙太小	拆开检修,按要求选配间隙
			泵内部滑动副卡死 — 装配质量差,齿轮与轴同轴度偏差太大;柱塞头部卡死;叶片垂直度差;转子摆差太大,转子槽或叶片有伤断裂卡死	更换零件,重新装配,使配合间隙达到要求
			泵内部滑动副卡死 — 油液太脏	检查油质,过滤或更换油液
			泵内部滑动副卡死 — 油温过高使零件热变形	检查冷却器的冷却效果,检查油箱油量并加油至油位线
			泵内部滑动副卡死 — 泵吸油腔进入脏物导致卡死	拆开清洗并在吸油口安装吸油过滤器
		泵反转	电动机转向不对	纠正电气线路
				纠正泵体上旋向箭头
		泵轴仍可转动	泵轴内部折断	检查原因,更换新轴
		泵不吸油	油箱油位过低	加油至油位线
			吸油过滤器堵塞	清洗滤芯或更换
			泵吸油管上阀门未打开	检查打开阀门
			泵或吸油管密封不严	检查和紧固接头处,连接处涂油脂,或先向吸油口灌油
			吸油高度超标,吸油管细长弯头多	降低吸油高度,更换管子,减少弯头
			吸油过滤器精度太高,通油面积小	选择过滤精度,加大滤油器规格
			油黏度太高	更换油液,冬季检查加热器的效果
			叶片泵叶片未伸出,或卡死	拆开清洗,合理选配间隙,检查油质,过滤或更换油液
			叶片泵变量机构不灵,偏心量为零	更换或调整变量机构

续上表

序号	故障现象	原因分析		消除方法
1	泵不输油	泵不吸油	柱塞泵变量机构失灵,加工精度差,装配不良,间隙太小,内部摩擦阻力大,活塞及弹簧芯轴卡死,个别油道有堵塞以及油液脏,油温高零件热变形等	拆开检查,修配或更换零件,合理选配间隙;过滤或更换油液;检查冷却器效果;检查油箱内的油位并加至油位线
			柱塞泵缸体与配油盘之间不密封(如柱塞泵中心弹簧折断)	更换弹簧
			叶片泵配油盘与泵体之间不密封	拆开清洗重新装配
2	泵噪声大	吸空现象严重	吸油过滤器有部分堵塞,阻力大	清洗或更换过滤器
			吸油管距油面较近	适当加长调整吸油管长度或位置
			吸油位置太高或油箱液位太低	降低泵的安装高度或提高液位高度
			泵和吸油管口密封不严	检查连接处和结合面密封,并紧固
			油的黏度过高	检查油质,按要求选用油的黏度
			泵的转速太高(使用不当)	控制在最高转速以下
			吸油过滤器通过面积过小	更换通油面积大的滤器
			非自吸泵辅助泵供油不足或有故障	修理或更换辅助泵
			油箱上空气过滤器堵塞	清洗或更换空气过滤器
			泵轴油封失效	更换
		吸入气泡	油液中溶解一定量的空气,在工作过程中又生成的气泡	将回油经过隔板再吸入,加消泡剂
			回油涡流强烈生成泡沫	吸油管与回油管隔开一定距离,回油管口插入油面以下
			管道内或泵壳内存有空气	进行空载运转,排除空气
			吸油管浸入油面的深度不够	加长吸油管,往油箱中注油
		液压泵运转不良	泵内轴承磨损严重或破损	拆开清洗,更换
			泵内部零件破损或磨损 定子环内	更换定子圈
			齿轮精度低,摆差大	研配修复或更换

续上表

序号	故障现象	原因分析		消除方法
2	泵噪声大	泵的结构因素	困油严重,流量脉动和压力脉动大	
			卸荷槽设计不佳	改进设计,提高卸荷能力
			加工精度差	提高加工精度
			变量机构或双级叶片泵压力分配阀工作不良(间隙小,精度差,油液脏等)	拆开清洗,修理,重新装配达到性能要求,过滤或更换油液
		泵安装不良	泵轴与电动机轴同轴度差	重新安装,同轴度<0.1mm以内
			联轴器同轴度差并有松动	重新安装,并用紧定螺钉紧固联轴器
3	泵出油量不足	容积效率低	泵内部滑动零件磨损严重	
			叶片泵配油盘端面磨损严重	研磨配油盘端面
			齿轮端面与测板磨损严重	研磨修理工程或更换
			齿轮泵因轴承损坏使泵体孔磨损严重	更换轴承并修理
			柱塞泵柱塞与缸体孔磨损严重	更换柱塞并配研到要求,清洗后重装
			柱塞泵配油盘与缸体端面磨损严重	研磨两端面达到要求清洗后重装
		泵装配不良	定转子,柱塞/缸体,泵体/侧板间隙大	重装,按技术要求选配间隙
			泵盖上螺钉拧紧力矩不匀或松动	重新拧紧螺钉并达到受力均匀
			叶片和转子反装	纠正方向重新装配
			油的黏度低(用错油或油温过高)	更换油液,检查油温过高原因
		吸气现象	参见本表序号2	参见本表序号2
		内部不良	参见本表序号2	参见本表序号2
		供油不足	非自吸泵的辅助泵供油量不足或有故障	修理或更换辅助泵

续上表

序号	故障现象	原因分析			消除方法
4	压力不足或升不高	漏油严重	参见本表序号3		参见本表序号3
		驱动机构功率过小	电动机输出功率过小	设计不合理	核算电动机功率,若不足应更换
				电机故障	检查电动机并排除故障
				机械驱动机构输出功率过小	核算驱动功率并更换驱动机构
		排量选大或压力过高	造成驱动机构或电动机功率不足		重新计算匹配压力,流量和功率,使之合理
5	压力不稳定,流量不稳定	吸气现象	参见本表序号2		参见本表序号2
		油液过脏	个别叶片在转子槽内卡住或伸出困难		过滤或更换油液
		装配不良	个别叶片在转子槽内间隙大,高压油向低压腔流动		拆开清洗,修配或更换叶片,合理选配间隙
			个别叶片在转子槽内间隙小,卡住		修配,使叶片运动灵活
			个别柱塞与缸体间隙大,漏油大		修配后使间隙达到要求
		结构因素	参见本表序号2		参见本表序号2
		供油波动	非自吸泵的辅助泵有故障		修理或更换辅助泵
6	异常发热	装配不良	间隙不当(如柱塞/缸体、叶片/转子槽,定转子,齿轮/侧板等间隙过小,滑动部件过热烧伤)		拆开清洗,测量间隙,重新配研达到规定间隙
			装配质量差,传动部分同轴度低		拆开清洗,重新装配,达到技术要求
			轴承质量差,或装配时被打坏,或安装时未清洗干净,运转时别劲		拆开检查,更换轴承,重新装配
		经过轴承的润滑油排油口不畅通	回油口螺塞未打开(未接管子)		安装好回油管
			油道未清洗干净,有脏物		清洗管道
			回油管弯头太多或有压扁		更换管子,减少管头
		油液质量差	油液的黏-温特性差,黏度变化大		按规定选用液压油
			油中含有大量水分造成润滑不良		更换合格的油液,清洗油箱内部
			油液污染严重		更换油液

续上表

序号	故障现象	原因分析			消除方法
6	异常发热	管路故障	泄油管压扁或堵死		清洗更换
			泄油管管径细,不能满足排油要求		更改设计,更换管子
			吸油管径细,吸油阻力大		加粗管径、减少弯头降低吸油阻力
		外界影响	外界热源高,散热条件差		清除外界影响,增设隔热措施
		内泄大,效率低发热	参见本表序号3		参见本表序号3
7	轴封漏油	安装不良	密封件唇口装反		拆下重装,拆装时不损坏唇部,若有损伤应更换
			骨架弹簧脱落	轴倒角不当,密封唇口翻开,弹簧脱落	按加工图纸要求重新加工
				装轴时弹簧脱落	重新安装
				密封唇部粘有异物	取下清洗,重新装配
				密封唇口通过花键轴时被拉伤	更换后重新安装
				油封装斜	检查沟槽尺寸,按规定重新加工
				装配时油封严重变形,沟槽内径尺寸或沟槽倒角小	检查沟槽尺寸及倒角
		密封唇翻卷	轴倒角太小		检查轴倒角尺寸和粗糙度,可用砂布打磨倒角处,装配时在轴倒角处涂上油脂
			轴倒角处太粗糙		
		轴和沟槽加工不良	轴加工错误	轴颈不适宜,使唇口部位磨损发热	检查尺寸,换轴。油封处公差常用h8
				轴倒角不合要求,唇口拉伤,弹簧脱落	重新加工轴的倒角
				轴颈外表有车削或磨削痕迹	重新修磨,消除磨削痕迹
				轴颈表面粗糙使油封唇边磨损加快	重新加工达到图纸要求

续上表

序号	故障现象	原因分析		消除方法
7	轴封漏油	沟槽加工错误	沟槽小,油封装斜	更换泵盖,修配沟槽达到配合要求
			沟槽大,油从外周漏出	
			沟槽划伤或其他缺陷,油从外周漏出	
		油封缺陷	油封质量不好,不耐油或对液压油相容性差,变质、老化、失效造成漏油	更换相适应的油封橡胶件
		泄油孔被堵	泄油孔被堵泄油增加,密封唇口变形,接触面增加,摩擦产生热老化,油封失效	清洗油孔,更换油封
		外泄管过细或管道长	泄油困难,泄油压力增加	适当增大管径或缩短泄油管长度
		未接泄油	泄油管未打开或未接泄油管	打开螺塞接上泄油管

液压缸常见故障及处理　　附表 B-7

序号	故障现象	原因分析			消除方法
1	活塞杆不能动作	压力不足	油液未进入液压缸	换向阀未换向	检查换向阀未换向的原因并排除
				系统未供油	检查液压泵和主要液压阀故障并排除
			虽有油,但没有压力	系统有故障,主要是泵或溢流阀有故障	检查泵或溢流阀的故障原因并排除
				内泄,活塞与活塞杆松脱,密封件损坏	紧固活塞与活塞杆并更换密封件
				密封件老化失效,密封圈唇口装反或破	更换密封件,并正确安装
				活塞环损坏	更换活塞杆
			压力达不到规定值	系统调定压力过低	重新调整压力,直至达到要求值
				压力调节阀有故障	检查原因并排除
				通过调整阀流量小,液压缸内泄大时,流量不足造成压力不足	调整阀的通过流量必须大于液压缸内泄漏量

续上表

序号	故障现象	原因分析			消除方法
1	活塞杆不能动作	压力已达到要求但仍不动作	液压缸结构上的问题	活塞端面与缸筒端面紧贴在一起,工作面积不足,故不能启动	端面上要加一条通油槽,使工作液体迅速流进活塞的工作端面
				具有缓冲装置的缸筒上单向阀回路被活塞堵住	缸筒的进出油口位置应与活塞端面错开
			活塞杆移动"别劲"	缸筒/活塞,导向套/活塞杆配合间隙小	检查配合间隙,并配研到规定值
				活塞杆/夹布胶木导向套间配合间隙小	检查配合间隙,修刮导向套孔,达到要求
				液压缸装配不良(如活塞杆、活塞/缸盖间同轴度差,液压缸与工作台平行度差)	重新装配和安装,不合格零件应更换
				液压缸背压腔油液未与油箱相通,调速阀节流口过小或连通回油换向阀未动作	检查原因并消除
2	速度达不到规定值	内泄漏严重		密封件破损严重	更换密封件
				油的黏度太低	更换适宜黏度的液压油
				油温过高	检查原因并排除
		外载荷过大		设计错误,选用压力过低	核算后更换元件,调大工作压力
				工艺和使用错误,造成外载大	按设备规定值使用
		活塞移动时"别劲"	装配质量差	加精度差,缸筒孔锥度和圆度超差	检查零件尺寸,更换无法修复的零件
				活塞、活塞杆与缸盖之间同轴度差	按要求重新装配
				液压缸与工作台平行度差	按照要求重新装配
				活塞杆与导向套配合间隙过小	检查配合间隙,修刮导向套孔,达到要求
		脏物进入滑动部位		油液过脏	过滤或更换油液
				防尘圈破损	更换防尘圈
				装配时未清洗干净或带入脏物	拆开清洗,装配时要注意清洁

续上表

序号	故障现象	原因分析		消除方法
2	速度达不到规定值	活塞在端部行程时速度急剧下降	缓冲调节阀的节流口过小,在进入缓冲行程时,活塞可能停止或速度急剧下降	缓冲节流阀的开口度要调节适宜,并能起到缓冲作用
			固定式缓冲装置中节流孔直径过小	适当加大节流孔直径
			固定式缓冲节流环与缓冲柱塞间隙小	适当加大间隙
		移动到中途速度变慢或停	缸筒内径精度差,内泄增大	修复或更换缸筒
			缸壁胀大,当活塞通过增大部位时,内泄增大	更换缸筒
3	液压缸产生爬行	活塞"别劲"	参见本表序号2	参见本表序号2
		液压缸内进入空气	新液压缸,修理后的液压缸或设备停机时间过长的缸,缸内有气或液压缸管道中排气未排净	空载大行程往复运动,直到把空气排完
			液压缸内部形成负压,从外部吸入空气	先用油脂封住结合面和接头处,若吸空情况有好转,则把紧固螺钉和接头拧紧
			从液压缸到换向阀之间管道的容积比液压缸内容积大得多,液压缸工作时,这段管道上油液未排完,所以空气也很难排净	可在靠近液压缸的管道中取高处加排气阀。拧开排气阀,活塞在全行程情况下运动多次,把气排完后再把排气阀关闭
			泵吸入空气(参见液压泵故障)	参见液压泵故障的消除对策
			油液中混入空气(参见液压泵故障)	参见液压泵故障的消除对策
4	缓冲装置故障	缓冲作用过度	缓冲调节阀的节流口开口过小	将节流口调节到合适位置并紧固
			缓冲柱塞"别劲"(如柱塞头与缓冲环间隙太小,活塞倾斜或偏心)	拆开清洗适当加大间隙,不合格的零件应更换
			在柱塞头与缓冲环之间有脏物	修去毛刺和清洗干净
			缓冲装置柱塞头与衬套之间间隙太小	适当加大间隙
		缓冲作用失灵	缓冲调节阀处于全开状态	调节到合适位置并紧固
			惯性能量过大	应设计合适的缓冲机构
			缓冲调节阀不能调节	修复或更换

续上表

序号	故障现象		原因分析	消除方法
4	缓冲装置故障	缓冲作用失灵	单向阀全开或单向阀阀座封闭不严	检查尺寸,更换锥阀芯或钢球,更换弹簧,并配研修复
			活塞上密封件破损,当缓冲腔压力升高时,工作液体从此腔向工作压力一侧倒流,故活塞不减速	更换密封件
			柱塞头或衬套内表面上有伤痕	修复或更换
			镶在缸盖上的缓冲环脱落	更换新缓冲环
			缓冲柱塞锥面长度和角度不适宜	修正
		缓冲行程段出现"爬行"	缸盖,活塞端面的垂直度不合要求,在全长上活塞与缸筒间隙不匀,缸盖与缸筒不同心;缸筒内径与缸盖中心偏差,活塞与螺母端面垂直度不合要求造成活塞杆挠曲等	对每个零件均仔细检查,不合格的零件不准使用
			装配不良,如缓冲柱塞/缓冲环配合孔偏心或倾斜	重新装配确保质量
5	有外泄漏	装配不良	端盖装偏,活塞杆与缸筒不同心,加速密封件磨损	拆开检查,重新装配
			液压缸与工作台导轨面平行度差,使活塞伸出困难,加速密封件磨损	拆开检查,重新安装,并更换密封件
			密封件划伤、切断,密封唇装反,唇口破损或轴倒角尺寸不对,装错或漏装	更换并重新安装密封件
		密封压盖未装好	压盖安装有偏差	重新安装
			紧固螺钉受力不匀	重新安装,拧紧螺钉,使其受力均匀
			紧固螺钉过长,使压盖不能压紧	按螺孔深度合理选配螺钉长度
		密封件质量问题	保管期太长,密封件自然老化失效	更换
			保管不良,变形或损坏	
			胶料不耐油或与油相容性差	
			制品尺寸不对,公差不符	

续上表

序号	故障现象	原因分析			消除方法
5	有外泄漏	活塞杆和沟槽加工质量差	活塞杆表面粗糙,头部倒角不符合		表面粗糙度按照要求加工,按要求倒角
			沟槽尺寸及精度不符合要求	设计图纸有错误	按有关标准设计沟槽
				沟槽尺寸加工不符合标准	检查尺寸,并修正到要求尺寸
				沟槽精度差,毛刺多	修正并去毛刺
		油的黏度过低	用错了油品		更换适宜的油液
			油液中渗有其他牌号的油液		
		油温过高	液压缸进油口阻力太大		检查进油口是否畅通
			周围环境温度太高		采取隔热措施
			泵或冷却器等有故障		检查原因并排除
		高频振动	紧定螺钉松动		应定期紧定螺钉
			管接头松动		应定期紧固接头
			安装位置产生移动		应定期紧固安装螺钉
		活塞杆拉伤	防尘圈失效侵入砂粒切屑等脏物		清洗更换防尘圈,修复活塞杆表面
			导向套与活塞杆间配合紧,使活动表面产生过热,活塞杆表面铬层脱落而拉伤		检查清洗,用刮刀修刮导向套内径,达到配合间隙

溢流阀常见故障及处理　　　　　　　　　　　　　附表 B-8

序号	故障现象	原因分析		消除方法
1	调不上压力	主阀故障	主阀芯阻尼孔堵塞(装配时主阀芯未清洗干净,油液过脏)	清洗阻尼孔使之畅通;过滤或更换油液
			主阀芯在开启位置卡死(零件精度低,装配质量差,油液过脏)	拆开检修,重新装配;阀盖紧固螺钉拧紧力要均匀;过滤或更换油液
			弹簧折断或弯曲,使主阀芯不复位	更换弹簧
		先导阀故障	调压弹簧折断	更换弹簧
			调压弹簧未装	补装
			锥阀或钢球未装	补装
			锥阀损坏	更换

续上表

序号	故障现象	原因分析		消除方法
1	调不上压力	远腔口电磁阀故障或远控口未加丝堵而直通油箱	电磁阀未通电(常开)	检查电气线路接通电源
			滑阀卡死	检修、更换
			电磁铁线圈烧毁或铁芯卡死	更换
			电气线路故障	检修
		装错	进出油口安装错误	纠正
		液压泵故障	滑动副间隙大(如齿轮泵、柱塞泵)	修配间隙到适宜值
			叶片泵的多数叶片在转子槽内卡死	清洗,修配间隙达到适宜值
			叶片和转子方向装反	纠正方向
2	压力调不高	主阀故障(若主阀为锥阀)	主阀芯锥面封闭性差	
			主阀芯锥面磨损或不圆	更换并配研
			阀座锥面磨损或不圆	更换并配研
			锥面处有脏物粘住	清洗并配研
			主阀芯锥面与阀座锥面不同心	修配使之结合良好
			主阀芯工作卡滞,阀芯阀座结合不严	修配使之结合良好
			主阀压盖处泄漏(密封垫损坏,装配不良,压盖螺钉松动)	拆开检修,更换密封垫,重新装配,并确保螺钉拧紧力均匀
		先导阀故障	调压弹簧弯曲,太弱,长度过短	更换弹簧
			锥阀与阀座结合处封闭差(锥阀与阀座磨损,锥阀接触面不圆,接触面太宽进脏物)	检修更换清洗,使之达到要求
3	压力突然升高	主阀故障	主阀芯工作不灵敏,在关闭状态突然卡死(如零件加工精度低,装配质量差,油液过脏等)	检修,更换零件,过滤或更换油液
		先导阀故障	先导阀阀芯与阀座结合面突然粘住,脱不开	清洗修配或更换油液
			调压弹簧弯曲造成卡滞	更换弹簧
4	压力突然下降	主阀故障	主阀芯阻尼孔突然被堵死	清洗,过滤或更换油液
			主阀芯工作不灵敏,在关闭状态突然卡死(如零件加工精度低,装配质量差,油液脏等)	检修更换零件,过滤或更换油液
			主阀盖处密封垫突然破损	更换密封件

续上表

序号	故障现象	原因分析		消除方法
4	压力突然下降	先导阀故障	先导阀阀芯突然破裂	更换阀芯
			调压弹簧突然折断	更换弹簧
		远腔口电磁阀故障	电磁铁突然断电,使溢流阀卸荷	检查电气故障并消除
5	压力波动(不稳定)	主阀故障	主阀芯动作不灵活,有时卡住	检修更换零件,压盖螺钉拧紧力应均匀
			主阀芯阻尼孔有时堵有时通	拆开清洗,检查油质,更换油液
			主阀芯锥面与阀座锥面接触不良,磨损不均匀	修配或更换零件
			阻尼孔径太大,造成阻尼作用差	适当缩小阻尼孔径
		先导阀故障	调压弹簧弯曲	更换弹簧
			锥阀与锥阀座接触不良,磨损不匀	修配或更换零件
			调节压力的螺钉由于锁紧螺母松动而使压力变动	调压后应把锁紧螺母锁紧
6	振动与噪声	主阀故障:主阀芯工作时径向力不平衡,性能不稳	阀体/主阀芯精度差,棱边有毛刺	检查零件精度,对不符合要求的零件应更换,并去除棱边毛刺
			阀体内粘附有污物,间隙增大或不匀	检修更换零件
		先导阀故障	锥阀/阀座接触不良,圆周面圆度不好,粗糙度大,调压弹簧受力不平衡,使锥阀振荡加剧,产生尖叫	把封油面圆度误差控制在 $0.005 \sim 0.01\mathrm{mm}$ 以内
			调压弹簧轴心线与端面不够垂直,针阀会倾斜,造成接触不均匀	提高锥阀精度,粗糙度应达 $R_a 0.4 \mu m$
			调压弹簧在定位杆上偏向一侧	更换弹簧
			装配时阀座装偏	提高装配质量
			调压弹簧侧向弯曲	更换弹簧
		系统有空气	泵吸入空气或系统存在空气	排除空气

续上表

序号	故障现象		原因分析	消除方法
6	振动与噪声	阀使用不当	通过流量超过允许值	在额定流量范围内使用
		回油不畅	回油管路阻力过高或回油过滤器堵塞或回油管贴近油箱底面	适当增大管径，减少弯头，回油管口应离油箱底面二倍管径以上，更换滤芯
		远控口管径选择不当	溢流阀远控口至电磁阀之间的管子通径不宜过大，过大会引起振动	一般管径取6mm较适宜

减压阀常见故障及处理　　　　　　附表 B-9

序号	故障现象		原因分析	消除方法
1	无二次压力	主阀故障	主阀芯全闭位置卡死（零件精度低；主阀弹簧折断，弯曲变形；阻尼孔堵塞	修理、更换零件和弹簧，过滤或更换油液
		无油源	未向减压阀供油	检查油路消除故障
2	不起减压作用	使用错误，泄油口堵塞	螺塞未拧开	将螺塞拧开
			泄油管细长，弯头多，阻力太大	更换符合要求的泄油管
			泄油与主回油管相连，回油背压大	泄油管必须与回油管道分开，单独流回油箱
			泄油通道堵塞、不通	清洗泄油通道
		主阀故障	主阀芯全开位置时卡死（零件精度低，油液脏）	修理、更换零件，检查油质，更换油液
		锥阀故障	调压弹簧太硬，弯曲并卡住不动	更换弹簧
3	二次压力不稳定	主阀故障	主阀芯与阀体精度差，工作不灵	检修，使其动作灵活
			主阀弹簧太弱，变形或将主阀芯卡住，使阀芯移动困难	更换弹簧
			阻尼小孔时堵时通	清洗阻尼小孔
4	二次压力升不高	外泄漏	顶盖结合面漏，其原因：密封件失效，螺钉松动或拧紧力矩不均匀	更换密封件，紧固螺钉，并保证拧紧力矩均匀
			各螺丝、堵头处有漏油	紧固螺丝、堵头并消除外漏
		锥阀故障	锥阀与阀座接触不良	修理或更换
			调压弹簧太弱	更换

顺序阀常见故障及处理 附表 B-10

序号	故障现象	原因分析	消除方法
1	始终出油，不起顺序阀作用	阀芯在打开位置上卡死(如几何精度差，间隙小；弹簧弯曲、断裂；油液脏)	修理，使配合间隙达到要求，并使阀芯移动灵活；检查油质，若不符合要求应过滤或更换；更换弹簧
		单向阀在打开位置上卡死(如几何精度差，间隙太小；弹簧弯曲、断裂；油液太脏)	修理，使配合间隙达到要求，并使单向阀芯移动灵活；检查油质，若不符合要求应过滤或更换；更换弹簧
		单向阀密封不良(如几何精度差)	修理，使单向阀的密封良好
		调压弹簧断裂	更换弹簧
		调压弹簧漏装	补装弹簧
		未装锥阀或钢球	补装
2	始终不出油，不起顺序阀作用	阀芯在关闭位置上卡死(如几何精度差；弹簧弯曲；油脏)	修理，使滑阀移动灵活，更换弹簧；过滤或更换油液
		控制油液流动不畅通(如阻尼小孔堵死，或远控管道被压扁堵死)	清洗或更换管道，过滤或更换油液
		远控压力不足，下端盖结合处漏油	提高控制压力，拧紧端盖螺钉并使之受力均匀
		通向调压阀油路上的阻尼孔被堵死	清洗
		泄油管道背压高，使滑阀不能移动	泄油管道不能接回油管，单独接油箱
		调节弹簧太硬，或压力调得太高	更换弹簧，适当调整压力
3	调定压力值不符合要求	调压弹簧压力调整不当	重新调整所需要的压力
		调压弹簧侧向变形，最高压力调不上去	更换弹簧
		滑阀卡死，移动困难	检查滑阀的配合间隙，修配，使滑阀移动灵活；过滤或更换油液

续上表

序号	故障现象	原因分析	消除方法
4	振动与噪声	回油阻力(背压)太高	降低回油阻力
		油温过高	控制油温在规定范围内
5	单向顺序阀反向不回油	单向阀卡死打不开	检修单向阀

流量阀常见故障及处理　　　　　　附表 B-11

序号	故障现象	原因分析		消除方法
1	调整节流阀手柄无流量变化	压力补偿阀不动作,压力补偿阀芯在关闭位置上卡死	阀芯与阀套几何精度差,间隙太小	检查精度,修配间隙达到要求,移动灵活
			弹簧侧向弯曲、变形而使阀芯卡住	更换弹簧
			弹簧太弱	更换弹簧
		节流阀故障	油液过脏,使节流口堵死	检查油质,过滤油液
			手柄与节流阀芯装配位置不合适	检查原因,重新装配
			节流阀阀芯上连接失落或未装键	更换键或补装键
			节流阀阀芯因配合间隙小而卡死	清洗,修配间隙或更换零件
			调节杆螺纹被脏物堵住,调节不良	拆开清洗
		系统无油	换向阀阀芯未换向	检查原因并消除
2	执行元件,运动速度不稳定(流量不稳定)	压力补偿阀故障	压力补偿阀阀芯工作不灵敏	阀芯有卡死现象	修配,达到移动灵活
				补偿阀的阻尼小孔时堵时通	清洗阻尼孔,若油液过脏应更换
				弹簧侧向弯曲、变形,或弹簧端面与弹簧轴线不垂直	更换弹簧
			压力补偿阀阀芯在全开位置上卡死	补偿阀阻尼小孔堵死	清洗阻尼孔,若油液过脏,应更换
				阀芯与阀套精度差,配合间隙过小	修理达到移动灵活
				弹簧侧向弯曲、变形而使阀芯卡住	更换弹簧

续上表

序号	故障现象		原因分析	消除方法
2	执行元件，运动速度不稳定（流量不稳定）	节流阀故障	节流口处积有污物，造成时堵时通	拆开清洗，若油质不合格应更换
			简式节流阀外载荷变化会引起流量变化	对外载荷变化大的或要求执行元件运动速度非常平稳的系统，应改用调速阀
		油液品质劣化	油温过高，造成通过节流口流量变化	检查温升原因，降低油温，并控制在要求范围内
			带有温度补偿的流量控制阀的补偿杆敏感性差，已损坏	选用对温度敏感性强的材料做补偿杆，坏的应更换
			油液过脏，堵死节流口或阻尼孔	清洗，检查油质，不合格的应更换
		单向阀故障	在带单向阀的流量控制阀中，单向阀密封性不好	研磨单向阀，提高密封性
		管路振动	系统中有空气	应将空气排净
			管路振动使调定的位置发生变化	调整后用锁紧装置锁住
		泄漏	内外泄使流量不稳定，造成执行元件工作速度不均匀	消除泄漏，或更换元件

电（液、磁）换向阀常见故障及处理　　　　　　附表 B-12

序号	故障现象		原因分析	消除方法
1	主阀芯不运动	电磁铁故障	电磁铁线圈烧坏	检查原因，进行修理或更换
			电磁铁推动力不足或漏磁	检查原因，进行修理或更换
			电气线路出故障	消除故障
			电磁铁未加上控制信号	检查后加上控制信号
			电磁铁铁芯卡死	检查或更换
		先导电磁阀故障	阀芯与阀体孔卡死（如零件几何精度差；阀芯与阀孔配合过紧；油液过脏）	修理配合间隙达到要求，使芯移动灵活；过滤或更换油液
			弹簧侧弯，使滑阀卡死	更换弹簧
		主阀芯卡死	阀芯与阀体几何精度差	修理配研间隙达到要求
			阀芯与阀孔配合太紧	修理配研间隙达到要求
			阀芯表面有毛刺	去毛刺，冲洗干净

续上表

序号	故障现象	原因分析		消除方法
1	主阀芯不运动	液控油路故障	控制油路无油 / 控制油路电磁阀未换向	检查原因并消除
			控制油路被堵塞	检查清洗,并使控制油路畅通
			控制油路压力不足 / 阀端盖处漏油	拧紧端盖螺钉
			滑阀排油腔侧节流阀调节过小或堵死	清洗节流阀并调整适宜
		油液变质或油温过高	油液过脏使阀芯卡死	过滤或更换
			油温高使零件热变形而卡死	检查油温过高原因并消除
			油温高,油液中胶质粘住阀芯,造成卡死	清洗、消除油温过高
			油液黏度高,使阀芯移动困难	更换适宜的油液
		安装不良,阀体变形	安装螺钉拧紧力矩不均匀	重新紧固螺钉,并使之受力均匀
			阀体上连接的管子"别劲"	重新安装
		复位弹簧不符合要求	弹簧力过大	更换适宜的弹簧
			弹簧侧弯变形,致使阀芯卡死	
			弹簧断裂不能复位	
2	阀芯换向后通过的流量不足	阀开口量不足	电磁阀中推杆过短	更换适宜长度的推杆
			阀芯与阀体几何精度差,间隙过小,移动时有卡死现象,故不到位	配研达到要求
			弹簧推力不足,使阀芯行程不到位	更换适宜的弹簧
3	压降大	参数不当	实际通过流量大于额定流量	应在额定范围内使用
4	液控换向阀芯换向速度不易调	可调装置故障	单向阀封闭性差	修理或更换
			节流阀精度差,不能调节最小流量	修理或更换
			排油腔阀盖处漏油	更换密封件,拧紧螺钉
			针形节流阀调节性能差	改用三角槽节流阀
5	电磁铁过热或线圈烧坏	电磁铁故障	线圈绝缘不好	更换
			电磁铁铁芯不合适,吸合不牢	更换
			电压太低或不稳定	电压变化值应在额定电压10%内

续上表

序号	故障现象	原因分析		消除方法
5	电磁铁过热或线圈烧坏	负荷变化	换向压力超过规定	降低压力
			换向流量超过规定	更换规格合适的电液换向阀
			回油口背压过高	调整背压使其在规定值内
		装配差	电磁铁铁芯与阀芯轴线同轴度不良	重新装配,保证有良好的同轴度
6	电磁铁吸力不够	装配不良	推杆过长	修磨推杆到适宜长度
			电磁铁铁芯接触面不平或接触不良	消除故障,重新装配达到要求
7	冲击与振动	换向冲击	大通径电磁换向阀,因电磁铁规格大,吸合速度快而产生冲击	需要采用大通径换向阀时,优先选用电液换向阀
			液动换向阀流量过大,阀芯移动速度快而产生冲击	调小节流阀节流口减慢阀芯移动速度
			单向节流阀单向阀钢球漏装或破碎	检修单向节流阀
		振动	固定电磁铁的螺钉松动	紧固螺钉,并加防松垫圈

多路换向阀常见故障及处理　　　　　　　　　附表 B-13

序号	故障现象	原因分析	消除方法
1	压力波动及噪声	溢流阀弹簧侧弯或太软	更换弹簧
		溢流阀阻尼孔堵塞	清洗,使通道畅通
		单向阀关闭不严	修复或更换
		锥阀与阀座接触不良	调整或更换
2	阀杆动作不灵活	复位弹簧和限位弹簧损坏	更换损坏的弹簧
		轴用弹性挡圈损坏	更换弹性挡圈
		防尘密封圈过紧	更换防尘密封圈
3	泄漏	锥阀与阀座接触不良	调整或更换
		双头螺钉未紧固	按规定紧固

液控单向阀常见故障及处理　　　　　　　　　附表 B-14

序号	故障现象	原因分析		消除方法
1	反方向不密封有泄漏	单向阀不密封	单向阀在全开位置上卡死	阀芯与阀孔配合过紧	修配,使阀芯移动灵活
			弹簧侧弯、变形、太弱	更换弹簧
			单向阀锥面与阀座锥面接触不均匀	阀芯锥面与阀座同轴度差	检修或更换
				阀芯外径与锥面不同心	检修或更换
				阀座外径与锥面不同心	检修或更换
			油液过脏	过滤油液或更换

续上表

序号	故障现象	原因分析		消除方法
2	反向打不开	单向阀打不开	控制压力过低	提高控制压力,使之达到要求值
			控制管路接头漏油严重或管路弯曲,被压扁使油不畅通	紧固接头,消除漏油或更换管子
			控制阀芯卡死(精度低,油液过脏)	清洗、修配,使阀芯移动灵活
			控制阀端盖处漏油	紧固端盖螺钉,并保证拧紧力矩均匀
			单向阀卡死(如弹簧弯曲;单向阀加工精度低;油液过脏)	清洗、修配,使阀芯移动灵活;更换弹簧;过滤或更换油液

压力继电器(压力开关)常见故障及处理　　附表 B-15

序号	故障现象	原因分析	消除方法
1	无输出信号	微动开关损坏	更换微动开关
		电气线路故障	检查原因,排除故障
		阀芯卡死或阻尼孔堵死	清洗、修配,达到要求
		进油路弯曲、变形,使油液流动不畅	更换管子,使油液流动畅通
		调节弹簧太硬或压力调得过高	更换适宜的弹簧或按要求调节压力值
		与微动开关相接的触头未调整好	精心调整,使触头接触良好
		弹簧和顶杆装配不良,有卡滞现象	重新装配,使动作灵敏
2	灵敏度太差	顶杆柱销处摩擦力过大,或钢球与柱塞接触处摩擦力过大	重新装配,使动作灵敏
		装配不良,动作不灵活或"别劲"	重新装配,使动作灵敏
		微动开关接触行程太长	合理调整位置
		调整螺钉、顶杆等调节不当	合理调整螺钉和顶杆位置
		钢球不圆	更换钢球
		阀芯移动不灵活	清洗、修理,达到移动灵活
		安装不当,如不平和倾斜安装	改为垂直或水平安装
3	发信号太快	进油口阻尼孔大	阻尼孔适当改小,或在控制管路上增设阻尼管(蛇形管)
		膜片碎裂	更换膜片
		系统冲击压力太大	控制管路上增设阻尼管减弱冲击压力
		电气系统设计有误	按工艺要求设计电气系统

液压控制系统的故障处理   附表 B-16

序号	液压控制系统的故障现象	故障排除方法
1	控制信号输入系统后执行元件不动作	(1) 检查系统油压是否正常,判断液压泵、溢流阀工作情况; (2) 检查执行元件是否有卡锁现象; (3) 检查伺服放大器的输入、输出电信号是否正常,判断其工作情况; (4) 检查电液伺服阀的电信号有输入和有变化时,液压输出是否正常,用以判断电液伺服阀是否正常。伺服阀故障一般应由生产厂家处理
2	控制信号输入系统后执行元件向某一方向运动到底	(1) 检查传感器是否接入系统; (2) 检查传感器的输出信号与伺服放大器是否误接成正反馈; (3) 检查伺服阀可能出现的内部反馈故障
3	执行元件零位不准确	(1) 检查伺服阀的调零偏置信号是否调节正常; (2) 检查伺服阀调零是否正常; (3) 检查伺服阀的颤振信号是否调节正常
4	执行元件出现振荡	(1) 检查伺服放大器的放大倍数是否调得过高; (2) 检查传感器的输出信号是否正常; (3) 检查系统油压是否太高
5	执行元件跟不上输入信号的变化	(1) 检查伺服放大器的放大倍数是否调得过低; (2) 检查系统油压是否太低; (3) 检查执行元件和运动机构之间游隙是否太大
6	执行机构出现爬行现象	(1) 油路中气体没有排尽; (2) 运动部件的摩擦力过大; (3) 油源压力不够

参考文献

[1] 许益民.电液比例控制系统分析与设计[M].北京:机械工业出版社,2005.

[2] 杨叔子,杨克冲,吴波,等.机械工程控制基础[M].5版.武汉:华中科技大学出版社,2005.

[3] 张利平.现代液压技术应用220例[M].1版.北京:化学工业出版社,2004.

[4] 汤兵兵.盾构机刀盘驱动液压系统研究与仿真分析[D].武汉:武汉理工大学,2016.

[5] 黄兴.液压技术创新及发展趋势[J].机床与液压,2005(12):6-8+34.

[6] 张利平.现代液压传动技术的新方向—纯水液压传动[J].制造技术与机床,2000年12期:10-11.

[7] 赵恩刚,黄太祥,吴张永,等.纯水液压传动技术的现状与应用展望[J].流体传动与控制,2006(05):1-3.

[8] 许贤良.液压技术回顾和展望[J].煤矿机械,2002(6):7-91.

[9] 张海平.实用液压测试技术[M].北京:机械工业出版社,2015.

[10] 湛丛昌,陈新元,等.液压元件性能测试技术与试验方法[M].北京:冶金工业出版社,2014.

[11] 王起新,黄志坚.液压试验技术及应用[M].北京:化学工业出版社,2019.

[12] 李壮云.液压元件与系统[M].2版.北京:机械工业出版社,2005.

[13] 路甬祥.液压气动技术手册[M].北京:机械工业出版社,2002.

[14] 李玉琳.液压原件与系统设计[M].北京:北京航空航天大学出版社,1991.

[15] 许福玲,陈晓明.液压与气压传动[M].3版.北京:北京机械工业出版社,2007.

[16] 曾祥荣,叶文柄,吴沛容.液压传动[M].北京:国防工业出版社,1980.

[17] 臧克江.实用液压技术丛书:液压缸[M].北京:化学工业出版社,2010.

[18] 蒙先君.全断面隧道掘进机再制造技术及应用[M].北京:人民交通出版

社股份有限公司,2021.
[19] 张萍.液压设备中密封件的损坏及防治[J].长治职业技术学院,工程科技Ⅰ辑,工程科技Ⅱ辑,2006-04:56-57.
[20] 黄志坚.机械故障诊断技术及维修案例精选[M].北京:化学工业出版社,2016.
[21] 蔡英利.盾构机操作与维护[M].北京:中国铁道出版社,2020.
[22] 汪慧.盾构机健康管理技术研究[D].杭州:浙江大学,2018.
[23] 黄凡.盾构机推进系统协调控制策略研究与实现[D].西安:西安理工大学,2017.
[24] 李光,贾连辉.隧道掘进机液压泵异响故障分析与排除[J].建筑机械化,2014,35(04):96-98.
[25] 刘晓红.液压泵阀空蚀特性的研究[D].成都:西南交通大学,2008.
[26] 郭瑶.工程机械液压系统故障诊断技术与维护管理[J].科技信息(科学教研),2007(30):302-303+288.
[27] 陈闽杰.大型盾构机主轴承润滑故障诊断与对策[J].润滑与密封,2010,35(5):114-117.
[28] 高会中,陈馈,张兵,等.盾构机主驱动液压控制系统关键技术研究[J].液压气动与密封,2016,36(11):64-68.
[29] 郝用兴,刘玉洋,周建军,等.基于VW-PCA的盾构刀盘驱动液压系统故障诊断[J].隧道建设(中英文),2018,38(01):118-123.
[30] 周晓群.盾构刀盘驱动液压系统故障诊断研究[D].湘潭:湘潭大学,2017.
[31] 贾要伟.海瑞克盾构刀盘驱动液压系统故障分析及处理[J].隧道建设,2010,30(03):324-326+335.
[32] 张魏友.EPB盾构刀盘结构及其液压驱动系统的研究[D].南京:南京理工大学,2013.
[33] 沈小飞.海瑞克S673盾构机刀盘驱动液压系统分析[J].建筑知识(学术刊),2013(12):2.
[34] 刘小军.盾构机刀盘驱动液压控制系统节能特性研究[J].设备管理与维修,2017(04):107-108.DOI:10.16621/j.cnki.issn1001-0599.2017.04.54.
[35] 高会中,冯欢欢.盾构液压系统故障的现场检测与诊断探究[J].液压气动与密封,2013(12):78-80.
[36] 吴晓明.液压变量泵(马达)变量调节原理与应用[M].北京:机械工业出版社,2012.

[37] 刘福东,郭京波.土压平衡盾构机螺旋输送机液压系统功能分析[J].隧道建设,2011,31(S1):415-420.

[38] 王林涛,龚国芳,施虎,等.基于流量补偿技术的盾构螺旋输送机液压系统设计及仿真[J].工程机械,2011,42(04):22-26+102-103.

[39] 苏健行,龚国芳,胡国良,等.盾构螺旋输送机液压系统的设计与试验[J].液压与气动,2008(02):18-20.

[40] 陈宁,司忠志.盾构螺旋输送机液压系统设计[J].浙江科技学院学报,2004(03):164-166.

[41] 中华人民共和国国家质量监督检验检疫总局,中国国家标准化管理委员会.机械振动在非旋转部件上测量评价机器的振动 第3部分—额定功率大于15kW 额定转速在120r/min 至15000r/min 之间的在现场测量的工业机器:GB/T 6075.3—2011[S].北京:中国标准出版社,2011.

[42] 中华人民共和国质量监督检验检疫总局,中国国家标准化管理委员会.全断面隧道掘进机 术语及商业规格:GB/T 34354—2017[S].北京:中国标准出版社,2017.